交差する日台戦後サブカルチャー史

押野武志・吉田司雄・陳國偉・涂銘宏 編著

北海道大学出版会

目次

序
――歴史と記憶をめぐる日台戦後サブカルチャー研究

押野武志

従来の研究と本書の目的

本書は、台湾と日本の研究者・作家、総勢一三名による書き下ろし論文集である。第二次世界大戦後から現代に至るサブカルチャー史を、日本と台湾双方の観点から明らかにする意図で企画された。活字メディアや視聴覚メディア、ポピュラー・カルチャーやオタク文化など、さまざまなメディアと文化事象を取り上げながら、台湾において、戦後日本のサブカルチャーがどのように受容され、土着化していったのか、あるいは、そのような台湾から日本のサブカルチャーは何を逆輸入し、どのようなイメージで台湾を表象しようとしたのかを、双方の「交差」から明らかにすることを目的にしている。

そこで、まずは、これまでの台湾研究や台湾における日本のサブカルチャー受容史を概観しながら、本書の位置づけを明確にしたい。

日清戦争後の一八九五年から敗戦の一九四五年にかけて、台湾は帝国日本の台湾総督府による統治下に置かれた。このおよそ五〇年に及ぶ日本による植民地統治が多方面において台湾社会に与えた影響は計り知れない。この日本統治期に刊行された膨大な一次資料の復刻版が、和田博文他監修『コレクション・台湾のモダニズム』第Ⅰ・第Ⅱ期全四〇巻（二〇〇〇年七月〜、ゆまに書房）として刊行されている。この時期の日台関係研究、植民地研究、モダニズム研究の基礎資料は充実しつつある。和田博文・呉佩珍・宮内淳子・横路啓子・和田桂子『帝国幻想と台湾　1871-1949』（二〇二一年一二月、花鳥社）は、そうした基礎資料に基づく、最新の研究成果である。

他方、戦後においても、旧植民地時代の「日本」の記憶が完全に忘却、あるいは否定されたわけではなく、台湾社会に「日本」イメージは読み替えられながら残存し現在に至る。本書は、戦前の日台関係史を踏まえ、そうした台湾側からの日本へのまなざしだけでなく、日本からの台湾へのまなざしとも交錯させながら双方の戦後サブカルチャー史に焦点を当てる比較文化研究である。

東アジアにおける日本のサブカルチャー受容に関しては、既に多くの研究がある。村上春樹の『ノルウェイの森』が台湾で翻訳出版された一九八九年を境に民主化の流れとも相まって、「非常村上」という村上ブームが起こる。村上文学をサブカルチャーに括るのは語弊があるかもしれないが（とはいえ、村上文学がサブカルチャーと親和性があるのは間違いない）、台湾においては、日本のポピュラー・カルチャーの一翼を担うものとして受容されており、そうした台湾から、香港、上海、北京へと広まった村上現象については、藤井省三編『東アジアが読む村上春樹』(二〇〇九年六月、若草書房)をはじめとして、つとに論じられている。ちなみに、執筆者の一人である涂銘宏さんの勤務校・淡江大学(台湾)に、二〇一四年に村上春樹研究センターが設立される。文学研究のみならず、台湾における村上文学のもつ経済的・社会的影響力の調査も行うなど、研究拠点として世界でも異例である(「台湾で「春樹」研究始動」『読売新聞』二〇一四年一一月五日付参照)。

九〇年代後半には、「哈日」と形容される、台湾の若者を中心とする東京の消費文化への熱狂的な受容も起きた。李明璁「台北西門町に見る東京的消費風景――脱領域から再領域化へ」(西川潤・蕭新煌編『東アジア新時代の日本と台湾』二〇一〇年二月、明石書店)によると、戦前は「台北の浅草」と呼ばれた西門町は、今では「哈日族」が集う「台北の原宿」と呼ばれるスポットとなっている。

事例研究としては、『東京ラブストーリー』に代表される「日本偶像劇(日本アイドルドラマ)」の受容を分析した、伊藤守「「日本偶像劇」と錯綜するアイデンティティ――台湾における日本製テレビドラマの消費」(岩渕功一編『超える文化、交錯する境界――トランス・アジアを翔るメディア文化』二〇〇四年三月、山川出版社)や岩渕功一『トランスナショナル・ジャパン――ポピュラー文化がひらく』(二〇一六年九月、岩波現代文庫)の研究などがある。いずれも、九〇年代以降の日本と東・東南アジア諸国で相互浸透し、日常化したポピュラー・カルチャーの諸相を分析したなかで、台湾の事例に触れたものである。台湾に特化した事例研究としては、台湾の女性ジャニーズファンの実態を調査した陳怡禎『台湾ジャニーズファン研究』(二〇一四年二月、青弓社)などもある。

戦後から今日に至る台湾における日本のサブカルチャー受容史の大まかな流れと時代背景を知るには、林鴻亦「戦後台湾における日本大衆文化の受容――アイデンティティの構築と脱構築」(『大衆文化』二巻、二〇〇九年九月)や李衣雲『台湾における「日本」イメージの変化、1945―2003――「哈日《ハーリ》現象」の展開について』(二〇一七年一〇月、三元社)などが参考となるだろう。ちなみに、李の著書は、副題にあるように、一九四五年から二〇〇三年にかけての「日本」イメージの変遷を追ったものだが、「哈日族」へのアンケート調査などを通して詳述しているのは、九〇年代以降の「哈日ブーム」から二〇〇三年のSARS危機によって日本のアイドルによる台湾公演やライブが激減するなどして、「哈日ブーム」が沈静化するまでの期間である。

また、今日の台湾メディアを通して見た日本イメージについては、八幡耕一・楊韜編著『台湾メディアと日本』(二〇二〇年三月、晃洋書房)がある。

歴史と記憶の交差

日本統治期における台湾での植民地政策・皇民化政策やさまざまな文化事象と戦後の日本イメージとの関連性やその変容については、五十嵐真子・三尾裕子編『戦後台湾における〈日本〉――植民地経験の連続・変貌・利用』(二〇〇六年三月、風響社)が、親日的と言われる台湾の複雑な歴史的な背景を文化人類学の立場から論じている。しかしながら、日本のサブカルチャー受容に関する事例研究はない。所澤潤・林初梅編『台湾のなかの日本記憶――戦後の「再会」による新たなイメージの構築』(二〇一六年三月、三元社)も、本書と同様に戦後台湾に現れた「日本」イメージを中心課題としているものの、戦後日本の大衆文化受容に関する事例研究は、後述する石原裕次郎主演の日活アクション映画に関するものや現代台湾映画における「日本時代」のイメージ分析しかない。日台相互の戦後のサブカルチャー受容に特化した通史的な事例研究は、十分とはいえない。

朝鮮半島や中国大陸と同じく、日本の植民地支配を受けた台湾であるが、戦後は、「本省人」(台湾人)が中国大陸から渡ってきた国民党政府系の「外省人」の支配を受けたという特殊な歴史性がある。国民党政府は、「脱日本化」と「再中国化」を推し進めて、二・二八事件と呼ばれる白色テロも起きた。この事件を台湾で初めて取り上げた映画が、侯孝賢『悲情城市』(一九八九年)である。こうした日本と中国による二重支配の歴史性ゆえに、旧植民地の中でも、親日家が多いのが特徴である。『悲情城市』の脚本家としても知られる呉念眞監督の映画『多桑／父さん』(一九九四年)は、日本に憧れながら死んでいった父親の生涯を息子の世代とのギャップを通して、台湾の戦後史と重ねて描いている。

国民党統治下の台湾では、長らく日本の大衆文化は否定されてきた。それでも大衆の人気の高かった映画は別で、一九五二年に日華平和条約が締結し、日台国交が正常化し、文化交流の一環として正式な日本映画輸入が始まった。四方田犬彦「台湾における石原裕次郎の影響」(所澤潤・林初梅編『台湾のなかの日本記憶』二〇一六年三月、三元社）が論じているように、石原裕次郎の出演作『風雲男児』（『嵐を呼ぶ男』）が一九五八年に台湾で公開されると、裕次郎ブームが起こる。しかし、一九七二年の日中国交正常化に伴い、日本は台湾と断交する。台湾と日本との関係は悪化して、すべての交流事業は中断する。そうした中でも日本の大衆文化は、アンダーグラウンドでは、「海賊版」として流通していた。七〇年代の日本の人気テレビアニメ『キャンディ・キャンディ』『マジンガーZ』『海のトリトン』なども、日本要素をすべてカットして放映された。

一九八七年の戒厳令解除によって解禁されると、国民党政府による「中国化」に対して台湾の「本土化」が進む。台湾アイデンティティの模索の中で、モデルのひとつとしての「日本」イメージが再発見されることとなる。一九八八年から二〇〇〇年まで台湾人初の中華民国総統となった、親日家としても知られる李登輝時代の変化や、続いて戦後初の政権交代となった民進党政権の登場など、日本の大衆文化ブームの背景には、こうした政治状況が関係していた。日本と台湾の戦後から現在にかけての政治関係史については、川島真・清水麗・松田康博・楊永明『日台関係史　1945―2020　増補版』（二〇二〇年一〇月、東京大学出版会）などが参考となる。本書は、こうした政治の歴史を踏まえつつ、戦後の両者の文化現象を対象に関係史の記述を目指す。

また、香港に対する独特な距離感も、台湾アイデンティティを考えるうえでは、重要な要素となる。本書においてもこの観点を取り入れている。

本書の構成と概要

本書は、Ⅰ部「歴史の交差」・Ⅱ部「表象の交差」・Ⅲ部「ミステリの交差」の三部構成になっている。

Ⅰ部においては、戦後台湾の出版文化、一九七〇年代アジア系アイドル、台湾ニューシネマ、映像の中の「台湾」イメージ、メイドカフェを対象に、日台のサブカルチャーを「歴史」との「交差」から見ていく。

張文菁「一九五〇年代初期の禁書政策と中国語通俗出版」は、戦後台湾における国民党政府の禁書政策の実態と変遷、さらにそれが台湾の出版文化に与えた影響について論じる。国民党が四〇年代後半に台湾で推進したのが「脱日本化」で、日本語図書が市場から排除されていく。五〇年代からは、「中国化」と「反共文化」が推進され、中国大陸で出版された中国語図書に対する検閲と禁書の摘発が行われた。しかし、日本語や中国大陸からの図書の徹底的な排除によって図書市場に空白が生じ、その結果、貸本屋の出現など、はからずも台湾における中国語図書の出版を促したのである。台湾本土において、娯楽性の高い通俗小説の出版をもたらした経緯を跡づける。

押野武志「一九七〇年代アジア系女性アイドル論」は、一九七〇年代のアイドル・歌謡曲全盛の時代における、新たなオリエンタリズムの諸相を論じる。七〇年代の前半に、欧陽菲菲、アグネス・チャン、リンリン・ランラン、テレサ・テンといったアジア系の女性アイドルたちが日本で次々にデビューする。アイドルの元祖とされる沖縄出身の南沙織がデビューするのは、沖縄返還一年前の一九七一年である。七〇年代の沖縄は、本土復帰によって「悲劇の島」から「観光の島」へとイメージを塗り替えられる一方、現在まで続く基地問題や本土との経済格差など、現実的な諸問題は解決されないままであった。他方、一九七二年の日中国交正常化に伴い、台湾とは断交することとなる。一九七九年にテレサ・テンが、偽造パスポート事件のため一時日本での活動が出来なくなったのも、この断交が背景にある。だが、この間、中国大陸では、彼女のカバー曲「何日君再来」(一九三七年)が大ヒットする。この曲の受容の歴史には、戦争や植民地の記憶が刻み込まれていることを明らかにする。

趙陽「台湾ニューシネマにおける歴史表象――侯孝賢とエドワード・ヤンを中心に」は、個人的な記憶が語られる映画が多いと評される台湾ニューシネマの中で、侯孝賢とエドワード・ヤンの作品を取り上げ、両者の歴史表象の特異性を明らかにする。侯孝賢『悲情城市』においては、台湾近代史の流れを大きく変えた「二・二八」事件は、俯瞰的な視点で表象される。しかし、俯瞰的な視点に連動する独特な長回しが、他者の歴史を表象する際に問題点も生み出してしまう。一方で、エドワード・ヤンの『台北ストーリー』では、台北の歴史が主人公の恋人の葛藤に潜み、台北の行方は換喩の形で恋愛の行方に置き換えられ、作品はいまだに定着していない歴史との対話をなしている。『牯嶺街少年殺人事件』では、少年殺人事件は、ロックンロールの歴史に憑依させられ、いつの間にか復帰の物語に取って代わられる。エドワード・ヤン映画における歴史は、物語内容と接続され、映像作品に多重な解釈をもたらすのである。こうした、台湾ニューシネマにおける歴史と映画の異なる出会いを分析する。

吉田司雄「台湾ノスタルジアを超えて―東山彰良と北方謙三」は、東山彰良『流』と北方謙三『望郷の道』を中心的に取り上げ、文化的交差の中に揺籃する錯綜体としての「台湾(の中の日本)」イメージを再考する。日本では、映画『ALWAYS 三丁目の夕日』(二〇〇五年)が大ヒットして以後、昭和三〇年代の高度経済成長期を懐かしむ風潮が強まり、それゆえ身近な海外旅行先の「台湾」が、失われた昭和の風景に出会える場所として表象された。しかし、ここでは過去を歪曲し美化する懐古主義の言説をただ単に批判的に取り上げるのではなく、むしろ戦後日本における「台湾」イメージの変容を意識して論じていく。二人が描く台湾は、現代から切断された過去の懐かしきユートピアではなく、そこは望郷の思いをかきたてずにはおかない異郷の地であり、自分の見たいものだけを台湾に見ようとするノスタルジアの在り方自体を批判するものともなっていることを明らかにする。

李明璁・林穎孟「感情労働からパフォーマンス労働へ――台北「メイド喫茶」の民族誌研究」は、日本から台湾へ移植された新しい消費空間である「メイドカフェ」から発展したサブカルチャーを、ジェンダー論と労働社会学的観点から分析する。李明璁と林穎孟はそれぞれの視点から、三年間にわたって、「メイド」という労働環境、アイデンティティ、そしてそのコミュニティーを観察し、業界の人たちにインタビューを行ってきた。その調査結果に基づき、「パフォーマンス労働」という新しい概念を提出し、「感情労働」という概念との対話を試みる。メイドと主人の双方の身分関係は、元はジェンダー化感情労働のレベルであったメイド／顧客から、パフォーマンス労働のレベルのメイド／主人を経て、長期のインタラクションにより、新しい「主客関係」に入れ替わっていることを論じる。「パフォーマンス労働」とは、既存の「感情労働」のサブカテゴリーではなく、それは新たなサービス業とポスト都市消費主義等の文脈から生まれた独特の形であることを明らかにする。

Ⅱ部においては、アニメ、SF映画、フィクションの中の神様の図像、日本の少女漫画など、ポピュラー・カルチャーにおける両者の「交差」と「土着化」に目を向ける。

横路啓子「台湾はマジンガーZで何をしたのか」は、一九七八年から台湾のテレビ局「華視」で放送され、爆発的な人気を得たアニメ『マジンガーZ』を対象として、その受容の諸相を考察していく。親日的と言われる台湾が、日本の文化を受け入れる際、何をどのように取捨選択し、そしてそれをどのようにその中に取り込んでいくのか。そこに記号としての「日本」という意味合いがどれほど付加、あるいは隠蔽されているのかを分析する。『無敵鉄金剛』として受容された『マジンガーZ』は、当初、日本という記号を剝ぎ取られ、中華的な要素をまとっていたのだが、それ以降は、台湾社会の変容とともに、さまざまな意味合いが盛り込まれ、パロディの対象ともなっていく。台湾における日本文化受容の具体的な事例研究を通して、「台湾／台湾文化」を常に模索し構築し続けている台湾社会のアイデンティティに迫る。

楊乃女「SF・ヘテロトピア・グローバルな近代性――映画「神龍飛俠」シリーズのSF的想像力」は、日本との合作SF映画「神龍飛俠」シリーズを通して、植民地近代性からグローバルな近代性へと歩んできた台湾映画の展開を追う。視覚性からグローバルな近代性への転回、台湾語SF映画と『神龍飛俠』シリーズ映画、SF映画と近代性という三つの方面から、グローバル下における『神龍飛俠』シリーズのSF的想像が表象しているものの意味について論じる。本シリーズの実際のロケ地は台湾だったが、監督は舞台背景をあえて香港にすることによって、未来都市という先進的なイメージを作り上げようとする。また、本シリーズには、ユートピアに含まれるはずの政治的な想像力が欠如している。これは、特殊な歴史性と島国という地政学的特徴を有する現代台湾をめぐる想像力の産物であり、それを「ヘテロトピア」と名づける。物語の舞台背景としての香港が、台湾において特別なユートピアとなる要因を探る。

今井秀和「日台神仏図像学――キャラクター化する神仏と現代メディア」は、マンガやアニメなど、現代日本と台湾の表象文化に登場するさまざまな「神」に焦点をあてる。とくに、神格不明のいわゆる「神様」の姿に関して、図像学を援用した分析を行う。こうした図像は、日本や中国の神仙、ギリシア神話のゼウス、キリスト教の天使や聖人などの図像的要素が融合した形で形成されており、特定の宗教への偏向を忌避するハイブリッド化の心性によって生成されてきたものと考えられる。他方、台湾では日本のキャラクター文化を積極的に摂取しつつも、独自に展開している。台湾のキャラクター化された神仏は、商品として流通するだけでなく、信仰の現場でも「かわいい」神々としてデザインされて受け容れられている。このような台湾の神格の明確な神のキャラクター化の事例についても考察を試みる。

涂銘宏「ドキュメントコミック、ジェンダー、そしてポスト3・11における情動の政治」は、漫画によって3・11を描いた萩尾望都『なのはな』(とくに放射能三部作)と、ゆうみえこ『1年後の3・11――被災地13のオフレコ話』を比較し、両作品が持つジェンダー・ポリティクスおよび倫理、さらには、歴史の記録や理性的な論述とは異なる情動のドキュメンタリーの形式を援用して、いかにして3・11のもうひとつの「事実の記録」を作り上げたのかを論じる。萩尾は少女漫画における恋愛のセオリーを反転させることによって、ゆうは災害の断片を露わにして繋ぎ合わせることによって、大災害下における集団的な恐怖の「感情的な真実」を対置させ、日常と非日常の境界の動揺とその結末をイメージ化した。文字や図像、感情記号、そして矛盾した記憶を並置したり入れ替えたりすることによって、文学とも映像ともルポルタージュとも異なる、漫画でしか表現できない災害の倫理と情動の力を明らかにする。

Ⅲ部においては、日台の現代ミステリを対象にして、科学的想像力・叙述トリック・妖怪表象といった観点から、両者の「交差」と「偏差」を明らかにする。

陳國偉「モンスターの越境――台湾ミステリにおける犯罪リビドーの科学的想像力と身体に潜む恐怖」は、台湾ミステリにおける科学への想像力と身体の恐怖が、このジャンルにおける叙述スタイルの再構成及び台湾のモダニティーの欲求といかに関連するのかを論じる。台湾においても、科学はミステリにとって欠かすことのできない存在となったのだが、西洋や日本との最も異なる点は、科学が犯罪トリックを見破る一番の武器でありながら、主体の恐怖の根源となり、死をもたらす脅威ともなるということである。そうした恐怖は翻訳を通して台湾の創作者に内在化され、既晴『超能力殺人遺伝子』、藍霄『錯誤配置』、寵物先生(ミスターペッツ)『虚擬街頭漂流記』、林斯諺『無名之女』といった科学から犯罪が生まれるミステリが誕生した。その恐怖感とは、犯罪者のモンスター化、科学のモンスター化と他者化、犯罪舞台の異質空間化であり、それらは、台湾人の現代化のプロセスで作られた精神構造と焦燥感でもあることを明らかにする。

金儒農「「言えない秘密」をいかに翻訳するか――叙述トリックから見る台湾における日本ミステリの受容」は、二〇〇〇年以後にデビューした台湾のミステリ作家、冷言、寵物先生(ミスターペッツ)、林斯諺の三人を対象に、彼らは綾辻行人『十角館の殺人』(一九八七年)をはじめ、いかに海外の叙述トリックを吸収し、台湾独自の叙述トリックを作り出したのかについて論じる。台湾における叙述トリックは、それ以前のミステリと区別する境界線となり、新世代と前の世代の台湾作家との区画となる印でもあり、台湾ミステリの創作基準ともなった。他方、台湾における叙述トリックの隆盛は、果たしてミステリのボーダーラインを広げたのか、それともミステリを否定したのかという課題も突きつけた。こうした、現代台湾ミステリ作家の今後の課題についても提言する。

瀟湘神「妖怪から見る現代台湾ミステリの社会的位置づけ」は、近年、台湾で妖怪ブームが到来したとき、ミステリにおいて、妖怪はどのような風貌で創作されたのかを、実作者の観点からその歴史的な背景も検討しながら明らかにする。妖怪は文化的記号であり、文化上の自己を定義し、他者と区切りをつける機能を有している。台湾妖怪においても、台湾アイデンティティのありようと深く関わり、中国との差異を見出せるナラティブ、あるいは文化的記号の創出が台湾に熱く望まれていた。妖怪ミステリが台湾のアイデンティティ探究へと向かうことで、現代台湾におけるミステリの位置づけもより明らかになり、ミステリの土着化の第一歩となる可能性を述べる。こうした、妖怪の近代化の方法について、パラレルワールドの日本植民地時代という舞台設定で怪奇世界を現実政治のメタファーに用いた、自作の幻想小説「言語道断之死」シリーズを例に分析する。

I　歴史の交差

一九五〇年代初期の禁書政策と中国語通俗出版

張　文　菁

はじめに

一九四〇年代後期の台湾社会は、初代の行政長官であった陳儀政府の悪政や役人の腐敗による経済的不況やハイパーインフレ、さらに急激な言語政策の転換で混乱をきたしていた。それが原因で引き起こされた一九四七年の「二・二八事件」(1)がもたらす経済の混乱と社会的不安定は、文化面にも大きく影響を及ぼした。多数の知識人が虐殺されただけではなく、インフレによる出版環境の悪化は、人びとの読書に対する習慣を根本的に変えてしまったのである。台湾の中国語図書市場は、こうした状況のもとから出発した。

戦後台湾における国民党の文化政策を検証した菅野敦志が『台湾の国家と文化――「脱日本

化」・「中国化」・「本土化」』（二〇一一年、勁草書房、一三七〜一四〇頁）で論じるように、国民党政府が四〇年代後半に台湾で推進したのが「脱日本化」であるならば、五〇年代から開始したのは「中国化」であった。この「中国化」は、国民党政府の政治的思惑が色濃く反映されたものであり、戦後の台湾文学の方向をも規定したと言える。特に五〇年代に入ってから実施された中国語書籍の「査禁」（図書の検閲と禁書の摘発）が、図書市場の発展を左右するほど大きな作用として働いたと考えられる。一九四九年戒厳令とともに公布された「台湾省戒厳期間新聞雑誌図書管理辦法」に基づく査禁の規定は、長らく台湾の図書の出版と流通を制約し続けた。このため、五〇年代における中国語図書市場の形成を確認するには、まず禁書政策を整理しておく必要がある。

本稿は、五〇年代初頭の禁書政策とその実態を紹介するとともに、それが中国語図書市場の形成および通俗図書の出版にもたらした影響を明らかにする。第一節では、戦後初期の日本語図書が市場から排除された経緯を確認する。第二節では中国語図書に対する査禁の執行、第三節は通俗小説の出版を取り上げる。

具体的な分析に入る前に、まず戦後の禁書政策に関するいくつかの先行研究を挙げておきたい。先駆的な論考として知られるのは、林慶彰「当代文学禁書研究」（『台湾文学出版：五十年来台湾文学研討会論文集（三）』一九九六年、台北：文訊雑誌社、一九三〜二一五頁）である。『査禁図書目録』（一九七七年版）をもとに禁書に指定された中国新文学作家の作品および学術書を一覧にし、次のように指摘している。

「無差別に三〇年代文学作品を禁書にした結果、図書館において関連図書の欠乏と研究する人材の不足を招いた。(中略)そのうえ入手できる、多くの三〇年代文学作品および関連の研究著書のほとんどが翻印本で版権頁がなく、研究時の引用はかなり困難だった」。ここから、戦後の国民党政府が行った禁書制度の徹底ぶりがうかがえる。林慶彰の研究をより先に進めたのは、黄玉蘭の修士論文「台湾五〇年代長篇小説的禁制及想像――以文化清潔運動與禁書為探討主軸」(二〇〇五年、台北:国立台北師範学院台湾文学研究所修士論文)である。黄は、『査禁図書目録』(一九七七年版)のほか、「歴年査禁淫誨図書目録」(一九六二年四月一〇日公示)や台湾省政府の官報、国民党の内部資料と合わせ、五〇年代に禁書に指定された図書を一四四八種と推定した(一〇二頁)。

林慶彰と黄玉蘭の論文をさらに整理し体系化したものが、蔡盛琦「一九五〇年代図書査禁之研究」(『国史館館刊』二〇一〇年一二月、七五~一三〇頁)である。同論文は、禁書をめぐる国民党の政治的な思惑や執行の実態、押収された書目など詳しく分析しており、当時の状況の解明に大いに寄与している。蔡が使用した資料は、林、黄と同じく『査禁図書目録』だが、一九八二年に出版されたものである。この中から実際五〇年代に禁書となったものを明らかにした。さらに政府内部の禁書に関する決定権を握る中国国民党中央委員会第四組の方針を伝える『宣伝週報』を用い、『査禁図書目録』にない図書を補遺するとともに、禁書となった理由を解明した。戦後台湾の出版を追った蔡の研究は、禁書政策が当時の図書市場にどのような衝撃を与えたかについて考える際に不可欠な論考である。

しかし、これまでに先行した禁書研究について次の問題点が指摘できる。禁書に関する研究の多くは、法律的な根拠と禁書対象となった書籍を中心に論じられ、その影響については、主に三〇年代の中国新文学作品の排除で陥った文学伝統の継承および研究作業の難しさを指摘するにとどまる。五〇年代から本格的に発展を遂げる台湾の中国語図書市場、さらに通俗小説の出版に対して禁書政策がどのように作用したかについては論じていない。このため、禁書政策の影響につき、当時の図書市場に立脚した検証を必要とする。

五〇年代の図書市場の検討に入る前に、まず終戦直後に遂行された日本語図書排除の動きを次節で確認する。

一　四〇年代末から五〇年代初頭の台湾図書市場

国民党政府の台湾接収から一年が経過した時点に出版された『台湾一年来之宣伝』(一九四六年、台北：台湾省行政長官公署宣伝委員会)では、台湾省行政長官公署によって立ち上げられた「宣伝委員会」が、どのような宣伝事業を行ったかについて記されている。「前言」は、宣伝委員会の趣旨に関する説明である。「本省〔台湾〕は五〇年間占領され、文化や思想における敵の残した害毒は深い。そのため、光復後の文化宣伝作業は極めて重要だ」(一頁)。さらに、「図書出版」の項目において、日本語図書の差し押さえについて報告している(二四～二六頁)。

本省の光復後、文化や思想の面における日本人の害毒を排除するため、本会は違反図書の取締り方法八項目を定め、全台湾の書店や売店に通告した。違反した図書に関しては自ら検査を行い保管し、処置を待たなければならない（中略）。台北市においては、本会が警務処および憲兵団と合同で行った調査によると、違反図書八三六種、全七三〇〇冊あり、一部分を参考用に残したほかすべて焼却済である。そのほか違反図書の取り締り状況について報告があったのは台中、花蓮、屏東、高雄、台南、彰化、基隆などの計七つの県と市であり、焼却した書籍は合計一万冊余りである。

この報告から明らかになるのは、国民党政府による日本語図書の差し押さえがかなり早い段階から行われていたことである。引用部分にある「取締り方法八項目」とは、一九四六年二月に行政長官公署から公布された既存の日本語の図書や雑誌の廃棄処分に関する方針を指す（楊秀菁「台湾戒厳時期新聞管制政策」二〇〇二年、台北：国立政治大学歴史学系修士論文、三三頁）。この方針に抵触する書籍が差し押さえの対象となる。

（1）皇軍の戦績を表彰し讃えるもの
（2）大東亜戦争への参加を奨励するもの
（3）わが国の土地の占有状況を報じることで日本の功績を称賛するもの

(4)皇民化奉公隊の運動を宣伝するもの
(5)総理総裁およびわが国の国策を誹るもの
(6)三民主義を曲解するもの
(7)わが国の利権を損害するもの
(8)犯罪方法を宣伝し治安を妨害するもの

この八項目は台湾各地に通告され、一九四六年六月二三日時点で、全島で一四五一種、合計四万七五〇〇冊余りの日本語図書が没収、焼却されたことが、行政公署宣伝委員会の夏濤声主任の談話として報じられた(2)。書店や売店など市場で流通していた日本語の出版物の排除は、当時の図書市場にとって大きな打撃となったことは言うまでもない。

むろん、日本語による出版物がすべて消えたわけではない。何義麟「戦後台湾における日本語使用禁止政策の変遷」(古川ちかし・林珠雪・川口隆行編『台湾・韓国・沖縄で日本語は何をしたのか――言語支配のもたらすもの』二〇〇七年、三元社、五八～八二頁)によると、戦後初期は日本語の使用が全面的に禁止されたと思われたが、中国語を解さない人々が多くいたため、政令を普及させようと、やむなく一部の新聞で日本語版が解禁されたという。「戦後初期、当時の台湾社会は多言語が混用された社会であった。日本語使用禁止という政策は統治階層の主流意見になったが、実際には日本語の使用を根絶することができず、日本語の新聞にもその潜在的な需要があった」(六四頁)。そのため、一九四七年から一九四八年にかけて、『国声報』や『中華週報』、『台湾新生報』に日本語欄が設けられていた。しかし、「『日本語欄』の内容は、政令伝達の新聞や評論だけであり、世論を反映する記事や論評は見られなかった」(六五頁)。このように、短期間復活された新聞の日本語欄はわずかながら存在したが、それ自体が政令や政策のプロパガンダの役割を担わされたため、当時の台湾人にとって興味の持てるものではなかったとも言えよう。

何義麟論文で注目すべきは、五〇年代に入ってから日本語雑誌の輸入が再開された事実について言及した点である。何によれば、一九五〇年六月に輸入が許可された日本語雑誌は五十余種。『最新医学』や『農業世界』、『土木技術』、『機械の研究』などの実用誌が大半を占め、女性誌『婦人世界』、『婦人倶楽部』、『主婦と生活』、『主婦之友』も含まれていた。また、通俗誌『キング』も輸入許可となったが、部分的に削除された箇所があったという。

ここからわかるように、日本語雑誌に対してジャンルが制限されただけではなく、検閲によって内容も審査されていた。これについて、戦後日本語図書の輸入について論考をまとめた林果顕(「欲迎還拒」：戦後台湾日本出版品進口管制体系的建立(一九四五～一九七二)」『国立政治大学歴史学報』第四五期、二〇一六年五月、一九三～二五〇頁)によると、五〇年代初期にはじまった日本語の雑誌と書籍の輸入再開は、決して日本からの輸入を奨励するものではなく、むしろ強化された規制のもと、ジャンルや内容に基づいて厳しい選別があったということである(二〇四頁)。冷戦下、同じく西側陣営であるはずの日本に対する国民党政府の態度は、過度な文化輸入が台湾人社会に影響を与えるという警戒心を内包していたと指摘する（二二〇頁）。

一九四六年から始まった、台湾の図書市場における日本語書籍の全面的な排除に加え、翌年からは日本語の書籍輸入も禁じられていた。五〇年代に入ってから日本語図書の輸入が再開されたとはいえ、前述のような厳しい状況のもとにあったことを考えると、当時の図書市場で大量に流通するのは困難な状態だったと言える。一般市民が手軽に読めるようなものには到底なり得なく、文化的な影響を形成することは難しかったであろう。このため、終戦直前、小規模ながら台湾で形成された日本語の図書市場は、日本語書籍を「敵の毒素」として徹底的に排除する文化政策によって壊滅的な打撃を受けたのである。(3)

日本語図書の排除によって生じた大きな隙間は、上海から輸入された大量の中国語図書によって埋められた。蔡盛琦（前掲「一九五〇年代図書査禁之研究」七九頁）によると、これらの書籍の多くは、戦後の中国語学習熱を反映した語学教材であった。ほかに技術書や科学書、章回小説（宋代以降に流行した講談を記述した小説のこと）、武俠小説（古代中国を背景に武術に長けた人々の義俠心を描く小説のこと）、漫画、さらに三〇年代以降の中国新文学作品も含まれていたという。戦後に流入した中国の図書によって思想的に影響を受けたことを回想した葉石濤（『台湾文学史』中島利郎・澤井律之訳、二〇〇〇年、研文出版、八〇頁）によると、魯迅や茅盾、巴金の作品などの作品、さらに白話小説の『紅楼夢』や『水滸伝』、『金瓶梅』、中国共産党系の政治雑誌「群衆」や「文萃」などを目にしたという。

日本語の書籍や雑誌が姿を消した台湾の図書市場が、輸入された書籍に頼らざるを得なかった原因について、蔡盛琦「戦後初期台湾的出版業(一九四五〜一九四九)」(『国史館学術集刊』第九期、二〇〇六年、一四五〜一八一頁)は、終戦直後から台湾の出版業が衰退の途をたどったからだと分析する。蔡は、「文化」「政治」「経済」の側面から四〇年代後半の出版状況について明らかにした。「文化」面では、言語政策の転換からくる日本語書籍の禁止、さらに日本語で創作活動を行う作家および読者に対する影響を挙げる。「政治」面では、「二・二八事件」によって多くの知識人が逮捕、処刑されたため、創作ができるような社会情勢ではなかったという。「経済」面では、国民党政府が日本植民地時代の印刷工場や製紙工場を公営企業「台湾省印刷紙業公司」として統合し、ほとんどの政府出版物が独占的に刊行されるようになったことを指摘している。また、ハイパーインフレによって、売値二〇元の雑誌が翌月に六〇元になるなど、印刷にかかるコストがたった一ヶ月で三倍に高騰し、民衆が手軽に購入できるような値段ではなくなったことも大きいという。

不況にあえぐ戦後初期の台湾民間出版業では、活路を求めて中国語学習の教材が出版されていた。一方、陳儀政府は公的資金を「台湾省印刷紙業公司」に集中し、政策の宣伝を目的とした政府の出版物を大量に印刷させた。特に一九四六年における『三民主義』の出版量は圧巻である。台湾省行政長官公署が発行する『台湾一年来之宣伝』(同前、二二〜二三頁)によると、中国語版だけで五〇〇〇冊、日本語版に至ってはなんと一〇万冊に至った。ほかに『陳長官治台言論集』は一万五〇〇〇冊、中国の国情や施政方針を宣伝するための小冊子は八種で合計三一万冊余りも印刷されていた。このほか、具体的な刊行冊数は不明だが、行政長官公署の所属下にある台湾省編訳館から台湾民衆の教化を目的とした、教科書や大衆向けの読み物、日本語から中国語へ翻訳された作品なども出されていた。(4)

五〇年代に入っても、台湾の図書市場はあまり景気が改善しなかったようである。邱炯友「台湾出版簡史：与世界互動但被遺忘之一片版図」(『文訊』一九九五年八月、一七頁)によると、一九五二年に流通していた中国語の書籍は四〇〇〇から五〇〇〇種あったが、中国大陸からの輸入が不可となったため、そのほとんどは香港経由のものであり、台湾で創作／出版されたものはわずかに四二七種であったという。また、一九五三年の出版社数は一三八社であるが、その多くは書籍と文房具の販売を営む個人経営者が、仲卸業者と雑誌社を兼業していたという。このことから、五〇年代初期の出版業界の規模がいかに小さいかがわかる。

蔡盛琦(前掲「一九五〇年代図書査禁之研究」八〇頁)によると、厳しい外貨規制と検査のもと図書の密輸が横行し、その多くはポルノや武俠小説であり、日本語雑誌もわずかながら持ち込まれていたという。なお、一九五四年八月に行われた有害図書の調査において、『ロンマソス』(ロマンスの誤りか)や『人間探究』、『アマトリア』などが民衆からの投書によって検挙されていた(『文協十年』一九六〇年、台北：中国文芸協会、六八頁)ことから、この頃は戦後日本で流行したカストリ雑誌も台湾に持ち込まれて流通していたことが推察できる。

こうしてみると、五〇年代初期の台湾図書市場で流通していた書籍は、政府の出版する三民主義に関する宣伝品、四〇年代後半に上海から大量に輸入された語学教材や白話小説、武俠小説、漫画、三〇年代中国新文学作品、共産党系の政治雑誌、さらに香港や日本から密輸で持ち込まれたポルノ雑誌を含むということになるだろう。台湾島内での通俗小説の創作や出版がまだ困難な状況にあったと推定できる。

二　空洞化する五〇年代の図書市場

1　禁書政策の拡大

国共内戦で敗退し、一九四九年一二月に中央政府を移転して台北を臨時首都と定めた国民党にとって、共産主義の浸透による失敗は二度と踏めない前車の轍であった。政権にとって不都合な図書を早急に差し押さえて排除することは、問題の芽を摘むことであり、政治的な不安定を未然に防ぐ意味もあった。このため、五〇年代初期に始まった厳しい禁書政策は、思想の統制面では効果があったが、同時に台湾における中国語図書市場の発展を制約するものとして作用した。

言論や文化面での制限が開始される契機となったのは、中央政府移転の直前に台北で起きた「四・六事件」である。一九四九年四月六日、不当な勾留に抗議するためにデモを行った台湾大学と台湾師範大学の学生三二五名が警察の大がかりな弾圧により逮捕された。その翌月、中国大陸での国共内戦の帰趨を見越した陳誠政府は、五月一九日に台湾全土に対して「戒厳令」を発令し、戦時下を理由にその後の三八年間にわたって言論の自由、集会の権利や抗議活動を厳しく制限することになった。出版に大きく影響したのは、戒厳令第三条第六項「文字や標語、もしくはその他の方法による蜚語の流布を禁ず」（前掲『戦後台湾民主運動史料彙編（七）新聞自由』三六三頁）という規定である。しかし、禁止の対象がきわめて不明瞭であったためか、直後から次々と規制の対象を追記する関連法令が出された。

一九四九年六月二二日、「戒厳令」の発令から約一ヶ月後、より詳しく記載された「台湾省戒厳期間新聞雑誌図書管理辦法」が台湾省警備総部の名で公示された。言論や報道に関する規制は第二条で定められ、その内容は次の通りである（同前、三六四頁）。

第二条　いかなる政府や首長に対する誹謗、三民主義に違反する記載、政府と民衆間の感情に対する挑発、失敗や投機の言論および事実に反する報道の流布、民衆の認知を欺こうとする意図、非常時における軍事行動への妨害、および社会、民心や秩序に影響を及ぼすものは一律に禁止の対象となる。

翌年の一九五〇年三月一八日、「台湾省戒厳期間新聞雑誌図書管理辦法」は、一文字のみ異同の「台湾省戒厳期間新聞雑誌図書管制辦法」（傍点は引用者による）へと名称が変更された。それとともに、

第二条の規定に「誨淫誨盗之記載者」(悪事や淫行の奨励を記述するもの)が追加された。

第二条は、審査の対象を漠然とした「文字」や「標語」だけでなく、「言論」や「報道」、すなわち新聞や雑誌、図書などのメディアに拡大した。だが、あいかわらず禁書判断の基準は不明瞭なままで、検査する側の解釈や想像のあり方によって恣意的に禁書の烙印を押すことができた。

一九五三年七月二七日、「台湾省戒厳期間新聞雑誌図書管制辦法」が再び修訂され、第二条はさらなる追記が行われた(楊秀菁「台湾戒厳時期新聞管制政策」二〇〇二年、台北:国立政治大学歴史学系修士論文、六六頁)。

第二条　新聞、雑誌、図書、告知、標語およびその他の出版物は次なる項目の記載があってはならない。

(1)軍事新聞の開示部門による公開を経由しない「軍機〔軍事機密のこと〕種類範囲令」に属する各種軍事情報

(2)国防、政治および外交に関する機密

(3)共匪〔中国共産党を匪賊とたとえる別称〕の宣伝を目的とした図画や文字

(4)国家元首を誹謗する図画や文字

(5)反共抗ソの国策に反する言論

(6)人々の目と耳を撹乱し、民心や士気に影響するもの。あるいは社会の治安を損なう言論

(7)政府と民衆間の感情を挑発する図画と文字

再修訂された「台湾省戒厳期間新聞雑誌図書管制辦法」は、検閲の範囲をさらに広げ、新聞、雑誌や図書の文字表現だけではなく、今度は写真やイラストなどを含む図画も審査の対象とした。『査禁図書目録』を精査した蔡盛琦（前掲「一九五〇年代図書査禁之研究」八四〜八五頁）によると、不明瞭な内容で広く解釈することが可能となり、第二条（3）の「共匪の宣伝を目的とした図画や文字」は、禁書の理由として挙げられる頻度が最も多かったという。

これを裏づけるように、早くから審査基準の曖昧さに対する批判は起きていた（「時事述評：関於書刊審査」『自由中国』一九五一年五月一六日、四頁）。

出版物の審査者は、ある程度の知識を備えるべきである。出版業者の面倒が増えることなどはまだいいが、世間の笑い種になったら政府の体面を損なうぞ！　（中略）少し前にある友人の発行する『自由文摘』という小さな雑誌が、なんと某部門から警告を受けた。『自由文摘』の文章は、どれも現代のそれなりの水準を持った雑誌から選んでいる。選ぶ基準は政治の民主性、経済的平等などにほかならず、現職の国民党改造委員会秘書長張其昀の文章も載っている。このような出版物が、審査者から問題があると目されるとはなんたる不思議！　こういう事態は、審査の原則云々ではなく、審査者の知識がいかに足りないかということを示しているに過ぎない。政府の出版物に対する審査の政策を支持するためにも、慎重に審査者を選ぶよう呼びかけざるを得ない。

引用部分からわかるのは、曖昧な基準から生じる審査のばらつきが、早くも一九五一年当時から問題視されていたことである。審査の担当者は、国民党政府の意向を忖度しながら、心象ひとつで規制を厳しくしていったのであろう。また、実際に書店や出版社などに派遣された検査員にも、図書や雑誌を摘発するうえで、同じような意志が働いたと想像できる。それでも、五〇年代初期から香港経由で図書が密輸され続けたことを考えると、一九四九年一〇月と一九五〇年四月に政府が続けて公示した「反動思想書籍一覧表」の書目六六五種は、審査が現場での執行より遅れを取っていたことを物語っている。そのためか、より効率よく執行するための手引きが、早くも一九五一年一月五日に「台湾省政府・保安司令部検査取締違禁書報雑誌影劇歌曲実施辦法」、七月三〇日に「台湾省各県市違禁書刊検査小組及検査工作補充規定」として発表されていた。前者は、検査を執り行うための方法と人員について、後者は検査の判断基準について補足したものであり、その第六条に次の記載がある（「二・新聞雑誌図書審査及管理」『中華民国雑誌年鑑』一九五三年、台北：台湾省雑誌事業協会雑誌年鑑発行委員会、丁篇七頁）。

第六条　図書雑誌歌曲の違反目録については、本部［台湾省保令司安部］が関連部門と審査し決定後に配布する。目録の配布前は暫定的に以下の原則に沿って処理する。
(1)共匪、共匪と結託する作家の著作および翻訳は一律に禁止する
(2)内容が左傾し共匪を宣伝するものは一律に禁止する
(3)内容に問題があるが、差し押さえの記録がなくすぐに決定できないものは、審査に付し、禁書に該当するものは報告後に処理する
(4)日本語図書および雑誌で輸入許可ならびに販売許可証のないものは一律に禁止する

ここで注目すべきなのは、判断基準が簡明化されていることである。審査に時間のかかる禁書目録の配布までの一時的な措置だとはいえ、書籍の内容を審査せず、「作家」のみを対象としたことは、検閲の性格を変えることになった。現場における迷いを根本から断つようなやり方によって、図書の審査および現場で摘発する人員は出版物の内容を細かく確認する手間や時間を大幅に省けたはずである。この修正によって、検査人員が下した禁書の判断に落差が生じにくいものとなったが、共産主義を想起させるような事項に対して中身を精査せずに一律規制するというやり方は、いかに国民党政府が台湾における思想の浸透に神経を尖らせていたかを示している。このような包括的な判断基準によって、台湾に流入した中国大陸出版の書籍の大部分が取り除かれ、図書市場の極度な商品不足につながったと言える。

2　当時の検閲部門と摘発執行の実態

では、検閲は具体的にはどのように行われたのだろうか。国民党は台湾移転後に組織の立て直しを図り、一九五〇年八月五日に中央改造委員会を設立した。その下部組織のひとつである第四組は、宣伝工作の指導・設計、党義理論の宣伝、および文化運動に対する企画を担当したことで知られている。文化運動は、大きく「文芸改革運動」および「文化検査粛清運動」に分かれている。このため、第四組は「文化検査粛清運動」という名目で五〇年代の禁書審査および摘発の執行を主導する立場にあったのである(5)。

図書検査および摘発の執行をより円滑かつ効果的に実施するため、第四組は手引きとして「報刊図書審査標準表」(一九五五年)、「各機関社団及学校図書館室自清検査要点」(一九五五年)、「共匪及附匪分子作家名単」(一九五五年)を次々と通達した。

また、出版物が禁書に該当するかどうかの是非を決定する審査にも、第四組はかなり大きな権限を持っていた。例えば、何志新編著『紅朝妖姫』(一九五三年、台北：啓東公司出版)に

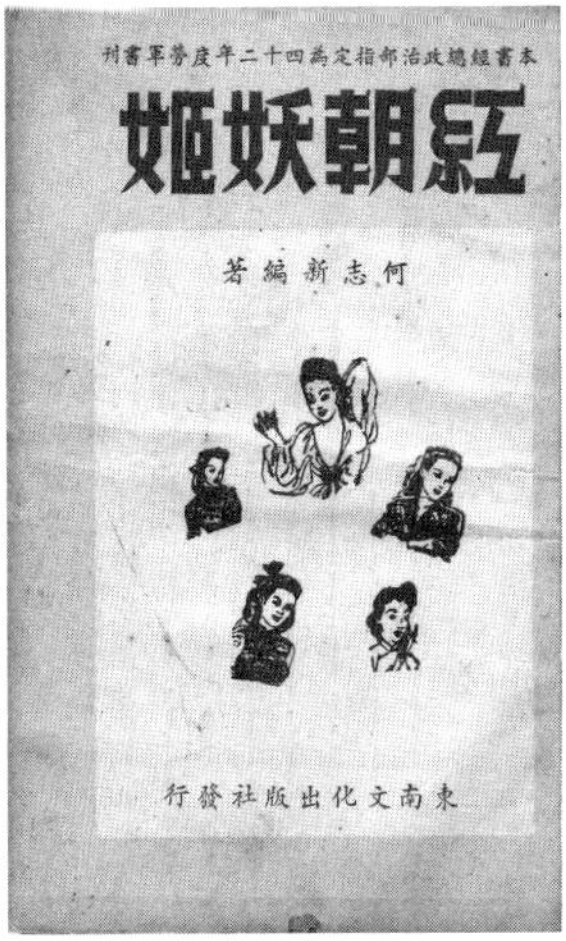

【図1】　何志新編著『紅朝妖姫』台北：啓東公司出版，1953 年

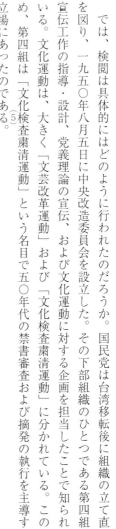

対する審査において、台湾省保安司令部から不適切な性的描写があったという報告があったにもかかわらず、第四組は「使用された言葉や文字は、完全には宣伝の要求を満たさない。だが、その意図は汲むべきであり、反共の立場から逸脱しておらず、禁止の対象に該当しないと言える」（蔡其昌「戦後（一九四五〜一九五九）台湾文学発展与国家角色」一九九六年、台中：私立東海大学歴史研究所修士論文、九七頁より転載）として台湾省保安司令部の判断を退けた。このように、国民党内部の決定が国家機関よりも優位にあったことがわかる。

一方、第四組からの指示で現場に出向いて禁書の摘発を執り行うのは、台湾省保安司令部、台湾省新聞処、台湾省警務処などであった。一九五一年一月五日に台湾省政府議会を通過した「台湾省政府保安司令部検査取締禁書報雑誌影劇歌曲実施辦法」第二条には、禁書検査の実施方法および執行人員の所属についての記載がある（『中華民国雑誌年鑑』、前掲、丁篇六頁）。

第二条　図書、新聞、雑誌、映画、演劇、歌曲の違反を取り締まる部門は、以下の規定に従う：

（1）台北市では保安司令部および市政府の担当者が検査証と禁書目録を携帯し、随時に随所で法に従い執行する。また、関連部門で検査チームを組織し事前告知なく検査を実施すること。警察が一般勤務中（たとえば見回り検査）に違反した図書や写真、イラスト、歌曲の販売および所持を発見した場合、本規定に従い取り締まる

(2)各県市および重点郷鎮は、当該地方の県市政府および警察部門が検査班を組織して、随時に検査し取り締まる

(3)各海港および空港では、検査処(班)と合同で輸入の図書および新聞、雑誌、あらゆる印刷物に対して厳格に検査する。禁書目録に列挙された対象はすべて没収、報告し処理する

また、続く第三条では、検査の場所を「各県市の書店、売店、印刷工場、出版社、雑誌社、映画館、劇場、放送局、公共の場および音楽を流す喫茶店とレストラン」(同前、六頁)としている。だが、第二条(1)に「随時随所」と明記されていることから、販売の場所や形態に囚われず、貸本屋および個人の所持も対象となっていたと思われる。また、これらの規定で注目すべきなのは、台北市内では保安司令部と市政府の担当者、さらに関連部門から組織される検査チーム、警察など、異なる部署の人員が販売される出版物を、いつでもどこでも、しかもときには抜き打ち検査で摘発することができたことである。他の市町村よりも書店数が比較的に多く、図書が集中していた台北市での摘発は、図書市場の流通を悪化させていたであろう。

随時随所で行われていた摘発活動について、先に引用した記事「時事述評:関於書刊審査」がその実態を伝えている(前掲『自由中国』四頁)。

周知のように、台湾省の正式な出版物の審査機関は台湾省政府教育庁と新聞処、保安司令部で

ある。これらの部門は出版物を審査する任務にあたって仕事を分担しているわけでも、協力し合っているわけでもない。形式上は協力の方法があるかもしれないが、事実上はてんでバラバラに検査している。新聞処の審査を通過し、省政府の名義で各関連部門に通知したあとでも、ほかの部門はもう一度検査してもよいことになっている。

これは、まさに「疑わしきものをすべて罰する」という非効率だが効果的な摘発の執行と言うべきであろう。部署間の不明瞭な分担作業による執拗な抜き打ち検査は、当時の台湾の書店や出版社にとって経営に差し障るものであったと推測できる。いかに国民党政権の審査基準に合格し、さらに検査部門の目をくぐり抜けられるか。このような難題を当時の出版社は抱えていたであろう。次節では、このような度重なる摘発が当時の図書市場や出版に与えた影響を見ていく。

三　台湾通俗小説の出現へ

一九四九年末から始まった中国語図書の輸入規制は、中国大陸からの文化と思想の流入を堰き止めたが、五〇年代に入っても中国語図書に対する厳格かつ無差別な摘発が行われ続けた。このような規制と摘発によって、国民党政府は自らの意に即した文芸環境の構築を狙っていたのは明らかである。

表　1950年代台湾出版社と出版数（種類）

年度	1951	1952	1953	1954	1955	1956	1957	1958	1959	1960
出版社数	—	—	138	184	242	333	403	460	492	564
出版量（種類）	—	427	892	1380	958	2763	1549	1283	1472	1469

【表】曽堃賢「台湾地区近五十年来図書出版「量」的統計分析」『文訊』（1995年8月，30〜34頁）より一部引用。

政府主導下の「中華文芸奨金委員会」や「中華文芸協会」などの作家組織で反共文壇が形成され、そこで創作された「反共文学」が台湾図書市場の主流となることが画策された。だが、このような政府の主導があったとはいえ、反共文学は台湾社会で実際に受容されたのだろうか。また五〇年代の図書市場は反共文学しか存在しなかったように語られてよいのだろうか。これらはいずれも検討を要する問題である。(6)

すでに見たように、戦後台湾の図書市場は、国民党政府の禁書政策によって二度の空白が生まれている。最初は四〇年代後半の脱植民地化の動きに合わせた日本語図書の排除である。それによって戦前に構築された日本語図書市場が壊滅に追い込まれた。台湾本土の出版資源の不足も相まって、市場の隙間を埋めたのは中国大陸から大量に流入した中国語図書であった。次は五〇年代初期に起きた中国語図書に対する排除である。曖昧な判断基準による「疑わしきものはすべて罰する」というやり方は、戦後初期に輸入された中国語図書を市場から排除するに至った。

中国からの輸入図書が大量に取り除かれたことは、逆に台湾本土の出版業者にとって転機となった。ここに戦後台湾の図書市場を「量」から分析した数値（表）がある。出版社数は一九五三年の一三八社から増加の一途をたどった。また、出版図書の種類が増加するにつれ、紙パルプも増産された。一九五二年の五三七一トンに対し、一九五四年は三倍以上の一万六八三一トン、さらに一九五六年は四倍以上の二万一二四三トンへと増加したのである(7)。これらの数字が意味するのは、五〇年代中期以降、台湾における中国語の図書市場と出版業が次第に発展したことである。

では、五〇年代台湾の図書市場の隙間を埋めたのは、どのような図書だろうか。林慶彰と蔡盛琦の研究によって見えてきたのは、台湾島内で刊行された「偽書」の存在である。それは、一九四九年までに中国大陸で出版された図書を翻印したものだが、当局の厳しい取り締りから逃れるために書名の変更だけではなく、内容の削除、作家名の偽造に及んだものもあるという(8)。

まだ規模が小さく、作家の数も限られた当時の台湾の中国語図書市場において(9)、こうした「偽書」を出版、販売するというやり方は、出版社や書店にとってかろうじて利益を確保できる抜け道だと言える。

では、禁書政策は通俗小説の出版に具体的にどのような影響を与えたのだろうか。中国新文学のみならず、戦後中国大陸より持ち込まれた武俠小説や言情小説、通俗雑誌などの出版物までもが差し押さえの対象となったため、五〇年代初期に深刻な品不足になったはずである。一方では、戦後の一九四六年より開始された国民義務教育によって台湾社会に中国語の読者が出現し、日常における通俗的な読み物に対する需要も日に日に高まったのは必然である。このような市場の需要に対し、一九四九年以前に輸入された武俠小説や鴛鴦蝴蝶派（清末から民国初期に流行した才子佳人の恋を

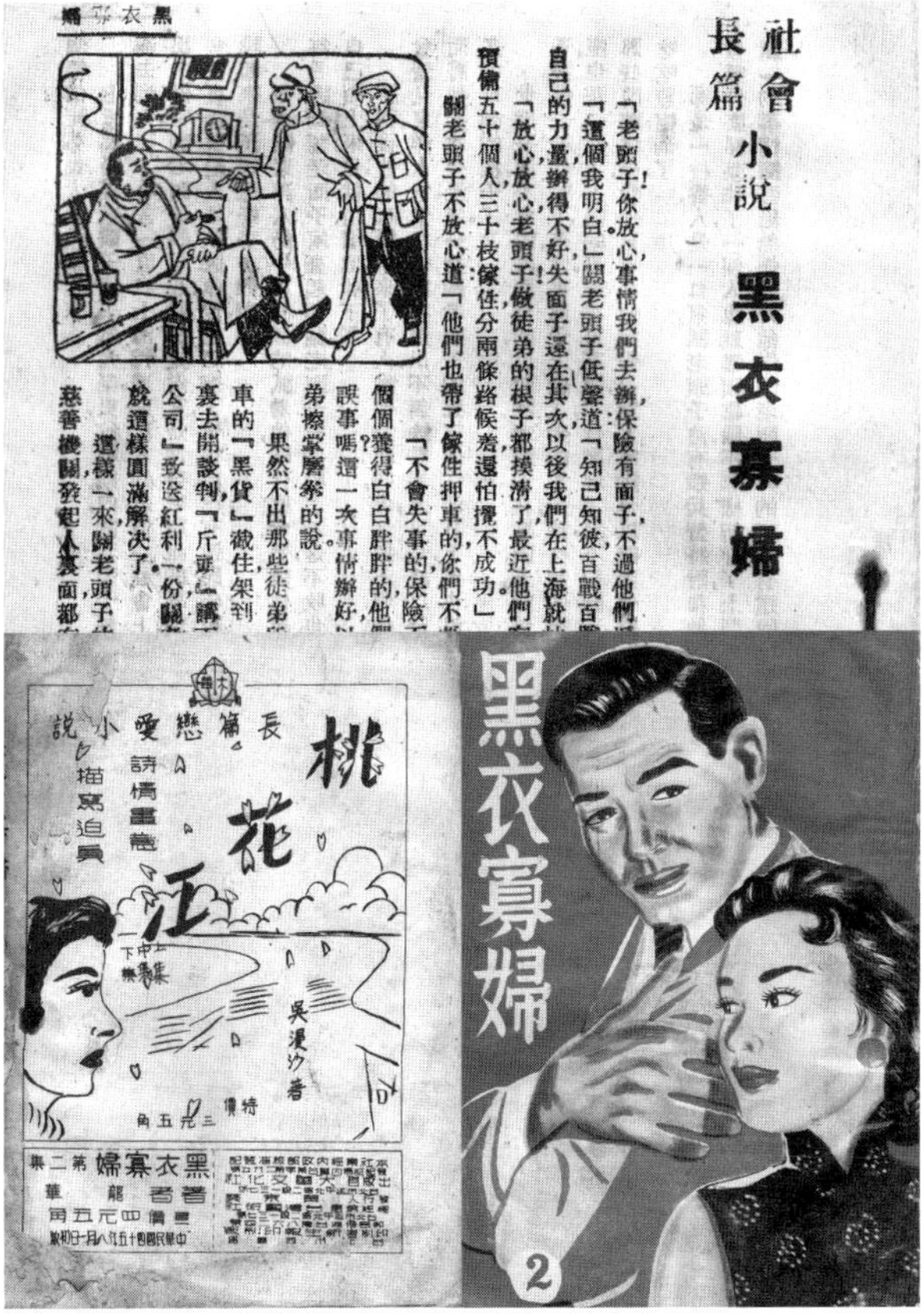

図 2　龍華『黑衣寡婦第 2 集』台北：大華文化社，1956 年

描く流派のこと）の恋愛小説なども偽書という形で出版されていた。一例として、筆者が所有する龍華『黒衣寡婦(2)』（一九五六年八月一日初版、台北：大華文化社）（図2）がある。この小説は、一見して五〇年代の台湾で出版されたものだが、文中の句読点は行の中ではなく、傍点の形ですぐ右脇に付けられている。明らかに三〇年代までの中国で出版された古い書籍をそのまま翻印したものである。出版社と刊行日によってあたかも台湾で創作／出版したように見せかけているが、文体は古いままである。こうしてみると、「龍華」という名の作者すら疑わしい。

しかし、いくら新しく出版したように見せたとしても、翻印された三、四〇年代の中国大陸で出版された通俗小説は、形式的にも内容的にも五〇年代の台湾社会の読者にとっていささか古めかしいものに見えたであろう。禁書政策で膨大な図書が次々と処分されていくなか、検査人員の目をくぐり抜けられるように作られた偽書、もしくは翻印書だけでは、台湾で出現する中国語読者のニーズに応えるのは難しかったであろう。そこで、新たに中国語で創作できる作家を発掘育成し、台湾の社会的情勢や読者の需要に合わせた小説を創作させて商品化する流れが生まれたのは必然的な帰趨であろう。

禁書政策が台湾の武俠小説の発展に与えた影響について、葉洪生と林保淳は長所と短所というふたつの視点で論じる（『台湾武俠小説発展史』二〇〇五年、台北：遠流出版、一三九～一四一頁）。それによると、まず短所として、一九四九年末までに台湾に入った武俠小説が図書市場から消えたことによって、新人の武俠小説作家は伝統からノウハウを得ることができなかったこと。また、政府の検閲を氣にするあまり、題材を敏感な歴史内容から採らず、想像上の中国的「江湖」の世界に背景を設定したために、小説に歴史的なスケールを盛り込むことができなかったことを挙げている。長所は、台湾の武俠小説作家が歴史の呪縛から解放され、自由に発展できたことにあるという。

葉洪生と林保淳の論考は、通俗小説作家と出版社の関係にも言及している。それによると、武俠小説を専門とする出版社は一九五〇年創立の真善美出版社が最初である。真善美出版社はもともと仏教や武術、健康を主要なジャンルとしていたが、一九五四年以降に武俠小説を出版するようになり、のちに成鞍吾や伴霞楼主、司馬翎などの著名作家を擁するほどの、専業的な出版社として目されるようになったという（前掲『台湾武俠小説発展史』、一六七〜一七九頁）。市場の需要によって作家が生まれ、出版社がビジネス形態を変化させていく事例は、決して武俠小説というジャンルに限ったことではなく、通俗小説に関わる出版業界全体についても同じことが言えるであろう。

蔡盛琦の論文（前掲「一九五〇年代図書査禁之研究」九九頁）に、次のような注目すべき記述がある。

一九四五年から一九四九年の間に、中国大陸から台湾に流れた中国大陸での出版図書の大半が禁書のリストに入った。文学や小説、学術、娯楽作品が一掃されて生じた空白は、暴露新聞やポルノ雑誌を含む不健全な出版物に取って代わられた。

「暴露新聞」や「ポルノ雑誌」、さらに「不健全な出版物」とは一体どんなものを指しているのかについては、筆者がこれまで発表した別の論述を参考されたい(10)。本稿の趣旨である、禁書政策が五〇年代初期の図書市場に与えた影響を考えると、日本語や中国大陸からの図書を輸入禁止にしたこと、一九四九年までの中国語図書を執拗に摘発したことによって、市場に空白が生まれたのは確かである。この空白を埋めたのは、娯楽性の高い読み物だとすれば、禁書政策は、図らずも台湾本土の通俗小説の創作を促成させるきっかけを作ったと言えよう。

おわりに

本稿では、禁書政策の変遷とその影響についてまとめた。特筆すべきなのは、わずか五年の間国民党政府による禁書政策が二度も遂行されたことである。最初は終戦直後から行われた「脱日本化」を目的とした日本語図書の規制、次は「反共文化」に移行するための、一九五〇年初期から始まった中国大陸で出版された中国語図書に対する徹底的な排除である。五〇年代初期の図書市場が小規模であったからこそ、国民党の禁書政策は効果的だったと言える。

しかし、このような徹底した既存図書の排除は、台湾における中国語図書の出版を促したのである。五〇年代に出現した貸本屋の存在は、台湾で創作／出版された娯楽性の高い出版物が流通しはじめたことを物語る。蘇清霖（『文訊』一九九五年一一月号、三七頁）の一文は当時の概況をうかがわせてくれる（傍線は引用者による）。

五〇年代の書店は、基本的に都市に集中していた。その陳列の場所はみすぼらしくて狭かった。(中略)分類がないのは図書の種類が少ないからである。この時期は参考書が大半を占めている。数少ない雑誌は貴重で暇つぶしの必読品である。
五〇年代、台湾の民衆は生活に追われていた。都市と農村の差が非常に大きく、情報が行き渡らなかった。(中略)そのような環境の中で、出版社は不憫なほど少なく、書店も指折りで数えられるほどである。特に農村地区や都市の郊外にはほとんど書店がなかった。本が読みたい人は小説やマンガを専門とする貸本屋から借りるか、ちょっと余裕があれば文房具屋で数少ない図書を購入できた。あの年代の大人は仕事に忙殺されて、子供も勉強で忙しかったから、参考書の需要は当然のように大きかった。

五〇年代のどの時点を想定しての回想なのかは不明である。だが、この引用からわかるように、貸本屋は閲読の場として通俗的な読み物を人々に提供していた。都市と地方を問わずに存在した貸本屋は、五〇年代から通俗小説が流通するほどの図書市場が出現したことを示唆していたのである。

注

(1) 一九四七年二月二八日に起きた、警察の不当な逮捕および暴行行為に対する台湾全島の抗議行動である。その後の国民党政府による一連の武力鎮圧によって、約二万人の民衆が虐殺されたと言われる。

（2）「夏主任談本省宣伝事業」『台湾新生報』一九四六年六月二三日第四面の報道による。蔡盛琦「戦後初期台湾的図書出版――一九四六至一九四九年」（『国史館学術集刊』第五期、二〇〇六年、二二〇頁）より転載。

（3）藤井省三「〝大東亜戦争〟期における台湾皇民文学――読書市場の成熟と台湾ナショナリズムの形成」（『台湾文学この百年』一九九八年、東方書店、二五～六七頁）を参照。三〇年代から四〇年代にかけて、日本語話者の増加によって形成された日本語図書市場について詳しく論じている。

（4）一九四六年八月に成立された台湾省編訳館は、二・二八事件の影響で翌年の六月に廃止されたため、その刊行成果は二〇種程度にとどまっていた。詳しくは、黄英哲『台湾文化再構築一九四五～一九四七の光と影』（一九九九年、創土社、五二～八二頁）を参照。

（5）国民党の中央改造委員第四組によって主導された出版の審査について、松田康博『台湾における一党独裁体制の成立』（二〇〇六年、慶應大学出版社、七二頁）と蔡盛琦「一九五〇年代図書査禁之研究」（『国史館館刊』第二六期、二〇一〇年一二月、八七～八八頁）が詳しい。

（6）現在、五〇年代に対する研究のほとんどは「反共文学」の面に焦点が当てられている。一九八七年に上梓された葉石濤『台湾文学史』（中島利郎・澤井律之訳、二〇〇〇年、研文出版）に始まり、その後に出版された台湾文学史に関する著作でも同様に論じられている。たとえば一九九一年の彭瑞金『台湾新文学運動四〇年』（中島利郎・澤井律之訳、二〇〇五年、東方書局）、二〇〇七年の陳芳明『台湾新文学史』（下村作次郎・野間信幸・三木直大・垂水千恵・池上貞子訳、二〇一五年、東方書店）などである。

（7）黄玉蘭「台湾五〇年代長篇小説的禁制与想像――以文化清潔運動与禁書為探討主軸」（二〇〇五年、台北：国立台北師範学院台湾文学研究所修士論文、二六頁）より転載。黄が引用したパルプの数値は、『台湾光復二十年』（一九六六年、台北：台湾新聞処、三三～三五頁）による。

（8）蔡盛琦は、林慶彰の研究を踏まえ、これを「偽書」とした。あくまでも禁書の摘発を逃れるための措置であるが、著書の原典がわからなくなり、内容の改変で研究の依拠すべき資料が不正確になるなど、偽書は戒厳令が解除されたあとの台湾では大きな問題になったという。

（9）五〇年代の台湾において台湾人読者と作家が抱える中国語リテラシーの問題は図書市場の発展を制約したものである。詳しくは、拙稿「一九五〇年代の台湾における読者とその文学受容」（『野草』第九二号、二〇一三年八月、九二～一一四頁）を参照。

（10）拙稿「一九五〇年代台湾の通俗出版をめぐる文芸政策と専業化」（『日本台湾学会報』第一八号、二〇一六年八月、一二六～一四五頁）、「一九五〇年代後半の台湾における通俗出版——通俗誌・香港・貸本屋」（『野草』一〇五号、二〇二〇年一〇月、二九～五一頁）。

本稿は、二〇一九年度に早稲田大学文学学術院提出した博士論文「一九五〇年代台湾通俗小説研究——文化政策・読者・文壇」の第二章を加筆、修正したものである。

一九七〇年代アジア系女性アイドル論

押野武志

はじめに——南島オリエンタリズムの回帰

一九七〇年代の日本のアイドル文化全盛期は、アジア、あるいは南国が脚光を浴びた時期でもある。七〇年代の前半に、欧陽菲菲《オーヤン・フィーフィー》、アグネス・チャン、リンリン・ランラン、テレサ・テンといったアジア系の女性アイドルたちが日本で次々にデビューする。アイドルの元祖とされる沖縄出身の南沙織がデビューするのは、沖縄返還一年前の一九七一年である。フィリピン人とのハーフであると長い間信じられていたように、南国的なイメージが受け入れられ、また、彼女の登場は、返還を目前にした沖縄のイメージ・アップに役立つことになる。一九七二年は、日中国交正常化の年でもあり、中華圏の文化を好意的に受け止める雰囲気は、中国系歌手たちの活躍を後押しする要因のひとつになったと考えられる。

ビートの効いた歌唱力で人気の欧陽菲菲は、ワイルドな異国情緒が魅力であった。アグネス・チャンは、たどたどしい日本語が逆にかわいらしさとして受け入れられた。ネイティブインディアンのイメージで受け入れられたのは、リンリン・ランランの双子の姉妹であった。このような、彼女たちへの関心が、アジアや南島に対する日本のオリエンタリズムと無縁であるとは思われない。

時代を遡ると、一九二〇年代の日本の植民地主義の時代も南島・沖縄への関心が高まった時期であった。柳田国男が初めて琉球沖縄諸島を旅行したのは一九二〇年一二月から翌年二月にかけてであり、後に紀行文『海南小記』(一九二五年、大岡山書店)にまとめられる。折口信夫も柳田に触発され、一九二一年七月から八月にかけて第一回目の沖縄旅行に向かい、沖縄採訪調査を行う。一九二二年には、柳田によって南島談話会が設立され、南島を対象にした民俗学が本格的に動き出す。

こうして、琉球／沖縄は、その風土、文化、言語の際立った独自性、異質性が重視され、民俗学、言語学などの学問分野から強い関心を持たれ、〈沖縄学〉という研究のカテゴリーを創り出すまでに至る。

こうした南島オリエンタリズムを共有していたのは何も民俗学者に限ったことではない。文学者もまた南島のオリエント化に加担してもいた。一九二二年にすでに琉球は詩の題材として取り上げられていた。それは、琉歌や「おもろ」、琉語を巧みに取り入れた佐藤惣之助の『琉球諸島風物詩集』(一九二二年、京文社)である。惣之助が惹きつけられたのは沖縄の異国情趣だった。エキゾチックな風俗の中にある琉球の言葉や民謡を採取しながら、旅人の立場から、滅んでいくものに対する哀惜の情をうたったのであった。

それでは当時の沖縄とはどのような状態にあったのであろうか。明治以前の沖縄は、表面上は、中国に朝貢する独立国であったが、薩摩藩の実質的な被支配国であった。薩摩藩の支配下にあった沖縄は、一八七九年の「琉球処分」によって明治政府の統治するところとなるが、以来政府の権力搾取によって経済は極度に悪化し、いわゆる「蘇鉄地獄」なる状況に陥っていた。当時の沖縄の人口の大部分を占める農村部では、米はおろか芋さえも口にできず、野生の毒性を持つ蘇鉄を食糧にせざるを得ないほど、疲弊しきっていた。

大正期から昭和にかけての沖縄の負の側面は忘却される一方で、南島研究が隆盛を極め、その古代的遺制が強調され、さらに多くの旅行記が書かれ、異国情緒というオリエント化をもたらしてもいたのである。このような、眼差される他者を疎外するオリエンタリズムは、日本の植民地主義を不断に肯定していくことになるだろう（拙稿「南島オリエンタリズムへの抵抗——広津和郎の〈散文精神〉」『日本近代文学』四九集、一九九三年一〇月参照）。

七〇年代の沖縄も同様に、本土復帰によって「悲劇の島」から「観光の島」へとイメージを塗り替えられる一方、現在まで続く基地問題や本土との経済格差など、現実的な諸問題は解決されないままであった。一九二〇年代の南島オリエンタリズムは、形を変えて七〇年代にも回帰することになる。

さて、一九七二年の日中国交正常化に伴い、台湾とは断交することとなる。子供の頃から日本のテレビや映画で子役スターとして活躍していた台湾出身のジュディ・オングは、これを機に日本に帰化する。一九七九年にテレサ・テンが、偽造パスポート事件のため一時日本での活動ができなくなったのも、この断交が背景にある。だが、この間、中国大陸では、彼女のカバー曲「何日君再来」（一九三七年）が大ヒットする。この曲の受容の歴史には、戦争や植民地の記憶が刻み込まれている。

本稿の目的は、七〇年代のアイドル・歌謡曲全盛の時代における、新たなオリエンタリズムの諸相を明らかにし、戦争や植民地の記憶の痕跡を辿ることにある。

一　一九七〇年代前半のアジア系アイドルの登場とその背景

七〇年代前半に、日本でデビューして成功した台湾や香港出身の歌手は、女性であった。これは、日本での女性アイドル・ブームが本格的にスタートした時期と重なったことが大きな要因だと思われる。日本のファンは、たどたどしい日本語で歌う彼女たちの歌声に、従来の日本人アイドル歌手にはない魅力を感じたのであった。

七〇年代にまず先陣を切ったのは、台湾出身のビート歌謡の欧陽菲菲（一九四九年九月一〇日生まれ）である（以下、七〇年代に日本でレコードデビューした台湾出身の女性歌手については、「1970年代の台湾の歌姫たち」(http://www.fuki-world.com/ntsongs/singertn/index.cgi)参照)。一九七一年のデビュー曲、「雨の御堂筋」(作詞：林春生、作曲：ザ・ベンチャーズ)は、迫力あるベンチャーズ歌謡で、大阪の街を歌ったものだ。大阪市の中心部を南北に縦断する御堂筋を舞台に、本町・梅田新道・心斎橋などの地名も登場する。女が雨の中、「あなたをたずねて　南へ歩く」という悲恋の歌でもある。七〇年代のキーワードである「南」が歌詞に出ているというのが、文脈は異なるとはいえ興味深い。

小ぬか雨降る　御堂筋
こころ変わりな　夜の雨
あなた　あなたは何処よ
あなたをたずねて　南へ歩く

欧陽菲菲は、同じ年の第一三回日本レコード大賞で新人賞を受賞する。翌七二年には、NHK紅白歌合戦に外国人ソロ歌手(在日外国人、日系人やグループを除く)として初めての出場を果たした。香港出身のアグネス・チャン(一九五五年八月二〇日生まれ、本名：陳美齢)は、一九七二年、「ひなげしの花」で、日本での歌手デビューを果たす。高く澄んだ歌声と、たどたどしいが一生懸命日本語で歌う姿――フリルいっぱいのミニドレス、白いソックス、リボンの三点セットで、未成熟な女の子を表すジェスチャーに合わせて歌う愛くるしいルックス――いわゆるアグネス・スタイルが人気になる。カワイイものがもてはやされる時代状況とマッチしたアイドルであった。一九七三年大晦日、第二四回NHK紅白歌合戦に「ひなげしの花」で初出場し、その後も一九七四年・第二五回、一九七五年・第二六回まで、NHK紅白歌合戦へは三年連続三回出場した。

欧陽菲菲やアグネス・チャンに続き、一九七四年にはリンリン・ランラン、ヤン・シスターズ、テレサ・テンがデビューした。リンリン・ランランは、香港出身の双子姉妹によるポップデュオである。アメリカ人の父と中国人の母を持つハーフで、ロングのお下げ髪とアメリカ先住民の衣装でお茶の間の人気を集めた。一九七四年に日本テレビのテレビ番組『スター誕生!』でアシスタントとしてデビューする。代表曲は、デビュー曲ながら最大のヒット曲となった「恋のインディアン人形」である。

『スター誕生!』は、一九七一年から一九八三年にわたって放送された、視聴者参加型歌手オーディション番組で、森昌子、桜田淳子、山口百恵から成る「花の中三トリオ」、岩崎宏美、ピンク・レディー、石野真子ら、人気アイドルを輩出した。

台湾出身の四人姉妹、ヤン・シスターズ（本名：阮瑤玲、阮瑤〔王貫〕、阮瑤貞、阮瑤文）は、「子供すぎる彼」（一九七四年）で、日本デビューする。長女Kathy（当時二一歳）がベース、次女Jenny（当時二〇歳）がリードギター、三女Tina（当時一八歳）がオルガン、四女Sandy（当時一六歳）がドラムを演奏したが、すべて独学という。日本デビューの二年前の台湾のコンクールで第一位になり、その後台湾テレビの専属になっていた。

優雅（一九五三年一二月一八日生まれ、本名：林麗鴻）は、台湾の歌手、女優である。一九七三年に来日し、作曲家の筒美京平に師事する。翌一九七四年、酒井政利がプロデュースし、筒美が作曲、筒美とともに同じCBSソニーのトップアイドル南沙織を手がける有馬三恵子が作詞したシングル「処女航海」で、日本でのデビューを果たす。来日中に三枚のシングルと二枚のアルバムをリリースし、同年一杯で台湾に帰国した。

台湾出身のテレサ・テン（一九五三年一月二九日〜一九九五年五月八日、中国名：鄧麗君）は、一九七四年、アイドル歌謡曲路線でデビューした。デビュー曲は、ポップス調の「今夜かしら、明日かしら」（作詞：山上路夫、作曲：筒美京平）である。レコードの発売に先駆けて、香港より来日、発表記者会見が行われた。キャンペーンのキャッチフレーズは、「香港の赤いバラ」だった。この年は一九七二年に来日してすでに人気スターとなっていたアグネス・チャンに続けとばかりに、前述の中国系の若手女性歌手が多くデビューしており、そのため、テレサも「アグネス・チャンに追いつき追いこせ」などのタイトルで雑誌に紹介されていた。

「今夜かしら明日かしら」は、当初の期待に反しヒットチャート七五位に終わった。同年には二曲目の「空港」（作詞：山上路夫、作曲：猪俣公章、編曲：森岡賢一郎）が発売になった。今度はテレサの歌唱力を生かした演歌風の歌に切り替えられる。この「空港」は着実に売り上げを伸ばし、第一六回レコード大賞新人賞に輝いた。

そして、この後日本でのテレサは演歌路線を歩むことになった。この路線変更は、一作目と二作目の作曲家の違いに如実に表れている。作詞はどちらも山上路夫なのだが、作曲が南沙織や優雅を手がけた筒美京平から演歌の作曲家の猪俣公章に代わる。筒美といえば、南沙織「17才」(一九七一年)、郷ひろみ「男の子女の子」(一九七二年)、麻丘めぐみ「わたしの彼は左きき」(一九七三年)、浅田美代子「赤い風船」(一九七三年)、岩崎宏美「ロマンス」(一九七五年)、ジュディ・オング「魅せられて」(一九七九年)といった、七〇年代のアイドルたちにヒット曲を提供した人気作曲家であった。

テレサ・テンはその後も活躍を続けるが、パスポート問題が原因で国外退去処分を受け日本を離れることになる。一九七九年二月、本来の台湾のパスポートではなくインドネシアのパスポートで来日しようとしたため、旅券法違反に問われたのであった。先述のとおり、当時、一九七二年の日中国交正常化の影響で日本は台湾とは国交を断絶していたため、台湾のパスポートでは入国の際に非常に煩雑な手続きが必要だった。そこで彼女は、インドネシアのパスポートで入国していた。パスポート自体はインドネシア政府筋による正式なもので、決して偽造パスポートではなかった。そのため、事件としては白黒はっきりしないグレー決着となり、彼女は一年間の国外退去処分となった。この事件で日本だけでなく台湾からも非難の声が上がり、台湾当局は彼女の身柄の引き渡しを強く要求したが、彼女はアメリカに渡る。事件から一年後の一九八〇年、台湾政府への協力を条件に帰国を許された彼女は、中華民国軍の広告塔として活動し、「愛國藝人」と呼ばれた。そして台湾での歌手活動も再開した。その後、再来日を果たすまで香港を活動の拠点にしていた。

テレサ・テンのパスポート問題が発覚した一九七九年には、台湾出身のジュディ・オングが「魅せられて」で大ヒットを放ち、日本レコード大賞を受賞。彼女はこの曲で数々の賞を獲得し、この年の紅白歌合戦に初出場した。

二　南沙織と南国イメージ

沖縄出身の南沙織（一九五四年七月二日生まれ）は、「17才」がデビュー曲として採用され（タイトルは酒井政利による）、六月一日に「ソニーのシンシア」のキャッチフレーズを携えて歌手デビューする。約五四万枚の大ヒットとなった。同時期にデビューした小柳ルミ子・天地真理らとともに〝新三人娘〟と括られることもあり、当時のアイドルの代表格であった。

南沙織のデビュー曲のB面に収められたのが、「島の伝説」（作詞：有馬三恵子、作曲：筒美京平）という歌である。

舟をつないだまま
ぬれて愛したひと
ハイビスカスどこかで見たら
想い出してほしいのよ

旅のきまぐれなら
なんで忍んできた
岩陰の出来事　今日も
忘れない夏の日よ

カナカ娘ばかり
泣いた恋の終わり
片言で名前を呼べば
風だけが吹いてゆく

七日七夜をただ
踊りあかした海
ココナツと祭りとあなた
二度とない夏の日よ

はるか愛の心
波にたくしてみた

珊瑚洗った後で
たどりついてほしいのよ

歌のタイトルや歌詞の中の「ハイビスカス」、「カナカ」(南洋諸島の原住民の俗称)、「ココナッツ」といった単語からわかるように、南島／沖縄らしさを演出している。永井良和『南沙織がいたころ』(二〇一一年、朝日選書)によれば、デビュー当初は、この歌を沖縄の伝統的衣装を着て歌っていたという。永井は、このような南沙織の演出には限界があったと指摘する。なぜなら、インターナショナルスクール出身でバイリンガルの南沙織は、むしろアメリカ文化の窓口として、当時のファンに受容されたからである。こうして、彼女の歌から日本語発音の英語化が始まり、後のJポップスの流れを作り出していく。

ここで、一九七〇年代の時代背景を簡単に確認したい。

七〇年代は、「人類の進歩と調和」というテーマを掲げ、岡本太郎の太陽の塔をシンボルとする大阪万博の開催で幕を上げる。「一億総中流」といわれ、六〇年代後半からの高度経済成長によって消費社会へと突入し国民生活が安定した七〇年代は、所得の上昇と余暇時間の増加によって、レジャーや娯楽産業に対する需要が高まった時代だった。例えば、七〇年代に全国各地の温泉観光地に開館した秘宝館は、映像や舞台技術を駆使した観客参加型の施設として、成人男性の団体客だけではなく女性の集客を目指したアミューズメントとして人気を博した。

七〇年代は、郊外が誕生し、近代核家族が定着した時期でもある。高度経済成長によって各家庭に経済的余裕が生まれ、娯楽への興味が高まる。経済的余裕に加え、特に時間的余裕のある学生層＝若者層が消費者の主役となっていく。職住が分離し、消費者としての女性／子供が再発見され、マーケットが広がり、それに呼応したさまざまな新しいサブカルチャーが台頭する。サンリオが考案した仔猫のキャラクターである「ハローキティちゃん」の誕生は、一九七四年で、ファンシーグッズが売れた。

七〇年代前半の象徴的な事件は、一九七二年の新左翼のテロ組織、連合赤軍による「あさま山荘事件」である。追い詰められた連合赤軍のメンバー五人が、浅間山荘の管理人の妻を人質に立てこもり、機動隊との銃撃戦の末、逮捕される。こうした一連の経過がテレビで生中継された。その後、連合赤軍が一二人もの同志を殺害する「総括」を行っていたことも判明した。この事件を境にして政治の季節が終わると、サブカルチャーは、対抗文化としてではなく、大衆文化として日本に急速に根づいていく。同年は、沖縄返還、日中国交正常化（台湾と断交）の年でもある。

七〇年代は、空のビジネスも発展する。航空会社の沖縄キャンペーンは、夏の北海道キャンペーン、春・夏の沖縄キャンペーンとして一九七二年にスタートする。同年の日本航空（ＪＡＬ）のキャッチコピーは、「日本でいちばん『太陽に近い場所』」である。ちなみに、冬の北海道キャンペーンも、一九七二年の札幌オリンピックの後の観光客の落ち込み対策で生まれた。翌一九七三年、東京―沖縄便が就航する。さらに、一九七五年の沖縄海洋博覧会という「官主導」の観光戦略が敷いたレールに大手航空会社が乗り、全日空（ANA）は、「海洋博キラキラツアー」キャンペーンを展開した。一九七七年から本格的な沖縄キャンペーンが開始され、「団体包括割引GIT」が沖縄線に導入される。「おぉきぃなぁワッ」（一九七七年、ANA）、「ミニを脱いでビキニ。灼熱の久米島」（一九七七年、ANA）、「退屈しない筋肉　夏のあとにも夏がくる」（一九七七年、ANA）、「燃えてくる。沖縄」（一九七八年、ANA）、「トースト娘ができあがる。」（一九七九年、ANA）といったキャッチコピーで、観光客を沖縄に誘い、「青い海、白い砂浜、ビキニの女性」のイメージを振りまいた。

こうした、沖縄の観光リゾート化のプロセスをたどった、多田治『沖縄イメージの誕生』（二〇〇四年、東洋経済新報社）は、航空会社の沖縄キャンペーンでは、「日本人離れした肢体」のキャンペーンガールを採用し、〈日本の中にありながら異質な亜熱帯としての沖縄〉イメージを醸成したと述べている。こうして、この時期に沖縄のイメージは、「悲劇の島」から「観光の島」へと大きく変貌する。

「グラビア写真」というジャンルを生み出し広めたのは、篠山紀信である。一九七二年の沖縄返還により、冬季においても屋外での水着グラビア撮影を国内で行うことが可能になった。篠山の激写シリーズは、雑誌『GORO』（一九七四〜九二年、小学館）に連載された。「激写」と名づけられた最初のグラビアは、『GORO』の創刊一周年にあたる一九七五年五月二二日号に掲載された山口百恵のグラビアである。当時の人気歌手山口百恵、岩崎宏美、南沙織（のち篠山夫人となる）、女優水沢アキらの写真が人気を集めた。
七〇年代に、南沙織・郷ひろみ・山口百恵など多くのスターを世に送り出したプロデューサーの酒井政利『プロデューサー――音楽シーンを駆け抜けて』（二〇〇二年、時事通信社）の以下の証言からも、「南国」あるいは、「異国」というのがこの時代のキーワードだったことが窺える。

私は沖縄返還に合わせて、彼女をデビューさせたわけではない。正直、それは偶然の一致であったが、そのめぐり合わせは南沙織というスター歌手の持つ大きな気運の一つでもあったと思う。

「わたしは今、生きている……」
軽快なメロディと、主張のある詞は、生命の躍動感に溢れ、多くの人々の心にしみ通った。

酒井によれば、南沙織のデビューの時期が、沖縄返還の時期と重なったのは、偶然だったという。確かに、偶然だったにせよ、新たな沖縄イメージの創造には、劇的な効果をもたらした。歌詞の一節「わたしは今、生きている……」の意味のコンテクストの変容を考えてみれば、それは明らかである。当時の沖縄県民の四人に一人が沖縄戦の犠牲者であったとされる。この言葉は、そうした焦土と化した沖縄イメージと結びついていたはずなのに、戦後生まれのアイドルは、その意味を一気に塗り替えた感がある。

一九七九年のCMソング／イメージソング「魅せられて」と「異邦人」のプロデュースも酒井は行っている。「魅せられて」のスポンサーのワコールは、当初は、ジュディ・オングの歌はいらないと言っていたという。なぜなら、「当時、ジュディ・オングはテレビ映画『座頭市』の農家の娘役でレギュラー出演していた。ワコールというファッションの先端を行くような企業の商品には、イメージが合わないというのが理由だった」らしい。

しかし、あえて、ジュディ・オングを使ったのは、酒井が、「どこか南の国を連想させるような声」をとても気に入ったからであった。

同じくヒットした、久保田早紀の「異邦人」（三洋電機のCMソング）についても、次のように述べている。

幾度か聴いた彼女の歌には東洋と西洋が混じり合ったような不思議な味わいがあった。シルクロードというテーマに彼女は合いそうだと直感的に思ったのである。

こうして「異邦人」は誕生した。

久保田早紀のメロディ、詞、声のすべてがシルクロードのイメージにマッチしていた。

酒井は、聴衆の異国情緒に訴える題材としてシルクロードを選び、作詞作曲者である久保田が当初には想定していなかったエキゾチックなイメージを加味し、「シルクロードのテーマ」のサブタイトルを付して発売したのである。シルクロードのイメージを増幅させるため、民族楽器のダルシマーも本曲に使用された。

ここで、七〇年代アイドル歌手たちの歌の特徴について、簡単に触れておきたい。

高護『歌謡曲――時代を彩った歌たち』(二〇一一年、岩波新書)は、アイドルたちの歌の特徴と、その後の日本歌謡曲への影響について述べている。麻丘めぐみ「女の子なんだもん」(一九七三年)は、自己を歌うのではなく、「聴き手＝あなた」に向けて歌う歌詞であり、歌い手(主人公)の心情に感情移入するのではなく、歌われている世界に自己投影するものであり、「歌謡曲のパーソナル化」をもたらしたという。ここに、「南沙織によってはじまったアイドル・ポップスの進化型」を見出している。欧陽菲菲やアグネス・チャンの歌の特徴は、「アクセントやリズム解釈の独自性から導かれる歌唱の斬新さであり、歌謡曲におけるビート感の重要性を体現」しているという。南沙織とテレサ・テンの魅力は、透明感・清涼感のあるナチュラルな音質を活かしたノン・ヴィブラートの歌唱法にあるという。

こうして七〇年代アイドルたちには、ルックスだけではなく、個性や歌唱力が求められたうえで受容されていた。当たり前と言えば当たり前なのだが、それが当たり前ではなくなるのが、八〇年代アイドルなのである。詳細は別稿に譲らざるを得ないが、八〇年代は、音痴のアイドルに平気で歌を歌わせていたように、玉石混淆のアイドルバブルの時代であった。

三　鄧麗君と「何日君再来」

テレサ・テンは、一九七九年、偽造パスポート事件のため一時日本での活動を停止しアメリカへ渡るが、この間、中国大陸では、テレサ・テンのカバー曲「何日君再来」が大ヒットする。「何日君再来」は、もともとは上海事変の一九三七年に、上海の音楽映画『三星伴月』挿入歌として、上海歌謡のトップスターの周璇が歌いヒットした。さらに中国の抗日映画『孤島天堂』（一九三九年、蔡楚生監督）の挿入歌にもなり、ヒロインを演じた女優の蔡莉莉もレコードを出し、これも大ヒットする。

日本でも戦時中の一九三九年、渡辺はま子が「いつの日君帰る」というタイトルでカバー、一九四〇年には李香蘭（山口淑子）が中国語で歌ってヒットしたが、まもなく軟弱な恋愛賛歌だとして発売禁止処分を受けた。

もともとは愛する人との別れを歌ったラブソングであったが、戦局が拡大するにつれ、抗日映画の主題歌として日本軍から糾弾される。歌詞の「君」の発音が「軍」の発音と同じ［jun］であったことから、「君」は、国民党軍の蒋介石を指していると強引に解釈された。

戦後、中華民国となった台湾では、日本帝国主義時代の流行歌として禁止されてしまう。一九八三年には、中国大陸の精神汚染一掃キャンペーンの渦中で、「黄色歌曲」として槍玉に挙げられる。

中薗英助のドキュメンタリー『何日君再来物語《ホーリイチュンツァイライ》』（二〇一二年、七つ森書房）は、こうしたこの歌の来歴を追ったものである。この歌は、それぞれの時代の為政者たちの思惑によって、「愛国の歌」としても、「亡国の歌」としても解釈されてきた。この歌をカバーした、テレサ・テンも、そのような政治的な思惑に巻き込まれていくことになる。

平野久美子『華人歌星伝説　テレサ・テンが見た夢』（二〇一五年、ちくま文庫）は、八〇年代のテレサの「愛國藝人」としての台湾での政治的な役割について述べている。つまり、大陸における鄧麗君の流行を中華民国の国民党政府は、反共宣伝に利用したのである。金門島へ慰問し、兵士と「何日君再來」合唱したり、一九八二年の人民解放軍空軍パイロット呉栄根の亡命事件が起こり、彼の「ぜひ鄧麗君に会いたい」という要望が実現したりする。

一九八四年になると、ようやくテレサ・テンの再来日が許可された。再来日した彼女は、一九八四年に「つぐない」、八五年に「愛人」、八六年に「時の流れに身をまかせ」をリリース。作詞・荒木とよひさ、作曲・三木たかしのコンビによる、この三曲はそれぞれに大ヒットを記録する。一九八五年の紅白歌合戦に初出場したテレサは、その後九五年に亡くなるまで、紅白に三回出場した。また、一九八四年から八六年にかけてリリースされたこの三曲は、「日本有線大賞」と「全日本有線放送大賞」の東西有線大賞で史上初の三年連続大賞・グランプリを受賞する。この記録は、現在まだ誰にも破られていない。

「愛をつぐなえば別れになるけど／こんな女でも忘れないでね」（「つぐない」）、「この部屋にいつも帰ってくれたら／わたしは待つ身の女でいいの／尽くして泣きぬれてそして愛されて」（「愛人」）、「時のながれに身をまかせ／あなたの色に染められ／一度の人生それさえ捨てることもかなわない／だからお願いそばに置いてね／いまはあなたしか愛せない」（「時の流れに身をまかせ」）と歌う、八〇年代のテレサ・テンは、オリエンタリズムの視線のもとで保守的・理想的な「日本人女性」「愛人」を抜群の歌唱力で表現して、人気を博した。同じ頃、「愛國藝人」として受容された台湾の状況と全く異なっていたといえるだろう。そこには、二人のテレサ・テン（鄧麗君）がいた。谷川建司「日本の歌謡界におけるテレサ・テンの〝愛人〟イメージの形成――華人社会における鄧麗君のイメージとの乖離」（『サブカルで読むセクシュアリティ――欲望を加速させる装置と流通』二〇一〇年、青弓社）は、華人社会においてテレサ・テンの愛人イメージが共有されなかった背景として、翻訳の問題を指摘している。テレサ・テンが歌うヒット曲の歌詞を鄧麗君が歌う中国語版に翻訳する際に、愛人イメージを想起させる要素は削除されたという。

おわりに――アイドルと愛国の現在形

近年、テレサのようなイメージのギャップ――フェミニンな要素とマッチョな軍事や政治的要素――を統合したかのようなアイドルが登場する。

集団的自衛権の行使を容認する閣議決定が行われ、日本中が大きく揺れた二〇一四年七月一日。

くしくも、この同じ日にアイドルグループＡＫＢ48の島崎遥香（通称ぱるる）が出演し、陸海空自衛官募集を訴えるＣＭが公開された。

清楚なワンピース姿の島崎が、「自衛官、という仕事」「そこには、大地や、海や、空のように、果てしない夢が広がっています」というメッセージを通じ、陸海空自衛官の国内外における活動フィールドの広さや、大きな目標に向かい仲間とともに活動することのやりがいなど、自衛隊でしかできない仕事があることを、同世代の若者たちに語りかける内容となっている。

ラストは、「ここでしかできない仕事があります」というメッセージとともに、島崎の手書き文字「YOU AND PEACE」が浮かび上がる。自衛官募集のＣＭとしては、むろん異例の内容である。

千田洋幸「生と死の狭間で歌う少女――ＡＫＢ48から美空ひばりへ、リン・ミンメイへ」（『危機と表象――ポップカルチャーが災厄に遭遇するとき』二〇一八年、おうふう）は、このＣＭを次のように分析する。

普段は無表情で心ここにあらずといった風情の島崎が、うって変わって希望に満ちた微笑を浮かべながら、青年たちを自衛隊へ、すなわち死が待ち構えているかもしれない世界へと誘惑する。まさに〝死の天使〟――死神という呼称はさすがにどうかと思うので、こう呼んでおこう――として生まれ変わったアイドルがそこにいる。

このような、アイドルと戦争との結びつきは、日本のサブカルチャーの歴史を広く見渡せば別に特殊でもなく、例えば「戦闘美少女もの」、最近では「艦娘（かんむす）」（艦隊育成型シミュレーションゲーム『艦隊これくしょん』に登場する軍艦の美少女化キャラクター）といったキャラクターにも顕著である。

そうした戦闘アイドルの起源を辿ると、永井豪の『キューティーハニー』（一九七三年）のヒロイン・如月ハニーに行き着く。如月ハニーは、少女のアンドロイドである。人間を大きく超える運動能力を持ち、自在に衣装、所持アイテムを変えられ、その衣装に応じた能力を発揮し、宝石や美術品を狙う犯罪組織パンサークローの刺客と闘う。闘う女性は手塚治虫の『リボンの騎士』（一九五三年〜）のように、ハニー以前にも存在したが、ほとんどの場合男性中心のグループの一員であったり、男装して戦ったりする。一人で女性の姿のまま闘うヒロインは漫画・アニメ史上初の存在である。七〇年代前半のアイドルの時代に、フィクションの世界でも、アイドルのまま闘う美少女が誕生したという同時代性が見られるのではないだろうか。

『艦隊これくしょん』（略称：かんこれ、二〇一三年）は、DMM.comと角川ゲームスが共同開発した、ソーシャルゲームである。ゲーム内容は、第二次世界大戦時の大日本帝国海軍の軍艦を中心とした艦艇を萌えキャラクターに擬人化した「艦娘」をゲーム中で集め、強化しながら敵と戦闘し勝利を目指すという育成シミュレーションゲームである。

アイドルと戦争、あるいはアイドルと愛国の究極の形が、政治的なイデオロギーを脱色、ないしは空白にしたままで、「艦娘」というオタク的な趣味の対象となって現れているのではないだろうか。同類のゲームとしては、『カタナガール（KATANA GIRL）』（カタナガール運営事務局、二〇一六年七月〜二〇一七年一月リリース）も挙げられる。日本の歴史の中で、数々の英雄や豪傑、武将や大名などが所有した日本刀の名刀を擬人化した名刀美少女（カタナガール）を収集し、バトルを繰り返しながら名刀美少女（カタナガール）の「刀狩り」を楽しむ、同人ソーシャルゲームである。

このような美少女と兵器とを融合させたものとしては、髙橋しんの漫画『最終兵器彼女』（二〇〇〇年〜）が挙げられるだろう。この作品も、『キューティーハニー』以来の戦闘美少女ものの系譜にある。現代の二次元アイドルたちは、分裂したテレサ・テンのイメージを、政治色を脱色して易々と統合してみせる。

それでは、現代の生身のアイドルも、七〇年代のアイドル文化から大きく隔たってしまったのだろうか。一九九二年にデビューした沖縄出身の安室奈美恵は、二〇〇〇年の主要国首脳会議（九州・沖縄サミット）の歓迎パーティーにおいて各国首脳を前に、「NEVER END」を歌う。この歌は、小室哲哉が小渕恵三元内閣総理大臣から、このサミットのイメージソングの作曲をして欲しいと頼まれたことがきっかけで作られた。琉球民謡のメロディが取り入れられたこの曲の披露は、南沙織以来、沖縄がいまだにオリエンタリズムの文化圏にとどめおかれていることを政治的にも示している。

遠い未来だった
遠い国だった
遠い想いだった
遠い記憶だった

あなたとはずっと前かきっと
めぐりあうために愛を誓った
今までのことをぜんぶ話そう
明日からのことをもっと話そう

Never End Never End
私たちの未来は
Never End Never End
私たちの明日は
Fantasy　夢を見る
誰でも夢を見る
数えきれない

やさしさが支えてる

この歌詞には明示されてはいないが、確かに沖縄がアイロニカルに歌い込まれている。沖縄の「遠い未来」「明日からのこと」「私たちの未来」や「遠い記憶」「今までのこと」は歌われているが、さまざまな問題を抱えた沖縄の現在の時間、「私たちの今」だけが、奇妙にも(作詞した小室の意図かどうかは別にして)欠落しているのだ。

夢やファンタジーを提供するアイドル文化が、何を見ないようにしてしまうのか。何を忘却させてしまうのか。この問いは、七〇年代だけのことではなく、今の問いとしてある。

附記
本稿は、台湾ワークショップ「歴史と記憶——交差する台日戦後サブカルチャー史」(二〇一五年七月一七日、中興大学)での発表原稿に加筆したものである。

台湾ニューシネマにおける歴史表象
――侯孝賢とエドワード・ヤンを中心に

趙　陽

一　『悲情城市』における歴史表象の再考

侯孝賢とエドワード・ヤンが代表とされる台湾ニューシネマは、個人的な記憶が語られる映画が多いと評される。特に八〇年代においては若者の成長を描く映画が目立ち、その逆に、歴史の出来事を表象するには、侯孝賢の『悲情城市』（一九八九年）を待つ必要があった。台湾近代史の流れを大きく変えた「二・二八」事件の全貌を表象する力作として、『悲情城市』を高く評価すべきことに異論はない。とはいえ、その周辺にある同じく台湾の歴史を表象する映画を見過ごすことは、いささか台湾ニューシネマの全貌を見失う恐れがあるのではないだろうか。『悲情城市』が台湾で公開される前にも、同様にその後にも、台湾の異なる時期の歴史を背景に製作された映画は複数ある。

例えば、二年前の一九八七年に、王童監督による『村と爆弾』が「台湾近代史三部作」の一作目として、すでに公開されていた。この作品は太平洋戦争の時代ではあるものの、戦時中の歴史を表象したものからはほど遠く、現実離れしたコメディの背景としてのみ機能する。一九八九年に、同じく王童の『バナナパラダイス』が上映された。しかしながら、ヴェネツィア国際映画祭グランプリを受賞した『悲情城市』が、同時代の台湾ニューシネマに与える影響力が大きかったことも、また事実であろう。その後、王童が三部作の三作目、台湾の植民地時代を振り返る傑作『無言の丘』（一九九二年）を製作し、ほぼ同時期にエドワード・ヤンも戦後台湾の歴史を題材とする唯一の映画、『牯嶺街少年殺人事件』（一九九一年）を発表する。よって、『悲情城市』は間違いなく、台湾ニューシネマの方向転換、すなわち個人的な記憶から歴史表象への転換にあたって、先陣を切った存在である。

『悲情城市』は、完成度の高い芸術作品として、高い評価を受けてきた。しかし、歴史表象の観点から細かく検討すると、多くの問題点を孕む作品でもある。台湾ニューシネマにおける歴史表象を分析する本稿は、やはり『悲情城市』からスタートしなければならない。以下では、歴史表象の問題を指摘する先行研究を紹介したうえで、歴史表象の特定の形式――固定されたカメラによるロングサイズの長回しに絞って、『悲情城市』を論じたい。

1 複数の誤認

『悲情城市』は戦後台湾の「二・二八」事件を再現する映像作品である。一九四五年の日本の敗戦に伴って、植民地だった台湾は中国政府に返還された。しかし、一九四五年より前から台湾で暮らしている「本省人」と、大陸から来たいわゆる「外省人」では、戦争経験が決定的に違う。一九四七年二月二八日、タバコ売りの本省人女性が専売局の役人にタバコを取り上げられたうえに殴られる暴行を受け、本省人が蜂起する引き金となった。この蜂起はあっという間に全島に広がった。その最中では、戦争中に軍事訓練を受けた本省人の若者が日本軍の服を着て、日本語で連絡を取り合ったという。三月八日に、大陸から国民党政府の軍隊が派遣され、この蜂起は容易く弾圧された。一九九二年の『「二・二八」事件研究報告』によれば、死者は一万八千人から二万八千人にものぼる。

作品における歴史事実の誤認に関しては、すでにさまざまな先行研究で指摘されてきた。丸川哲史は「植民地の記憶／亡霊をめぐる闘い」(『インパクション　一二〇——台湾』二〇〇〇年、インパクト出版会、八九～九〇頁)の中で、日本の植民地支配が「二・二八」事件の重要な原因にもかかわらず、「二・二八」事件の表象に日本の存在がほぼ見いだされておらず、この不在の原因こそが日本の「亡霊性」と指摘する。作中では、日本語によるラジオ放送や日本軍の服を着た本省人など、事件当時のさまざまな要素が表象されないため、日本の「亡霊性」はほぼ捨象されたと言える。言い換えれば、

『悲情城市』における「二・二八」事件の表象は、原因が欠落している結果なのである。

また、トニー・レオンが演じる文清が監獄で監禁されるシークエンスでは、音楽使用の問題も指摘された。藤井省三は『中国映画——百年を描く、百年を読む』（二〇〇二年、岩波書店、二〇六頁）の中で、文脈抜きの『幌馬車の唄』（一九三二年）の導入に対し、込み入った歴史認識のもとで「創り出された新しい記憶」と評する。そして、日本家屋の表象についても批判的な意見がある。林ひふみは『中国・台湾・香港映画のなかの日本』（二〇一二年、明治大学出版会、一〇三頁）の中で、「……『悲情城市』は日本の敗戦前後の時期を描いているにもかかわらず、作中に登場する台湾本省人家庭が立派な日本家屋に住んでいるのは不自然である。植民地時代、日本家屋に住んだのは日本人であり、その引き上げ後、一般的には外省人によって接収されたからだ」と述べ、映画の設定は時代状況とかけ離れていると指摘する。『悲情城市』には、日本家屋が数多く登場する。林の一族が住んでいる家（特に一階部分）ははたして日本家屋と言えるのかについて、議論の余地はあるだろう。とはいえ、文清が経営している写真館や、博打と話し合いの場など、林の一族が本省人でありながら、日本家屋に囲まれていることは事実である。戦後台湾の歴史状況から考えると、確かに不思議な点が残る。

『悲情城市』はきわめて重要な歴史経験を扱いながら、その歴史表象にはいくつかの不正確な点がある。その理由の一つに、加害者の後の世代が被害者の歴史を語る際の困難さを、挙げることができる。つまり、外省人の侯孝賢は「二・二八」事件を経験したことがないまま、『悲情城市』を撮ったのである。このことが、先行研究が指摘する誤認につながったのではないかと思われる。

しかし、内容に誤認や不備があったとしても、『悲情城市』の表象形式について、批評家による批判はほとんどなかった。八〇年代を通じて洗練された長回しは、この映像作品において、一つの到達点に至ったと見て取れる。侯孝賢映画には、世界映画史においても類を見ない長回しが駆使されている。しかし、本稿は表象形式をめぐって、批判的な眼差しを向けて再検討する。なぜなら、内容の誤認か形式の擁護か、どちらか一方にのみ注目することは、結局のところ二項対立に陥ってしまうからである。その二項対立は、反対する二つの論点を逆に強化し、この映像作品をいずれかの立場からで分析することしか、許容しない恐れがある。『悲情城市』に接近する、第三のアプローチは残されていないだろうか。本稿は次の節で、『悲情城市』の歴史表象の形式が生み出される文脈を復元することによって、第三のアプローチを提言したい。

2　表象形式の起源

本稿は『悲情城市』の歴史表象のあらゆる側面を分析するのではなく、「二・二八」事件の再現にあたり、特定の表象形式のみに注目する。この表象形式とは、侯孝賢映画の代名詞にもなっている、固定されたカメラによるロングサイズの長回しである。分析対象を限定するのは以下の理由から明らかである。本稿は『悲情城市』における歴史表象を分析するものであり、「二・二八」事件の歴史表象で繰り返して使われたのが、まさしくこの長回しにほかならないためである。特に、本省人が外省人に殴りかかるショットや、本省人の若者が獄舎から出されて処刑されるショットなど、「二・二八」事件を再現する映像では、ほとんどこの長回しという表象形式を取り入れている。内容とその形式は、もはや分割不可能である。

侯孝賢映画の長回しの起源は、一九八三年の『風櫃の少年』に遡る。侯孝賢はそれまで、すでに三つの映画を発表し、興行収入が保証される商業映画の監督として活躍していた。しかし、アメリカ帰りのエドワード・ヤンをはじめとする新人監督から刺激を受け、映画をどのように撮るかについて、悩んでいた。そこで、脚本家の朱天文の勧めで、作家の沈従文の作品と出会った。このことが侯孝賢にとって大きな転換点となった。

張靚蓓とのインタビュー「『悲情城市』以前──与侯孝賢一席談」（『北京電影学院学報』一九九〇年二月、六九頁）で、侯孝賢自身は『風櫃の少年』製作当時の状況について、以下のように述懐している。「［……］朱天文が非常に重要な本『従文自伝』を見せてくれた。読んだ後に自分の視野が広がったと感じた。作者の視点は、批判と悲しみではないと感じとった［……］「生死を見据える」が、その中に最大の許容と最も深い悲しみを包み込む沈従文のような、ぼくはこの客観的な角度から撮りたい。自分の個性もこれに近いと思った。（注：『悲情城市』もこのような角度から撮った）」。ここで、侯孝賢がとりわけ強調しているのは、語る視点である。厳密には、語る視点は文学の物語論で扱われる範疇であり、そのまま映画に適用するには限界があると思われる。とはいえ、沈従文の自伝から見出された客観的な視点が、侯孝賢映画の長回しに大きな影響を与えたと見る研究者もいる。ジェイムズ・ウッデン（James Udden）の『無人是孤島——侯孝賢的電影世界』（二〇一四年、復旦大学出版社、一一一頁）によると、「侯は沈の遠距離の、超越的な視点に魅了される。またカメラを遠いところに置くことを確実に求め続けて、同じ感覚を作り出そうとする〔……〕要するに、侯が知っている沈の視点は、『風櫃の少年』のロングサイズの画面構成によって、再現された」。つまり、沈の客観的な視点は、のちに侯孝賢に受け継がれる。そして、ロングサイズの長回しとして、創造的に作り替えられた。

ここで重要なのは、文学作品において不可視な視点が、映画において可視的なカメラワークに取って代わられるということだ。価値判断を排除した沈の客観的な視点が、最大限に実現されるように、侯孝賢映画の長回しも非常に独特なものになる。固定されたカメラによるロングサイズの長回しは、このように生まれた。ウッデンの『無人是孤島』（三三六〜三三七頁）によると、この表象形式は、『風櫃の少年』から『戯夢人生』（一九九三年）に至るまで、進化を遂げ続けていった。ショットの持続時間が増え、反比例するようにカメラ運動はますます排除され、固定されたカメラのショットが映画全体に占める割合も増加する一方だ。『悲情城市』の時点で、侯孝賢映画の長回しはすでに完成したと考えてもよい。

この特定の表象形式が明確な起源を持つからこそ、それが生きる文脈も論じることができる。侯孝賢映画における長回しが置かれる文脈は、第一に、個人的な記憶を映像化する際に使われるものである。『悲情城市』までの八〇年代の侯孝賢映画は、ほとんどが監督本人か、彼と協力する脚本家の経験に基づく物語である。そして第二に、長回しの視点は、現在の自分が過去の自分を振り返る、という構成になっている。したがって、これらの長回しの視点は、歴史小説によく使われるあらゆる状況を客観的に捉える視点、すなわち第三者の視点ではない。強いて言えば、それは時間的なもの——個人的な現在から過去——であって、空間的なもの——上から下——ではない。以上で検討した侯孝賢映画の長回しの文脈は、『悲情城市』の表象形式に対する評価を下す際に、非常に重要な指標となる。

3　転用の問題点

侯孝賢映画の長回しは、『悲情城市』のいくつかの場面で活用されている。「二・二八」事件の表象はもちろん、それ以外の暴力が発生するショットにおいても、意識的に運用されている。高捷が演じる三男の文良が地元のやくざと乱闘するショットと、すぐ後の文良の仲間たちが復讐するショットでは、カメラが遠くから人物を捉える。画面の大半が山と森に占められ、その中で、乱闘が繰り広げられる。人物は画面のほんの一部にしかいない。この二つの長回しは、明らかに侯孝賢映画における長回しの系譜に属している。カメラは固定されており、またロングサイズも用いられる。しかし、構図が類似しているとはいえ、これらの長回しは、今までと違う性質を持つものなのである。なぜなら、現在の自分が過去の自分を振り返る視点は、知らないうちにすべてを見渡す第三者の視点にすり替わるからである。言い換えれば、長回しの視点は時間的なものから、空間的なものに取って代わられたと言える。

しかし、『悲情城市』の全編が、歴史小説によく使われる第三者の視点に立っているわけではない。映像と音声を、個人主観的な視点に引き戻そうとする試みは、随所で見られる。その代表となるのは、ナレーションと字幕のクレジットである。計七回のナレーションは、辛樹芬が演じる寛美の音声が使われており、主に彼女が書いた日記を読み上げる体裁を取っている。これらの音声の方向づけによって、観客が寛美の主観的な視点に焦点化される。また、字幕のクレジットにも同じことが言える。同じフォントで表示される字幕のクレジットは、いずれも文清が書いたものか、文清に読ませるために書かれたものである。つまり、字幕のクレジットの使用によって、観客が文清の主観的な視点に焦点化される。

『悲情城市』は侯孝賢映画の長回しを取り入れ、すべてを見渡す第三者の視点を用いつつ、ナレーションと字幕のクレジットにおいて、個人の主観的な視点にも焦点化させる。このような二重の体制とでも言うものが、作中で両立しながら物語を構成していく。

しかしながら、「二・二八」事件を表象する際、この二重の体制は危うく傾くことになる。それが生起する場は、まさに長回しのショットである。この事件を表象する最初のショットは、文清と寛美が筆談する時に呈示される。台北から戻ってきた文清が、「二・二八」事件の様子を説明すべく、短い文を書く。これをショット①とする。次のショット②では、その文が字幕のクレジットとして示される。「寛容は無事だ。僕を先に帰らせた……」そして、ショット③で画面がふたたび文清のところに戻り、文清がジェスチャーを用いて、人が棒で殴られる様子を再現しようとする。続くショット④のフラッシュバックには、侯孝賢映画の長回しが登場する。カメラが遠くから止まった汽車を捉える。何人かが汽車から降りてきて、逃げ惑う一人に棒で殴りかかる。背景には、隙を見て逃げる人の様子も映っている。さらにショット⑤では、呉義芳演じる寛容が、画面外を見つめる様子を映し出す。

以上の五つのショットでは、視点の混乱が生じている。すでに述べたように、字幕のクレジットはほぼ文清の主観的な視点に帰属する。字幕のクレジットの後に、文清が経験したものがフラッシュバックの形で追加されることは、作中では何度もあった。このショット①②③は、文清による「二・二八」事件の説明にあたる。ならば、ショット④の映像は文清の回想と考えることが自然である。しかし、ショット⑤は寛容が何かを見つめる様子である。そのため、ショット④は、事後的に寛容のものに振り当てられる。つまり、ショット④の長回しの視点は、きわめて曖昧である。分析した乱闘の長回しのように、見渡す第三者の視点とも近接するが、同時に主観的な視点とも暗示される。しかも、それは文清の主観とも、寛容の主観とも言える。ショット④の視点はこの意味で、二重帰属可能なのである。「二・二八」事件の歴史表象は、すべてを見渡す第三者の視点と主観的な視点のアンビバレントの間に、引き裂かれていく。

視点の混乱は、侯孝賢映画の長回しという特定の表象形式が、まったく異なる文脈で転用されることによって、生じたものなのではないかと思われる。この表象形式は、『風櫃の少年』から発展

図1　詹姆斯・乌登『無人是孤島』より

してきたものであるが、一定の文脈を前提としている。一つは、個人の経験に基づくこと、もう一つは、個人の過去への回顧ということである。しかし、『悲情城市』はまったく別の文脈に置かれている。それは誰かの経験に基づくものではない。強いて言えば、いまだに語られてこなかった他者の歴史である。侯孝賢映画の長回しが異なる文脈に転用される際に、依拠すべき視点を持たないため、混乱が生じざるを得ない。

表象形式の転用はさらに別の問題を引き起こす。それは、他者の歴史に、審美的な眼差しを向けることである。「二・二八」事件は悲惨な歴史経験である。それなのに、『悲情城市』は美しいと評される構図で、歴史の暴力を遠くから見守る。前述したショット④もそうであるが、寛容が兵士に逮捕される終盤のあるショットにおいて、この審美的な傾向はより明確に浮上する。カメラは最初に、距離を保ったまま、銃を持った兵士に捕まった寛容の一行を映し出す。突然、何人かが右側の画面外に逃げていき、カメラは右にパンしはじめる。遠くには海が映し出され、左の山と対峙しているかのようである。画面の右下には、兵士に暴行される何人かの青年の姿も辛うじて見て取れる。暴行が発生するこのショット（図1）は、山と海が斜めの線によって分割され、まるで風景を鑑賞しているかのような均衡の取れた構図で、表象される。そして、右へのカメラのパンも、巻き込まれることのない位置から、緩やかに行われる。しかし、銃を持った兵士に「頭を下げろ」「伏せろ」と命令される中で、その緩やかなパンは、一体誰に帰属させればよいだろうか。歴史の暴力が行使されるこの場で、距離を取った審美的な眼差しは、果たしてありうるのだろうか。

『悲情城市』は「二・二八」事件を表象する最初の映像作品である。だからこそ、ゼロからスタートしなければならない。侯孝賢は個人的な記憶を語る表象形式を持っているが、一九八九年の時点では、他者の歴史を語る表象形式をまだ持ち合わせていなかった。これは、歴史の暴力を、審美的な眼差しで捉えてしまうという結果につながった。しかし、侯孝賢はすぐこの問題に気づく。『戯夢人生』では証言を、『好男好女』では入れ子構造を取り入れ、まったく別のやり方で、台湾の歴史をふたたび取り上げる。

二　『台北ストーリー』における台北の歴史

歴史の全貌を見渡す視点で歴史を再現する『悲情城市』は、大きな成功を収め、同時に多くの問題点も残すことになる。その努力と成果に励まされ、台湾の歴史を語ろうとするほかの監督もいる。

本稿は続いて、エドワード・ヤンの二つの作品、『台北ストーリー』（一九八五年）と『牯嶺街少年殺人事件』を取り上げ、歴史がどのように表象されているのかを分析していきたい。とはいえ、そのアプローチは必ずしも、映像作品が実際の歴史をいかに再現するのかということのみを分析するのではないことを断っておきたい。むしろ、エドワード・ヤンの『台北ストーリー』と『牯嶺街少年殺人事件』に、台北の歴史とロックンロールの歴史をそれぞれ接続させることで、自明でない作品の読解可能性を浮かび上がらせる。その上で、映画と歴史の関係性を考えてみたい。

1 「幼馴染」あるいは「台北ストーリー」

『台北ストーリー』を分析するにあたって、台北の歴史を導入することは有効であると思われる。その台北の歴史とは、まずは日本が台北に刻み込んだ痕跡のことである。エドワード・ヤン映画と日本植民地時代が残した遺産の関係については、ほとんど研究されてこなかった。林ひふみは『中国・台湾・香港映画のなかの日本』(二三〇頁)の中で、エドワード・ヤン映画の日本家屋表象について、不満を漏らしている。その論点は以下のとおりである。外省人出身のエドワード・ヤンには、「日本文化に対し否応なくもつ生理的違和感」が、日本家屋などの描写から窺える。そして、『ヤンヤン　夏の想い出』(二〇〇〇年)に至って、その違和感が一種の無関心となる。いずれにせよ、エドワード・ヤン映画が日本に関する台湾の歴史を掘り下げようとしないという認識は、全体を支える底流となっているのである。しかし、『台北ストーリー』において、日本の遺産は日本家屋ではなく、レンガ造りの建築などによって表象されることが、見落とされてしまっている。

『台北ストーリー』は英語タイトルの *Taipei Story* から訳されている。映画原題の「青梅竹馬」

という成語は、「幼馴染」を意味しており、確かに個人的な記憶に基づく物語を観客に連想させる。「幼馴染」が指しているのは、この映画の主人公、すなわち侯孝賢が演じるアリョンと、有名な歌手の蔡琴が演じるアジンのカップルである。皮肉なことに、本作で緩やかに展開されているのは、アリョンとアジンという幼馴染が、台北という都市の高度成長に伴って引き裂かれる過程なのである。

　物語で引き裂かれるカップルは、視覚上でも分離されている。アリョンとアジン、それぞれが領有する空間の性質は、明らかに差がある。たとえば、新築マンションと古い民家、モダンなオフィスビルと昔の商店街「廸化街」、パブと酒場という一連の対比が挙げられる。『台北ストーリー』が幼馴染の二人をめぐる物語というのは確かである。だが、そうである以上に、英語タイトルの *Taipei Story* が示すごとく台北をめぐる物語《ストーリー》でもある。つまり、性質が異なる二種類の空間は、歴史的な変遷によって生まれる二つの台北を、視覚的に提示しようとしているのである。

　『台北ストーリー』は戦略的に、台北の二種類の空間表象を見せる。一つは、とりわけ商店街「廸化街」と繁華街「西門町」に代表される戦前から成立してきた台北であり、もう一つは、名付けられていないものの、ガラス張りの高層ビルが代表するモダンな台北である。後者が意識しているのは、八〇年代以降に急成長を遂げる「信義計画区」だろう。作品において、アリョンは前者の空間に、またアジンは後者の空間に送り込まれる傾向にある。

2　古い台北としての「廸化街」

アリョンは商店街の「廸化街」で布の問屋を経営し、知り合いの多くも同じ地域で家屋を構えている。彼は少年野球時代のコーチの家によく足を運ぶ。アジンの実家も当然ながら近所である。映画の序盤、アリョンがアジンの実家で夕飯をともにするシークエンスは、「廸化街」にある家屋の異質さを際立たせている。その建築はレンガ造りの二階建てであり、一階部分は昼間の商売に使われ、二階部分は夜のプライベートな空間である。そして、天井が異様に高いにもかかわらず、空間が圧迫してくるかのような居心地の悪さが感じられる。その理由は、なによりも画面の暗闇に由来すると思われる。空間の照明は自然光ではなく、一つの強い光源に頼るしかない。その結果、光が十分に当たらないスペースが生まれる。位置関係が捉えにくく、空間全体が謎めいてくる。それどころか、人物の周りに分身のような影が付きまとい、立ち位置によってはシルエットになってしまうこともしばしばある。

また、映画の後半で、アリョンはアジンの父親を連れて飲みに行った後、夜の「廸化街」を訪れる。酔っぱらった二人は、レンガ造りの建築の階段に座り込み、街並みを眺める。カメラはフルショットで、画面の奥にいる二人を正面から捉える。アジンの父親は、「あの時、ここに京劇の舞台があった。あっちには酒屋があった」などと、「廸化街」のかつての栄華を長く語るが、それらが直接に呈示されることはない。ただ通り過ぎる車が、画面の前景から横切っていく。続いて、

「廸化街」のレンガ造りの建築を映し出す一連の空ショットが、唐突に挿入される。主にファサードの上半分のみを示す、あたかも宙に浮いているかのような建築の空ショットが、エドワード・ヤン映画らしい暗闇の中に包まれている。歴史の遺物となりつつあるこれらの建築は、通り過ぎる車のヘッドライトによって、それぞれ照らし出され、また闇の中に沈んでいく（図2）。『台北ストーリー』は変貌していく台北を、緊迫感をもって描いている。

図2　映画『台北ストーリー』より（ブルーレイ& DVD 発売元：竹書房）

「廸化街」がアリョンの生活空間であれば、「西門町」が彼の娯楽空間にあたり、行きつけの酒場が何度も登場する。アリョンと友人がそこで使っている言葉は、台湾語と日本語である。店内は音楽が流れておらず、かわりにカラオケが設置されている。「銀座カラオケ」という日本語さえ書かれている。『台北ストーリー』の別のバージョンには、アリョンがこの店で、日本の歌謡曲『湯の町エレジー』（一九四八年）を台湾語で歌い上げ、アジンが涙する幻のシークエンスがあるが、二〇一七年公開の修復版では削除されている。とはいえ、この歌謡曲は作品から消えたわけではない。アジンと喧嘩した後、アリョンは「銀座カラオケ」で博打をし、結局自分の車も取られてしまう。台北の夜景を背景に、陽名山にある自宅

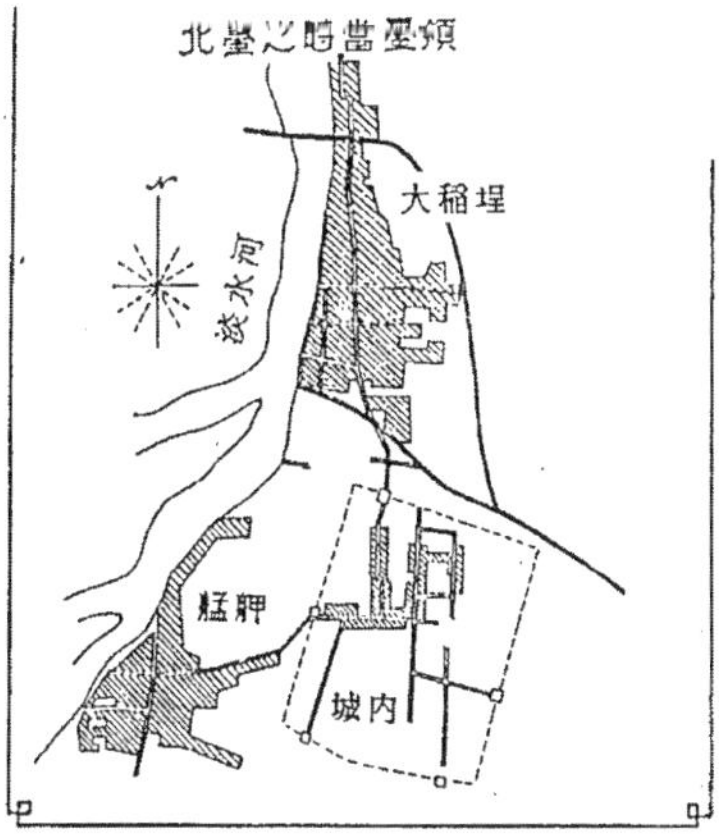

図3　越沢明「台北の都市計画，1895-1945」より

まで歩くアリョンは、やはり『湯の町エレジー』を台湾語で歌う。台湾の繁華街「西門町」は、日本の要素がこれほどまでに溢れる場所である。

『台北ストーリー』において、「廸化街」と「西門町」、二つの固有名詞はいずれも一回しか使われていないにもかかわらず、きわめて特徴的な空間として表象されていることが、以上の分析から窺えるのではないだろうか。それでは、「廸化街」と「西門町」は、台北のどのような歴史を照らし出すだろうか。

「廸化街」の歴史は清の時代にさかのぼる。「廸化街」という呼び方は戦後になってからのものであり、清の時代では「大稲埕」、植民地時代では「永楽町」と呼ばれていた。もともとは大陸の福建省からの移民が作った街である。台北を流れる淡水河に隣して、商売が繁盛する地域であった。一八九五年、台湾が日本の植民地に組み込まれた際、「艋舺《モンガ》」と「城内」と同様に、台北の既有の市街地の一つであった。ただし、図3が示しているとおり、暮らしの集団と街の機能が異なるなどの理由で、三つの市街地は互いに離れている。[1] 一八九五年以降も、「廸化街」は日本から来た内地人から一定の独立を保ち、外地人の街として発展していた。台湾総督府は六次までの都市計画を策定するが、この「廸化街」に関しては、生活に関連する設備を整備するものの、大規模な再開発を予定していなかった。ただし、『台北ストーリー』に出てくる建築のファサードやレンガ造りといった点から見ると、日本の明治と大正時代の建築様式に深く影響され、植民地時代に改築されたものだと推測できる。そこには日本植民地時代の色合いが鮮明に残されている。

一九〇五年の第五次「台北市区改正」によって、昔の三つの市街地の間の空白が埋められ、新しい都市空間が創出された。その代表となるものが、まさしく「西門町」である。自発的に形成される「廸化街」と「艋舺」の蜘蛛の巣のように入り込んだ道路と異なり、両者の間に、碁盤状の道路が計画されている。道路に沿って東に行くと、総督府や総督官邸などの庁舎が集中する地域に辿り着く。このような立地の良さもあり、内地人でにぎわう繁華街が自ずとできあ

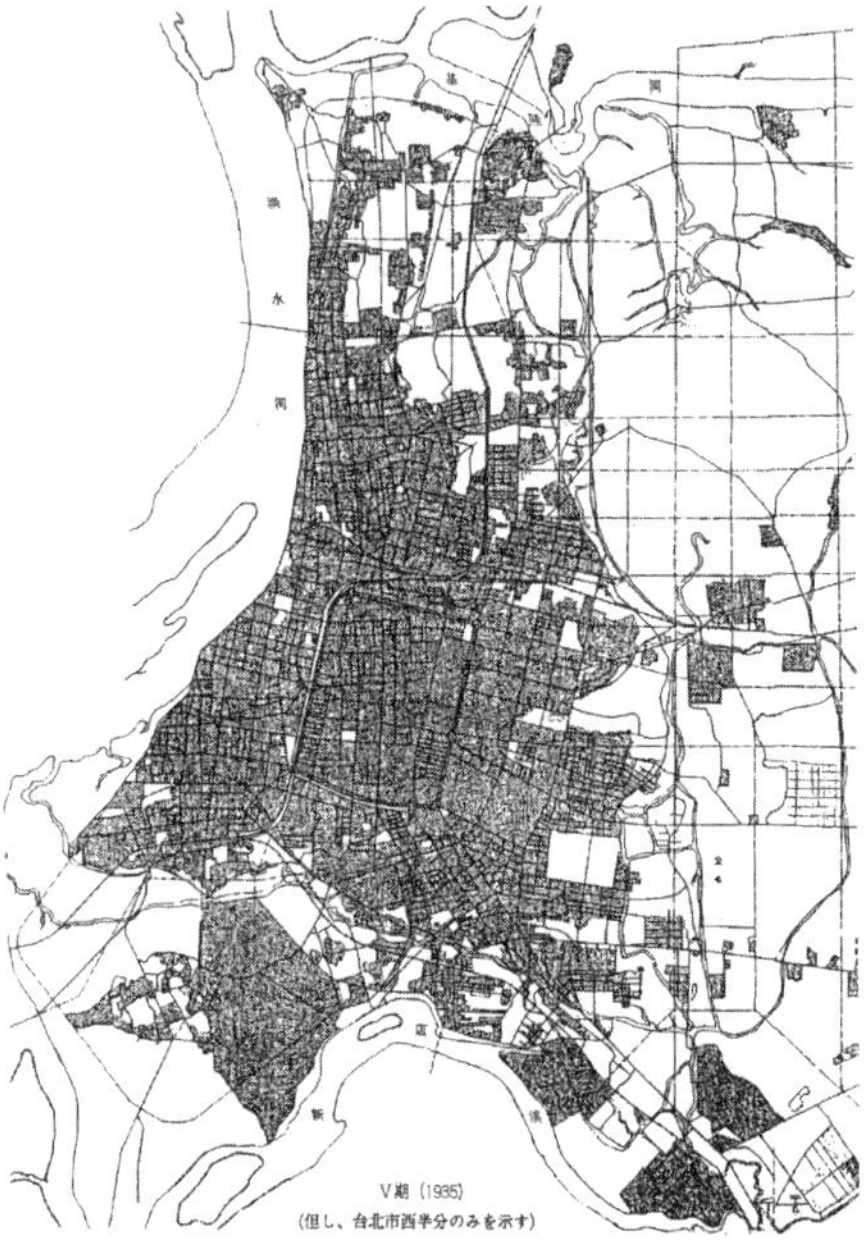

図4　黄武達など「日本植民地時代における台北市都市構造の復元的研究」より

がっていく。「西門町」と呼ばれるのは、ここがちょうど清の時代に城壁の西門だったからである。台湾総督府の都市計画は非常に合理的なものであり、台北のその後の発展はほぼこの計画どおりに進んだ。図4の一九三五年の台北の地図に照らし合わせてみると、第五次「台北市区改正」の計画がそのまま実現されたと言っても、おそらく過言ではない。また、計画範囲内の市区がほとんど埋め尽くされたからこそ、一九三二年に大規模な第六次「台北市区計画」が必要となった(2)。

台湾総督府の計画的な都市開発の結果、台北の中心が、「廸化街」から「西門町」に移ったのである。とはいえ、「廸化街」はすぐに衰退の一途をたどったわけではない。二つの隣接する空間は、複数の道路によって結ばれており、戦後まで続く台北の骨格をともに作り上げた。「廸化街」にあるレンガ造りの建築にせよ、植民地時代に成立した街「西門町」にせよ、戦前の日本を抜きにしては語れないものが多い。だからこそ、『台北ストーリー』では、レンガ造りの建築、「銀座カラオケ」や『湯の町エレジー』など、日本の要素が噴出する空間として古い台北が描かれているのである。

3　モダンな台北としての「信義計画区」

「廸化街」にあるアジンの実家と、彼女がひとりで暮らすマンションは、対をなす存在として描き出されている。『台北ストーリー』の冒頭、アリョンとアジンは、当時では珍しい1LDKの新築マンションを見に来る。「廸化街」の実家から離れるために購入されたものだと推測できる。玄関から入ってすぐにリビングがあり、ダイニングにそのままつながっている。南のほうにベランダが、北には独立したキッチンがある。リビングの東に、南向きの広い寝室がある。二人でもゆうに暮らせる広いマンションであることは一目瞭然である。一方、アジンの勤務先はオフィスビルに入っている不動産会社である（図5）。窓ガラスを通して光が簡単に入り、しかも室内は障害物が少なく、空間全体が明るい。影ができてしまう「廸化街」の暗い照明や謎めいた空間に比べると、オフィスビルのシークエンスでは、自然光が多用され、そのおかげで位置関係も非常に明確である。また、これらの窓ガラスは、「廸化街」の建築に不可欠なレンガとは好対照となっている。

図5　映画『台北ストーリー』より（ブルーレイ&DVD 発売元：竹書房）©3H Productions LTD, All Rights Reserved.

アジンの生活空間であるマンションとオフィスビルからも想像がつくように、彼女が友人と行く店は、アメリカの雰囲気が漂うパブである。映画中盤、アジンに会いに来たアリョンがパブに入る。そのパブで交わされる言葉は中国語と英語であり、エレンの英単語をネタにしたジョークは、アリョンにとってはまったく理解不能なものである。そして、アリョンがエレンと「時間」を賭けてダーツで勝負し、負けてしまうことは、なによりも象徴的である。かつての時代に生きるアリョンは、もはや新しい時代についていけないのかもしれない。

新築マンションと高層ビルに代表されるモダンな台北は、間違いなく八〇年代から急成長を遂げている「信義計画区」である。この「信義計画区」は台北の古い市街地から遠く離れた、山に近い東南方向にある。植民地時代の一九三九年、この地域には日本軍の倉庫が作られ、また戦後の一九四八年には、国民党政府軍隊直属の軍需工場として再利用されていた。いわゆる「四四兵工場」である。周辺にも軍人村「四四南村」「四四西村」などが複数あり、工場とともに一つの自足する社会を形成した。全体的に軍用地の色合いが濃い土地だった。台湾の経済成長につれて、台北市の副都心が計画される際に、軍用地を開発する「信義計画区」が浮上してきた。一九七八年、当時の台北市市長李登輝が日本で活躍している台湾出身の建築家郭茂林に、「台北市信義計画都市計画研究」を作成するよう依頼した。それに基づき、早くも一九八一年に「信義計画区副都心計画」が公表された。『台北ストーリー』が封切りされた一九八五年の年末には、「信義計画区」の経済の中心――「台北世界貿易センター」がちょうど完成した。

八〇年代を通して、「信義計画区」に高層ビルやマンションが次々と建設され、それまでと違うライフスタイルがアピールされるようになった。アジンが「廸化街」にある実家から離れ、新築マンションで一人暮らしする背景には、こういった台北の歴史的な変遷が想定されているだろう。彼女はキャリアウーマンなだけでなく、まさに台北の行き先を代表する人物設定だと言えよう。

4　歴史との対話

以上で、作品における空間表象を描きながら、ごく簡単に「廸化街」「西門町」および「信義計画区」の歴史を振り返った。これによって、作中で明確な言及があるわけではないが、対をなす空間表象と台北の歴史がリンクしていることが、すこしでも解明できたのではないだろうか。本稿は、『台北ストーリー』における都市空間のイメージを、時間の厚みがある歴史の表象として読むことを提言したい。

『台北ストーリー』では、二つに引き裂かれる台北が並置されている。台北の二種類の空間表象――古い建築が残される「廸化街」「西門町」とオフィスビルが集中する「信義計画区」は、いずれもアリョンとアジンの恋愛という物語の背景にとどまらず、歴史の表象として、それぞれが属する歴史の時間を召喚しているように思われる。さらに敷衍していくと、アリョンの疲労や切なさは彼自身のものだけでなく、古い台北が感じた疲労や切なさに接続される。歴史の文脈を照合することによって、登場人物の感情と行動も、よりいっそう説得力のあるものになるのではないだろうか。ただし、現時点ですでに台北の歴史になっている「信義計画区」が成立する文脈は、映画が製作された当時においては、まだ現在進行形であり、「廸化街」の歴史とはやや異なる。風化された歴史ではなく、しいて言えば歴史になりつつあったものなのである。アリョンとアジンの恋愛の行方は、物語において未決定である。それと同様に、台北の行方も見通せないままなのである。主人公の間のみならず、物語の舞台になる台北にも通じるこのような宙吊り状態が、『台北ストーリー』の根底には横たわっている。

まさにこの意味において、『台北ストーリー』を、すでに過去となった歴史をフィクションで再現する作品だけではないと捉えたほうがよいだろう。「廸化街」と「西門町」と「信義計画区」、自らの過去を蓄積する二種類の空間のせめぎ合いが、終わったわけではない。台北の行方は、古い市街地にとどまるのか、それとも新しい地域の開拓に向かうのか。この宙吊り状態への眼差しが、『台北ストーリー』では徹底的に描かれている。したがって、本作は台北の歴史を表象する映像作品であることは確かだが、同時に、その宙吊り状態を通して、台北の長い歴史と対話もしているのである。

三 『牯嶺街少年殺人事件』におけるロックンロールの歴史

1 「少年殺人事件」の時間設定

『牯嶺街少年殺人事件』は『悲情城市』と並んで、戦後台湾の歴史に正面から向き合う画期的な映像作品である。この映画の物語に浸透している歴史背景は、社会全体が軍事管理の下に置かれる、いわゆる「白色テロ」という社会状況である。『牯嶺街少年殺人事件』は「白色テロ」そのものではなく、むしろ見えない権力に翻弄される六〇年代初頭に生きる若者の成長に絞り、社会全体に行き渡る「白色テロ」の莫大な影響力を垣間見せる。このアプローチは、「二・二八」事件の全貌を再現しようとする『悲情城市』とは、趣旨が異なる。

「白色テロ」という見えない歴史と並行して、『牯嶺街少年殺人事件』にはもう一つの歴史が導入されている。それは、少年少女たちを魅了したロックンロールの歴史である。(3) 作中において、ロックンロールは憂鬱な社会状況を打ち破るかのような希望を、若者に与えるものだと考えられる。そして、ロックンロールにとどまらず、戦後アメリカ文化の浸透も顕著であり、いくつかアメリカ映画も引用されている。とはいえ、ロックンロールに比べれば、映画の引用はより認識されにくく、またその間には、明確な関係があるわけではない。それに対し、取り上げられたロックンロールの曲は、明らかに取捨選択された結果である。本稿はエルヴィス・プレスリー(Elvis Presley)の経歴を中心に、作品に登場するロックンロールの時代背景を調査する。そして、『牯嶺街少年殺人事件』において、ロックンロールの歴史の導入がどのような結果をもたらしたかを分析していきたい。

まずは『牯嶺街少年殺人事件』の時間設定を確認する。この作品が実話に基づくものであることは周知のとおりである。それだけではなく、エドワード・ヤンは実はこの事件の当事者の一人と言える。一九六一年六月一五日の夜に、台北で茅武少年殺人事件が起きた。茅武少年は当時まだ一六歳の中学二年生であり、建国中学校の予備クラスの学生だったが、自分の恋人を殺す前にはすでに除籍されていた。エドワード・ヤンは一九五九年から一九六二年の間、同じく建国中学校の中学生で、事件当時まさしく中学二年生であり、茅武少年と同級生であった。『牯嶺街少年殺人事件』はフィクションに違いはないが、エドワード・ヤン本人にとってある意味で体験談でもある。作中では、張震が演じるシャオスーは、茅武少年と同じく、一九六一年の夏に殺人を犯してしまう。この時、シャオスーが退学処分となった中学二年生という設定も、茅武少年と重なる。

『牯嶺街少年殺人事件』の冒頭と結末の一連のショットを除いて、物語世界の時間は、飛躍することなく、一九六〇年九月から殺人事件が起きる一九六一年の夏、約一年間に集約される。それは現実に起きた茅武少年殺人事件の時間経過と、ほぼ一致する。本作は時間設定への配慮が至るところで確認できる。シャオスーの父親が教育関係の行政職員に直訴する映画最初のショットにおいて、「民国四十八年　夏」（一九五九年）のクレジットが映像の上に被せられる。すぐ後、シャオスーとシャオモーが上から見下ろす撮影スタジオのショットでは、「民国四十九年　九月」（一九六〇年）のクレジットがふたたび明示される。また、殺人事件の発生後、クレジットで後日譚が述べられる。その中に、「民国五十年の夏（一九六一年）［……］シャオスーの死刑が判決される」とも綴られる。これによって、『牯嶺街少年殺人事件』において、殺人事件が一九六一年の夏に起きたことが簡単に証明される。作中では、具体的な時間を把握しづらい場面も多々あるが、殺人事件に関連する肝心な時間は、現実に起きた茅武少年殺人事件を参照したうえで、きわめて明快に設定されていると言える。

2　ロックンロールの歴史による音楽の時間

本稿が注目するロックンロールの歴史は、このような時間設定を前提に導入されている。『牯嶺街少年殺人事件』の英語タイトル *a brighter summer day* は、エルヴィスの『今夜は一人かい?』(*Are You Lonesome Tonight?*　一九六〇年一一月リリース)の歌詞からの引用である。同時代のエルヴィスのロックンロールが、作中で二曲、引用されている。もう一曲は本人の代表作『冷たくしないで』(*Don't Be Cruel*　一九五六年七月リリース)である。二つの曲の選択は非常に興味深いものである。エルヴィスの経歴に合わせてみると、その間に二年間の空白があることがわかる。一九五八年三月から一九六〇年三月まで、エルヴィスは米軍に召集され、従軍した。その間にも楽曲を発表し、ヒットも記録していたが、テレビやラジオで生の声を披露することはなかった。すなわち、全盛期にもかかわらず、空白の二年間が残されている。『牯嶺街少年殺人事件』で引用されているエルヴィスの二曲は、この二年間の空白を跨いで、異なる時期に発表されたヒット曲なのである。

エルヴィス・プレスリーは一九五五年にアメリカでデビューし、まもなくロックンロールという新しい音楽ジャンルで一世を風靡した。特に一九五六〜五七年にヒット曲を連発し、全米年間ヒットチャート *Billboard* Hot 100 の上位を独占する勢いだった。一九五六年は一位、二位および八位など、一九五七年は一位、九位などを占めた。この黄金期を代表する曲の一つに、一九五六年の年間ヒットチャート第二位の『冷たくしないで』を挙げることができる。そして、エルヴィスの黄金期を終わらせる出来事が、まさに軍の召集によって生まれる二年間の空白であった。しかし、予想から大きく外れ、除隊したエルヴィスはふたたびロックンロールの世界に君臨することとなった。一九六〇年に複数の曲が発表されたが、『今夜は一人かい？』は、まるでエルヴィスを長らく待ち続けた若者に呼びかけるかのようだった。大きな反響を呼んだこの曲は、一九六一年の *Billboard* Hot 100 に入選している。

つまり、『牯嶺街少年殺人事件』で使われたエルヴィスの二曲『冷たくしないで』と『今夜は一人かい？』は、入隊の二年間という空白の時期を挟み、エルヴィスの全盛期と復帰した時期の代表作、ということになる。ロックンロールの歴史を踏襲した本作における音楽の時間は、エルヴィスの復帰の前後、すなわち一九六〇年前後の一年間ととりあえず仮定できる。明快に設定される物語世界の時間とは異なり、音楽の時間とはロックンロールの歴史に基づき、登場人物が置かれるもう一つの時間のことである。簡単に言えば、ロックンロールおよび音楽の受容を歴史の表象とし、その時代を想定するというやり方である。エドワード・ヤンはあるインタビューで、当時の若者は、よく米軍のラジオチャンネルと *Billboard* のヒット曲を聴いていたと語った(4)。戦後の台湾に米軍基地があるため、アメリカの大衆文化もラジオなどを通して、いち早く現地の人々の間に広がった。

音楽の時間は、エルヴィスの全盛期の後、入隊後から復帰後までの間に設定されている。本稿のこの論点は、なによりも『牯嶺街少年殺人事件』で引用されるほかのロックンロールによって証明される。なぜなら、これらの曲は、明らかにロックンロールの歴史を踏襲した選択であり、エルヴィスの二曲との関係性において、自らの位置が決められるからである。そのほとんどが、エルヴィスの不在の二年間にヒットした曲であり、いわばエルヴィスの復帰を待つ間の空白を、埋め合わせるものなのだ。つまり、作中の曲はすべて、ロックンロールの歴史のもとで配置され、その結果として、エルヴィスの復帰という希望に溢れる英雄譚すら喚起しているように思われる。シャオスーの身にすれば、夏の日は「少年殺人事件」を起こしたことによって終わってしまったが、シャオモーの立場から見れば、逆にそれがa brighter summer day――「ある(さらに)明るい夏の日」なのである。もし『牯嶺街少年殺人事件』が絶望に終わった作品だけでないのならば、シャオモーの歌声の背後に暗示される、遠いアメリカでのエルヴィスの復帰があったからにほかならない。

それでは、エルヴィス以外のロックンロールの使用とその歴史の文脈を、簡略に紹介しよう。作中で最初に使われるロックンロールは、不良グループ「リトルパーク」の拠点であるかき氷店で、シャオモーとバンド仲間が歌う二曲である。一曲目はフランキー・アヴァロン(Frankie Avalon)が一九五九年一一月に発表した *Why* である。この曲は一九六〇年の *Billboard* Hot 100 の第二四位に選ばれている。もう一曲はシャオモーがソロで披露する *Angel Baby* である。これは Rosie and the Originals によって一九六〇年末に発表されたものであり、一九六一年の *Billboard* Hot 100 の第七六位となった。ほかに使われるロックンロールもある。楊静怡が演じるシャオミンがシャオスーとかき氷店でデートする際に、シャオミンがレコードでかけた曲は、一九五九年のヒット曲 *Mr. Blue* である。また、コンサートで『冷たくしないで』の前には、リッキー・ネルソン(Ricky Nelson)の二つのヒット曲、一九五九年二月に発表された *Never Be Anyone Else But You* と、一九五八年六月に発表された *Poor Little Fool* が歌われる。三つの曲はそれぞれ *Billboard* Hot 100 の一九五九年の第一〇位、第四二位と一九五八年の第二三位だった。また、本編では使用されなかったが、「牯嶺街少年合唱団」というバンド名で発売されたアルバムには、もっと多くのロックンロールが収録されている。

3 「少年殺人事件」から a brighter summer day へ

空白の二年間をまたいだエルヴィスが活躍する二つの時期と、その空白の期間を埋めるもろもろのロックンロール。これらの情報によって、『牯嶺街少年殺人事件』の音楽の時間がやっと浮上してくる。すなわち、この音楽の時間は、一九六〇年のはじまりからの約一年間ということになる。すでに述べたように、物語世界の時間は明快に設定されており、一九六〇年九月から一九六一年の夏の約一年間におおむね集約されている。ここでは、『牯嶺街少年殺人事件』の二種類の時間は重なりながらも、八ヵ月前後のずれがあることを、見過ごさないことが重要である。つまり、『牯嶺街少年殺人事件』には二つの時間軸が存在する。物語世界の時間の傍らには、ロックンロールの歴史を踏襲することで形作られる音楽の時間が、明確に提示されることなく観客に語りかけている。ところで、物語世界の時間と音楽の時間、二つの時間軸のずれは明らかである。なぜなら、少年殺人の物語世界がスタートする一九六〇年九月という時点で、エルヴィスはすでに復帰を果たしていたからである。にもかかわらず、『牯嶺街少年殺人事件』はあえて音楽の時間を約八ヵ月前に巻き戻し、エルヴィスがいまだに不在の世界に、少年少女を置き去りにする。

　ロックンロールの引用の主な目的は、時代背景をリアルに再現することだと思われる。五〇年代後半のアメリカにおいて、若者の主導する大衆文化は無視できない存在になっていた。ロックンロールの誕生は大衆文化を大きく書き換えた。一九六一年に起きた殺人事件を描く際に、同時代の音楽環境を取り入れることは、その時代の再現に役立つ。『牯嶺街少年殺人事件』に響くロックンロールは、唐突に到来する停電や、道路を通り過ぎる戦車と同じく、台湾のその時代の一部であり、無視できない時代の徴である。

　つまり、物語世界と時間軸がややずれるという問題を孕んでしまうが、ロックンロールの歴史の導入は、時代の雰囲気をリアルに再現する。このように考えると、ロックンロールは、物語におけるさまざまな出来事を補強しているように見える。

　しかしながら、物語がロックンロールの歴史の導入によって補強されたとしても、その歴史はあくまでも別の時間に属している。要するに、ロックンロールの歴史という文脈は、非常に両義的なものであり、『牯嶺街少年殺人事件』の時間を二重化してしまう。「少年殺人事件」という悲劇の物語《ストーリー》が、ロックンロールの歴史《ヒストリー》の導入によって、不意にa brighter summer day、すなわち「ある（さらに）明るい夏の日」に取って代わられる。夏が過ぎると、エルヴィスが復帰を果たし、少年少女に「さびしいかい」と問いかける。これは、希望に溢れる英雄譚とさえ言えるのではないだろうか。

ロックンロールの引用によって、その歴史が導入され、結果として希望も練り込まれる。『牯嶺街少年殺人事件』に導入されるロックンロールの歴史は、一見してシャオスーがシャオミンを刺すという物語に、リアリティを提供するものに見える。しかし、その操作は時間を二重化し、その結果として歴史上のエルヴィスの復帰という希望に溢れる英雄譚を、「少年殺人事件」という悲劇の物語に憑依させる。この意味において、『牯嶺街少年殺人事件』における歴史の表象は、相反する二つの効果があり、作品自体をめぐる解釈を両義的に染めてしまう。『牯嶺街少年殺人事件』から絶望の結末に至る道筋を見て取ることも可能であり、また希望の火花を見出すことも可能である。しかし、両義的な歴史の導入において、その両方を同時に見ること、すなわち絶望のただ中に希望の火花を読み取ることが、この長大な作品に接近するより生産的なアプローチではないだろうか。

おわりに

本稿は侯孝賢の『悲情城市』、エドワード・ヤンの『台北ストーリー』と『牯嶺街少年殺人事件』を取り上げ、作品における歴史の表象を分析してきた。映像作品と歴史を接続させることによって、いままで見えてこなかった潜在的なものが、言語化できるようになったと思われる。この潜在的なものは、なによりも作品が備えている豊かな読解可能性である。

いずれにしても、エドワード・ヤン映画における歴史の表象は、すでに完了した歴史の再現に囚われない側面が宿っている。映像作品と歴史の出来事と、対話をなしたり、また憑依されたりすることによって、戯れるというべき事態が生起している。両者の間には、まるで主従関係が存在しないかのようだ。「二・二八」事件の全貌を、事後的に再現する『悲情城市』に比べれば、エドワード・ヤン映画には、映像作品と歴史の間にもっと生産的な関係性がある。これらの作品を分析することで、台湾ニューシネマにおける歴史の表象に限らず、映画と歴史の複数の出会いの在り方を考えるきっかけにもなるのではないだろうか。

注

（1）　越沢明「台北の都市計画、一八九五～一九四五——日本統治期台湾の都市計画」（『日本土木史研究発表会論文集』第七巻、一九八七年）と黄武達など「日本植民地時代における台北市都市構造の復元的研究」（『技術と文明：日本産業技術史学会会誌』八巻一号、一九九二年）参照。

（2）　五島寧「日本統治下台北における近代都市計画の導入に関する研究」（『都市計画論文集』四四—三巻、二〇〇九年）参照。

（3）　増山賢治は「詳解：台湾映画『牯嶺街（クーリンチェ）少年殺人事件』の音楽に垣間見る台湾の音楽文化——外来音楽の受容と台湾アイデンティティの模索の視点から」（『Mixed muses＝ミクスト・ミューズ：愛知県立芸術大学音楽学部音楽学コース紀要』一三号、二〇一八年）の中で、作中で使われる音楽を全般的に調べているが、残念ながらエルヴィスの楽曲のみの言及にとどまり、それ以外のロックンロールにはまったく触れなかった。なお、『牯嶺街少年殺人事件』に関するほかの先行研究は、以下の論文を参照。拙稿「『牯嶺街少年殺人事件』における画

面外」(『層――映像と表現』一一号、二〇一九年)。

(4) 白睿文『光影言語――当代華語片導演訪談録』(二〇〇八年、広西師範大学出版社、二五五頁)参照。

台湾ノスタルジアを超えて
――東山彰良と北方謙三

吉田司雄

一　台湾ノスタルジアの流行

懐かしい昭和の日本を訪ねて、台湾に行く――こうした旅行スタイルが一般化したのはいつ頃からなのだろうか。二〇〇九年には片倉佳史『台湾に生きている「日本」』（二月二七日、祥伝社新書）や毎日ムックの『台湾ノスタルジア――懐かしい日本に出会う旅』（一一月一日、毎日新聞社）が刊行され、いずれも今なお残る日本統治時代の建築物を写真で紹介、日本では見ることの難しくなった昭和の風景が台湾に残っていることを強調し、日本人のノスタルジアを駆り立てている。二〇一四年にはおがたちえのコミック旅エッセイ『なつかしい日本をさがし台湾』（七月一四日、ぶんか社）、翌一五年には続編にあたる『台湾で日本を見っけ旅　ガイド本には載らない歴史さんぽ』（七月一四日、ぶんか社）が出ている。しかし、台湾に向けられるこうした眼差しは、それほど古くからのものとも思えない。

第二次世界大戦の敗戦国であった日本で、年一回外貨持出し五〇〇ドルまでという条件付で海外旅行が自由化されたのは一九六四（昭和三九）年四月一日以降、年間一回限りという制限が撤廃されたのは一九六六年一月一日以降であるが、当時の台湾は蔣介石による戒厳令下にあり、さらに海外旅行が徐々に一般化し海外渡航者数が初めて一〇〇万人を突破した一九七二年に、日本国政府は中華人民共和国政府との共同声明に調印して台湾と断交、実務的な民間交流まで途絶えることはなかったとはいえ、台湾は多くの日本人から見て遠い国となっていった。

日本との文化的交流が目に見えて活発になっていったのは、一九八七年に蔣経国が戒厳令を解除、翌八八年蔣経国が亡くなり後任の総統に李登輝が就いてからである。李登輝は戦前京都帝国大学で学び学徒出陣も経験、親日家であることを隠さなかった。司馬遼太郎が陳舜臣とともに李登輝を訪ねた体験を記し、巻末には李登輝との対談「場所の悲哀」を収める『街道をいく40　台湾紀行』（一九九四年一一月、朝日新聞社）は、烏山頭水庫でダム工事を指導した八田與一を始め、台湾に残された日本人の足跡を紹介、日本統治時代の町並の今を語ったこの本は、今日の台湾ノスタルジアブームの先駆けとなったと言っていい。

一九八〇年代後半から台湾映画の日本公開が続いたことも大きい。侯孝賢《ホウ・シャオシェン》監督『童年往事　時の流れ』（一九八五年）の日本公開は一九八八年一二月二四日。小津安二郎を彷彿させると言われた画面に映し出されたのは、日本人にも懐かしさを感じさせる家族の風景だった。『恋恋風塵』(一九八七年)の日本公開は一九八九年一一月一一日。ヴェネツィア国際映画祭グランプリ受賞作『悲情城市』(一九八九年)が一九九〇年四月二一日に日本公開されると、侯孝賢の名声は確定的となり、監督を特集する映画祭で初期の作品をスクリーンで観ることも可能となった。もちろん戒厳令解除後に制作された『非情城市』は一九四七年の二・二八事件を台湾国内で初めて取り上げたシリアスな作品であるが、日本統治時代の終わりから始まる物語が中華民国軍来台以前の時代へのノスタルジアを喚起させる面がなかったとは言えないと思う。侯孝賢と並んで台湾ニューシネマの旗手と目されたエドワード・ヤンの『牯嶺街少年殺人事件』(一九九一年、日本公開は一九九二年四月二五日)も戒厳令下、白色テロの時代の一九六一年六月に実際に起こった事件を題材としているが、戦前に建てられた日本家屋の押し入れの中だけが自分の世界だと思う孤独な少年の心情は、やはりノスタルジックな欲望を呼び覚ますようにも感じられた。ただ、これらの優れた映画作品は過去へのノスタルジアが現在の過酷な現実との相克によってもたらされたものであることを刻み付けていた。逆に言えば、日本にとっても決して無縁とは言えないこうした歴史を忘却する形で、台湾にノスタルジアだけを求める眼差しが育っていったようにも思えるのである。

と同時に、韓国とは違って現在の台湾が戦前の日帝期をさほど否定的に見ておらず、むしろ懐かしく思っているようにさえ見えることが、日本人の台湾ノスタルジアを加速させた面も否めない。しかし、それも一九四五年の日本敗戦と台湾光復後の歴史が育んだものだということを忘れてはならないだろう。

　延平北路はむかし太平町通といって、やはり日本人が敷いたんだぞと父が言っていた。いいか、ユン、日本人は台湾に市場や学校や警察署を造ったんだぞ、と。

　たぶん父はぼくに、物事には二面性があることを教えたかったのだと思う。（中略）台湾人が日本統治時代を懐かしく思うのは、そういうわけなのだ。あまりにも国民党にがっかりさせられたのだ。


　こう外省人である父が息子に語るのは、東山彰良『僕が殺した人と僕を殺した人』（『別冊文藝春秋』二〇一六年五月号〜二〇一七年三月号、単行本は二〇一七年五月、文藝春秋）である。

　東山彰良は一九六八年、外省人である両親のもと台湾の台北で生まれるが、五歳の時広島の大学院で修学中の両親に呼ばれ日本に移住、小学校は台北の小学校に入学し祖父母に可愛がられて育つが、その後も台湾と日本とを行き来する。東山は「私を変えたこの一冊」（『小説トリッパー』二〇一四年春号）というエッセイで、「両親に引き取られて、はじめて広島の家の敷居をまたいだとき、突如として幸福な幼年時代が終わった」、「五歳のころに戻りたいという想いを小さな胸にしまいこんで、俺は成長しなければならなかった」と書いている。こうした少年がやがて作家となった時、ノスタルジアの思いを作品の中核に据えるようになるのは必然と言っていい。

『流』(二〇一五年五月、講談社)で第一五三回直木賞を受賞。二〇一五年上半期のこの回は、羽田圭介とともに芥川賞を受賞したタレントの又吉直樹にマスコミの注目が集まったが、『流』の受賞も選考委員満場一致ということで歓迎された。『毎日新聞』はインターネット記事で「直木賞　東山彰良さん「台湾の舞台にノスタルジー」」と見出しをつけ、「記者会見で「台湾が舞台なのに、日本の読者にノスタルジーを感じてもらえたのであればうれしい。人間が過去を懐かしむ感情は、普遍的だと思う。表現したかったことに近づけたのではないか」と喜んだ」と伝えている(1)。

こうした報道だけを見れば、『流』は日本人の台湾ノスタルジアと共鳴することで広く読者を獲得した作品に思われるかもしれない。しかし、実際に読んでみれば、この作品のノスタルジーの本質は決してそういうことでないことがわかるはずである。しかし、『流』について語る前に、もう一つ別の作品に触れておきたい。

二　北方謙三『望郷の道』

芥川賞直木賞の発表にあたっては選考委員の代表が選考経緯を記者会見の形で報告するが、東山彰良『流』が受賞した際には北方謙三が会見に臨んだ。『毎日新聞』から引用すれば、「20年に1回というほどの傑作。台湾の複雑さをきちんと踏まえながら、汗のにおい、血の色、熱い太陽がある。欠点のつけようのない青春小説で、満点を獲得した。とんでもない商売敵を選んでしまった。1作が突出していた。」と絶賛している。(2)『オール讀物』二〇一五年九月号掲載の「選評」で東野圭吾は「二人の委員が、自分が選考に関わって以来の最高作だ、と絶賛した」と記しているが、おそらく「二人の委員」の一人が北方謙三であったのだろう。北方は選評でも「近年では突出した青春小説として仕上がっていた」と認めたうえで、選考会後の記者会見とも重なる評言を記している。

暑さが、食物の匂いが、ドブの臭さが、街の埃っぽさが、行間から立ちのぼってくる。混沌であるが、そこから青春の情念を真珠のひと粒のようにつまみ出した。この若い才能が次に問われるのは、これを超えてみろ、超えられるか、ということである。

しかし、作品の背景から「台湾の複雑さ」を読み取ったのには、北方謙三自身が台湾の歴史を描いた長編小説を書いていたためではないかと思う。「これを超えてみろ、超えられるか」という著者への呼びかけは、そういう思いで書いた自作を超えんとする力を『流』から感受したからであり、「とんでもない商売敵を選んでしまった」という感慨は同じ台湾を舞台にした傑作の出現に向けられたのではなかったか。そういう想像をかきたてさせるのが、北方謙三の『望郷の道』(『日本経済新聞』二〇〇七年八月六日〜二〇〇八年九月二九日、単行本は二〇〇九年三月、幻冬舎、上下巻)という長編小説である。『望郷の道』から『流』へと、台湾とノスタルジアという主題のバトンが手渡されたとも言える気がするのだ。

北方謙三『望郷の道』は日清戦争後に清国から割譲された台湾の植民地化が進展するのと歩調を合わせるように、主人公が台北に本社を置く製菓会社を発展させていく起業小説であり、主人公・正太のモデルとなっているのは、バナナキャラメルや新高ドロップで知られる新高製菓の創業者で、作者の曽祖父にあたる森平太郎である。

正太は石炭を若松まで船で運ぶ川艜《かわひた》業を家業とし直方と木屋瀬に賭場も開いている小添家の三男で、藤家に婿養子として入る。藤家の家業は唐津、七山、古場にある三つの賭場で、一人娘の瑠瑋が後を継いでいた。九州に石炭の景気で全国から人が流れ込み、賭場ができれば潰れる日清戦争後の時期、藤家は唐津と七山にも賭場を開くが、北九州で有力な親分ながら、衆議院の議員に立候補するという噂でそのために金を必要としている遠野征四郎との間で揉め事を起こす。正太は九州一の親分と言われる山上庄造の仲介で藤家を守るが、九州からの所払いを言い渡される。若松から缶《かま》焚《た》きとして船に乗り込み、台湾に向かう。女房の瑠瑋が台北まで子供を連れてやってくると、キャラメル工場を買い取り饅頭とキャラメルの製造と販売とに取り掛かる。

正太は屋号を七富士軒と迷わず決める。それを「聞いた時、正太はいずれ本土に帰るつもりなのだ、と瑠瑋は思った。それも、堂々と胸を張って帰る。富士という名に、籠めた思いも感じられた」と記されるように、物語は後半に入ると七富士軒が前田軒や四季屋との競争に勝利して発展していく様を描くと同時に、小説タイトルにある「望郷」の主題が徐々に浮上してくる。「台湾での事業を、正太はこれ以上拡げるつもりはない。代りに、いいものを売る、という方向に持っていく」、「正太の眼は、はっきりと本土に向き、そして実際に動きはじめているのだ」と、瑠瑋も気づいていく。大阪にドロップとキャラメルを作る工場を建て、大阪から山上庄造に手紙を出す。九州の藤家で山上と会い、所払いを解かれたあと、瑠瑋と二人で佐賀の駅前で新製品のドロップを売る場面で、小説は幕を閉じる。「望郷」とは、故郷の九州へと向けられたものであり、その思いが叶えられるのだ。

しかし、小説全体の印象としては、むしろ「望郷」の地は、台湾であったように思われてくる。それは、第二次世界大戦の敗戦によって台湾が日本の領土ではなくなったことを私たちが知っているからであろう。正太は「台湾では、日本軍が統治に苦労している」という時代に渡台し、やがて「大規模な叛乱は収まったというものの、小規模のものは、しばしば起きていた」が、総督府は同化政策のために教育制度を拡充、「台湾人を、日本人にするための、学校」も作られ、「南の方では、まだいろいろ燻っているものがあるが、台北が急速に日本になろうとしていることは、いやでも感じる」ような状況で、日本語のできる台湾人も雇い入れる。台湾に渡って七年目、日露戦争が終わった時期、正太は「台湾という、これから開ける場所だったので、七富士軒もそこそこ大きくなることができた。本土の大きな街でやっていれば、こうはいかなかっただろう」と思う。台湾総督府民政長官時代の後藤新平が登場する場面もあるが、基本的には日本統治下の台湾の歴史は、作中人物の認識と齟齬しない形で地の文を通して語られる。

だが、語り手の語る歴史の延長線上に日本の敗戦と台湾からの撤退があることを私たちは知っている。正太たちが台湾で築き上げた事業もやがて歴史の荒波にもまれ、ついには霧散してしまうことだろう。七富士軒のモデルである新高製菓は、実際には日本に拠点を移して森永製菓、明治製菓と並ぶ三大菓子メーカーとなっていたことが幸いし、戦後の日本でも一九七一(昭和四六)年の廃業まで存続するのだが、いま読むことのできる『望郷の道』の物語の範囲では、戦前台湾へのノスタルジアと深く結びつき、はかない栄華の夢のように思えてくるのである。

三　東山彰良『流』

東山彰良『流』は、語り手の「わたし」が「あらゆる意味で忘れられない年」だとする、一九七五年の二つの出来事から物語が始動する。一つは四月五日の蔣介石の死であり、「あの年代の台湾の子供たちにとって、蔣介石は神にも等しい存在だった。すべては老総統の思し召し、映画が観られるのも、テレビが観られるのも、アメリカのガムが食べられるのも、学校で勉強できるのも、三度三度きちんとご飯が食べられるのも、なにもかも国民党のおかげだった。大陸出身者である外省人も、その外省人に迫害されていた土着の本省人も関係ない」と、外省人の子供である「わたし」は語る。そしてもう一つが、「五月二十日の午後七時から二十一日の午後一時。そのあいだに祖父は自分の店で襲われ、手足を縛られ、そして溺死させられた」という殺人事件である。物語は祖父殺しの謎をめぐる探偵小説の形態を採る。

しかし、警察の捜査が難航して進展しないのと歩調を合わせたかのように、探偵小説としての物語も遅々として進まない。代わりに語られていくのは、「わたし」の青春史であり、恋愛の顛末である。台北随一の進学校に通っていた「わたし」は替え玉受験を引きうけたのがバレて退学を食らい、新しい学校では喧嘩に明け暮れ、「方華生《ファンファシェン》をぶっ飛ばし、その仕返しに雷威《レイウェイ》にぶっ飛ばされ、さらにその仕返しに趙戦雄が雷威の頭をたたき割り、仕返しの仕返しに」といった日々を送るが、「年が明けて一九七六年になると、わたしは漠然と大学受験のことを考えるようになった」。だが、大学受験に失敗、陸軍軍官学校に入学、自主退学しようとするもままならず、兵役で台湾中部の嘉義県に駐屯する陸軍第十師団所属歩兵第二五七旅団に配属される。入営の準備のためにいったん家に帰された「わたし」は幼馴染みで恋人の毛毛《マオマオ》と毎日を過ごす。しかし、兵役が終わると毛毛との恋は終わり、さらに数年後彼女が別れを切り出した理由を知って衝撃を受ける。

わたしはますます意固地に祖父の事件にこだわった。心理学で言うところの防衛機制が働いたのかもしれない。フロイトが唱えた退行という概念は、耐え難い出来事に見舞われたとき、人の心がより幼い発達段階へ戻ることである。そう、耐え難い出来事などなにもなかった時代へと。そうすることで、つらい現実に目をつむることができる。

一九三九年の青島で撮られた王克強《ワンコオチャン》一家の写真、碟仙《こっくりさん》のお告げ、林毅夫《リンイーフウ》が台湾海峡を泳いで渡って中国大陸に亡命したというニュース……こうしたことが外省人である祖父たちの「望郷」に思いを馳せる。

外省人が台湾に渡ってきて三十年近くになるが、ほとんどの年寄りたちはこの島を仮住まいと見なしていた。心はいつも大陸にあった。国民党がいずれ反攻に転じ、戦局をひっくりかえしてくれれば、故郷に錦を飾る気満々だったのだ。蒋介石の死がそんな彼らの一縷の希望を粉々に打ち砕いてしまうまで、古強者《ふるつわもの》たちは『我的家在大陸《わたしの家は大陸》』というそのものずばりの歌を口ずさみ、やるせない里心をまぎらわせていた。ラジオから聴こえてくる『叫我如何不想他《彼を思わずにいられようか》』という古くさい恋歌の「他《彼》」を「大陸」になぞらえては、望郷の涙を流した。台湾生まれのわたしには不可解なことではあるが、世界には不可解なことがいくらでもあるので、不可解なりに理解できた。

つまり、『望郷の道』がそうであるように、『流』でも「望郷」の対象は台湾ではない。登場人物たちは台湾の外、帰ることの叶わない土地に「望郷」の念を抱く。しかし、ここが本来いるべき場所ではないというエトランゼの感覚が台湾での行動を活気づけ、逆に台湾での日々にかけがえのない一過的な輝きを与えているのだ。

空港に降り立ったときに感じた、帰ってきたという感覚が薄れていく。いや、そのように言うのは正確ではない。わたしが青島の街並みを眺めながら感じていたのは、よく書けている青春小説を読んだときのような懐かしさだった。縁もゆかりもない他人の物語に自分の少年時代を投影し、はじめてとおる街角に個人的なほろ苦い思い出を見つけ、風のなかにきらきら光っているはずの夢や情熱に目を細めながら、わたしは自分に魔法をかけていた。そう、わたしの人生はこの大地に根ざしているのだという魔法を。そんな魔法は帰りの飛行機のタラップに足をかけたとたん、跡形もなく消えてなくなるだろう。だけど、ざっくばらんに言わせてもらえれば、それはなかなか素敵な感覚だった。

この一節は、はからずも『流』の読者に向けて作者が託そうとしたものを明かしている。「よく書けている青春小説を読んだときのような懐かしさ」こそ、『流』の読者に最も感じてほしかったものなのだろうと思う。「私の人生はこの大地に根ざしている」という感覚は、つかの間のものでしかない。つかの間のものでしかないというはかなさが、それをかけがえのないものにする。『望郷の道』にしても『流』にしても、歴史の奔流に巻き込まれ続けた台湾を舞台とし、まさにそれゆえに「懐かしさ」を想起させざるを得ないものになっているのである。

『流』や『望郷の道』が描く台湾は、現代から切断された過去の懐かしきユートピアではない。繰り返すが主人公たちにとって、そこは望郷の思いをかきたてずにはおかない異郷の地であり、根無し草《デラシネ》としての青春の日々の輝きこそが、台湾に対するノスタルジアを立ち上らせる。それは錯綜した歴史を忘却し、自分の見たいものだけを台湾に見ようとするノスタルジアの在り方自体を批判するものともなっているのである。

注

（1）現在は削除。縮刷版を確認した限りでは、『毎日新聞』二〇一五年七月一七日には「東山さん　直木賞」とだけ見出しがあり、記者会見での発言も「台湾が舞台なのに、日本の読者にノスタルジーを感じてもらえたのであればうれしい」で切られている。なお、記事で一番大きい見出しは「本好き芸人　開花／「二足のわらじ」意欲」で、過去「大きな話題となった芥川賞受賞者」を顔写真入りの簡単な年表で載せるなど、又吉直樹の芥川賞受賞にウェイトを置いている。

（2）北方謙三の発言は聴いていた記者がまとめたものであるから、当然ながら新聞によってバラツキがある。縮刷版によれば、『読売新聞』二〇一五年七月一七日では「満票です。台湾の複雑さを踏まえ、汗の臭いも血の色もある青春小説。20年に1回の傑作」、『日本経済新聞』同日では「青春小説の純粋さがきちんと書けており、普遍性に到達している。欠点のない、20年に一度の傑作だ」となっている。『朝日新聞』は選考会翌日の報道記事とは別に、二〇一五年七月二八日夕刊の「文芸・批評」欄に「選考委員が講評」との記事を載せ、「20年に1回の素晴らしさ」の見出しをつけたうえで、北方謙三が「20年に1回という素晴らしい作品。歴史的な受賞作にもなり得る。欠点の付けようがない青春小説」と絶賛したことを伝えている。

感情労働からパフォーマンス労働へ
――台北「メイド喫茶」の民族誌研究

李明璁・林穎孟(大塚麻子訳)

一　はじめに

メイド文化の起源は、一九九八年末に初めてメイドを主人公にした漫画『まほろまてぃっく』の連載が始まり、幅広い人気となったことだという(池上良太、二〇〇六年・早川清、二〇〇八年)。ヒロインは一九歳のメイドのアンドロイド、安藤まほろであり、中学二年生の孤児である少年主人公の家で働いている。彼らは単なる主従関係というだけでなく、家族や恋人、さらに崇拝者と守護者という依存関係にあり、ことさらに複雑である。

まほろはいつも黒のロングスカートに白いエプロンと頭飾りを身に付けて、優しくけなげでいて、感情を抑制した、活発で可愛らしい、母性に溢れた「完璧な女性のイメージ」で表現されている。

メイドの少女が少年の世話をするテーマは、九〇年代末からACG（台湾でのアニメ・コミック・ゲームに対する呼称。主に日本の作品とサブカルチャーを指す。訳者注）の作品が雨後の筍のごとく現れ、こうした作品の隆盛が、新興のファンダムの成長を促した。

二〇〇一年、ACG産業の中心である東京秋葉原に一軒のメイド喫茶が出現した。二〇〇〇年代中期には日本各地に普及し、韓国や台湾へも広まった（藤山哲人、二〇〇六年・早川清、二〇〇八年）。ここ十数年来、台北、台中、台南、高雄に次々と多くのメイド喫茶が開店した。いかにしてこのサブカルチャー現象を理解すべきか。本稿では三年間かけて行った民族誌のフィールドワークの成果をもとに、メイド喫茶の規律、訓練、権力、メイド従事者の労働状況とアイデンティティ交渉について明らかにし、さらにはファンダムに結びついたジェンダーと労働の社会学的な分析を試みる。

また、「パフォーマンス労働」の概念を新たに提言し、よく知られている「感情労働」概念の補充としたい。

二　参照文献と概念分析

まずは、「メイド喫茶」を扱った研究の重要理論を批判的に顧みたうえで、そこから新たな分析の枠組みと概念を確立することを試みる。

1 規律・訓練からパフォーマンスへ

ミシェル・フーコー(一九七七年)は、構造化された空間あるいは権力の作用による規律・訓練について、人間の身体を繰り返し教練することで統制と矯正が達成され、さらには個人の心の営みにも影響が及ぶことを指摘した。規律・訓練の概念はフェミニズムの発展においても重要だとされる。まず、生まれながらに女性が持っているかに見える女性らしい身体と母性の魂が、実は父権制度の規律・訓練における認知的な結果であることが再認識された。次に、この体制の中でさまざまな形式の性的消費を通じて、女性の体をひたすら物化する異性愛者の男性が批判された。それを踏まえてメイド喫茶に目を向けると、そこでは狭義の性的サービスは行われていないものの、メイドたちのルックスやスタイル、ポーズ、着こなしや振る舞い、言葉遣いなど、基本的にはすべて、異性愛者の男性顧客市場に向けたものであり、凝視する欲望を満たす性的客体化の境遇にある。

しかし我々のフィールドワークで明らかになったことは、単に構造的にいかに身体を規律・訓練するのかという角度からだけ見れば、かなり不足があるということである。いわゆる「メイドの仕事」は女性らしさと従順な振る舞い(依然として、異性愛の男性の凝視の欲求に応えるもの)を見せるだけでなく、同時に強烈に演劇化されたパフォーマンスとしての特質を持つ。言い換えれば、メイド喫茶は父権構造によって規律・訓練された女性主体の空間というだけでなく、メイドを主体とする演技あるいはセルフアイデンティティを構築する舞台なのである。まさにジュディス・バトラー(一九九〇年)が述べるように、身体は人々が性／ジェンダー／欲望を構築する媒体であり、そのため、さまざまな生活の場においてつねに実行されるパフォーマティヴィティを有する行動は、構造の規制のもとに行われる主体の能動表現にほかならない。ゆえに本稿が問いかけるのは、男性の凝視によって構築された空間で、メイドはいかに規律・訓練されたサービスを行い、同時にある種の主体意義感のあるパフォーマンスを実践するのかということである。

2　「ジェンダー化された感情労働」から「サブカルチャー的パフォーマンス労働」まで

ホックシールドが定義する感情労働とは「感情の管理によって公衆に知覚される表情や動作を作り出すこと、この表現にはある種の交換価値があり、給料に換えられる労働なのだ」(一九八三年、七頁)というものである。多くの学者たちがこの概念を拡充させ、実例の分析と運用によって派生させている。それを大きく三つのレイヤーに分けてみる。(一)感情労働は仕事であり、仕事の役割による任務と規範によって行動する。その行動には外に見せるものと内に秘めるもののコントロールが含まれている。(二)感情労働は感情の受け止め方を調整し、その表現に労力を費やすものである。(三)感情労働は労働中の各種人間関係のインタラクションによって進行する。

感情労働の概念は本稿において非常に参考にすべき価値があるが、そのままメイド喫茶の分析に用いると、詳細に欠け衝突を生む。我々は先に述べた感情労働の三つのレイヤーにしっかりと基づいて、メイド喫茶の職場規範や役割任務、労力の費やし方と人間関係のインタラクションなどを検証することが可能である。よってそれはレストランのウェイトレス研究に似た議論となる。しかし、感情労働が常に強調する「心からの真心を伝える」ことは、メイド喫茶においてはもう一つの判断基準が必要となる。「真心のサービスを提供しているように見えるかが重点ではなく、メイドが自分と客をあたかも漫画のような世界に引き入れることができるか」ということである。フィールドワークでは、多くのインタビュイーがこの点を取り上げている。またそれは多くのメイドがみずからの仕事を一般のウェイトレスと区別するポイントである。

言い換えれば、メイドの仕事は大綱的にはジェンダー化された感情労働であるが、同時にACGサブカルチャーを介したパフォーマンス労働だということである。従事者(多くはコスプレ愛好家)と顧客(多くはオタク)がともに生み出す独特なフィールドの中で、いわゆる「主従関係」は表面的に見られる父権的な枠組みではなく、テクストの世界を借りた複雑多元なファンタジーの在り方なのである。ならば、メイドはウェイトレスとは全く異なるのであり、その背後にあるサブカルチャーの枠組みには、行動主体にオルタナティブな権限を付与する可能性が示されてはいないだろうか。それは本稿がフィールドワークを通じて特に注目している点である。

我々の示すパフォーマンス労働の新概念とは、少なくとも以下の二つの方向で感情労働との差異が生まれる。

一、労働の前提と枠組み。感情労働の多くは、あくまで仕事として捉えられるのに対し、パフォーマンス労働者の多くの動機は仕事としてのものではない(個人的趣味やACGのもたらすファンタジーによるものである)。ゆえに労働の感情ルールは既存の職業道徳に制限されず、転化される可能性があり、新興の消費美学によって導かれる(ジグムント・バウマン、一九九八年)。

二、労働の実践と具現化。感情労働の多くは身に纏う程度の偽装にとどまっているに過ぎず、便宜上の表層的な演技に過ぎない。たいていはさらに「真心」が要求され、あたかもそのような感情の発露は実際に自分の感覚を「内から外へ」と表現したものであるかのようである(ホックシールド、一九八三年、三六〜三七頁)。それに対してパフォーマンス労働は一般社会に期待される人間関係中のポジティブな感情(気遣い、思いやり、誠意ある対応)を促成するというよりも、扮装や独特の言葉遣いや振る舞いを通じて、特殊さや興奮、憧れ、怪しさといった脱日常を感じさせる状況や雰囲気をいかに創造または再現するのかに気を配る。パフォーマンス労働のフィールドにおいて、ワーカーとサービスを受ける側が最も気にかけるのは、感情労働の留意点となる「誠心誠意」ではなく、このサブカルチャー的な劇場空間におけるゲーム感覚が、労働の提供と享受を通じて現実的なものとなるか否かということである。

つまりパフォーマンス労働の成立には以下の二点が必須条件となる。第一に、ワーカーとサービスを受ける者には、双方がある状況の虚構の演技をしているのだという明白な理解と同意が必要なことである。第二に、ワーカーは心中では、自身が仕事で演じている身分やキャラクターになることを望むが、現実世界では実際にそのキャラクターになれないということを明確に理解することである(それに対して、感情労働者には自分が仕事をしているそのキャラクターになりたいという願望はなく、彼女に「変身」願望はない)。

三　研究方法

本研究は民族誌のフィールドワークの方法によって、「Fatimaid　台北メイド喫茶」(以下Fatimaid)で働くメイドを主要な研究対象とする。この店は二〇〇五年にオープンし、多くの外国の旅行ガイドブックにも、台湾で最も営業の歴史の長いメイド喫茶だと紹介されている。店名の「Fatimaid(ファティメイド)」は漫画『ファイブスター物語』のキャラクターFatimaとmaidを合わせたものである。Fatimaidは日本のメイド文化の「歴史感」を醸し出すことを重視しており、経営者によると、それは「日本の大正時代の和洋折衷レトロ感」である。この喫茶店は日本統治時代の西洋帝国風の建物の古い邸宅にある。店内のメニューや案内は中国語と日本語で表記されており、メイドは日本語能力が必須である(客の送迎には日本語の尊敬語を使う)。顧客設定はＡＣＧ愛好コミュニティを主としている。

本研究者の一人、林穎孟は長期間コミュニティの精神に触れて確実な民族誌をまとめるために、実際に二年間このメイド喫茶に出入りした。メイド募集の面接から、先輩による新人研修、パフォーマンスの学習、日常の仕事や特別イベントの企画などを経験した。研究の中期からは、八人のメイド従事者に、多数の詳細にわたるインタビューを行った。もう一人の研究者、李明璁は、男性顧客の身分で、林と重ならない時間に当店を訪れ消費観察を行った。同時に顧客グループに対して多くのインタビューを行った。二人の研究者は異なる身分と方法で出入りしたが、開始する際に、相手に研究対象であること、研究身分、ここへ来た理由を告げた。本研究のすべてのインタビューは隠匿しておらず、誠実の倫理に反しない原則のもと進行した。

四　研究報告

1　メイドとして——規律・訓練の労働と身体

メイドになる過程は大きく分けて三つの段階がある。一つ目は、「見習いメイド」の期間であり、応募してからメイドとしての基本マナーを学ぶ段階である。次に、「典型的なメイド」の段階で、さまざまなメイドの日常の仕事に慣れてくる時期である。最後に「個性的なメイド」の段階であり、この時期のベテランのメイドはさまざまなイベントを通じて独特のキャラクターを確立することが奨励される。

研究者の林がメイドに応募した際の面接での観察によると、採用の基準はいわゆる「M(Maid)要素」の潜在的な素質を持っているかどうかにある。この潜在的な素質を持った女の子は、大抵の外見は清楚で美しくセクシーさを見せない。さらに重要なのは、ふさわしい振る舞いと受け答えである。選抜を経て採用されてから、まだ正式なメイドではないメイド実習生にとっては、まずM要素を「潜在」の次元から明確に露出させて「正確な化粧」を学ぶことが、未来のパフォーマンス労働者への第一歩である。身だしなみとしては、化粧は薄くし、爪は伸ばしたりネイルアートを施したりしてはならない。耳と腕にはアクセサリーを付けてはならない。髪は明るい色に染めてはならない。立つ姿勢のときは体をまっすぐに伸ばして足は揃える。両手は腹部のところで重ね、顔に笑顔を絶やさない。決してガニ股で走ったりせず、胸をそらせ太ももの内側が軽く触れるように優雅に歩く。料理は必ずお盆の上に置き、ご主人様に直接手で渡してはならない。お盆を持つ時は右手を腹の上に置いたまま歩く。お盆の上に何もない時は表を腹部に向けて両手でエプロンの上に持つ。その他、テーブルに近付いてご主人様にサービスの声をかける時は軽く腰を曲げ、小声でしかもご主人様に聞こえるように伝える。同時にご主人様の意見に耳を傾けようとする態度を示す。

メイド喫茶では、「優しく、思いやりがあり、従順で素朴な」いわゆるM要素は、伝統的な女性らしさを身体的に動員したものであり、父権制度に結び付いたジェンダー神話の「良い女の子」の理想型である。スチュワーデスやウェイトレスの標準イメージとだいたい同じであり、父権神話の願望である完璧な女らしさが求められ、消費の場においてサービスとして具体化される。しかし細かい差異を特に挙げれば、これらの女らしさは感情労働の必要から自然と溢れ出るものでなく、反対に故意に表現させられるものなのである。ＡＣＧファンダムを仲介した想像上の様子や仕草、世話をする行動などを示すことで、「メイドのいる家」の実景を伴うインタラクティブな劇場を構成し、客が主人の役を演じるゲームの愉悦感を満足させるのである。

「メイドの漫画をたくさん読んで、君たちもメイドが何をするものか分かっただろう？　掃除したり、食事を作ったり、片付けをしたりするのは、パフォーマンスなんだ。ご主人様に見せるためのパフォーマンスだということを覚えておけ。」（Fatimaid オーナーインタビューより）

基本的にはメイドのルーティンワークはレストランのサービスと家事の混合である。大方はふつうのレストランやカフェのウェイトレスに似ている。しかし実際にメイド喫茶に身を置いてわかったことは、差異は労働の形式ではなく仕事の細部に存在するということである。例えばメイドは主人のテーブルの傍に立って茶を注いだり、チョコレートソースでデザートの皿に絵やメッセージを書いたり、主人が注文をしたり食事を終えたりした時には、スカートの裾を持ってお辞儀をする。待っている時は定規で測ってメニューを並べたり、空いたテーブルをきれいに何度も拭いたりして、メイドの細やかな気遣いを表現する。先に述べたように、メイドの仕事は、ジェンダー化された感情労働に基づいたコスプレ・パフォーマンス労働であり、このパフォーマンスには日常感（自然でわざとらしくない）だけでなく脱日常感（ふつうのウェイトレスが行うルーティンワークに限らない）も必要である。

メイドが実習期間を終えた後、我々は徐々に、ジェンダー化された感情労働という概念が、メイドの仕事を部分的にしか解釈できないということに気づきはじめた。前述したM要素の選抜および露呈は伝統的な女性らしさの複製と表現であり、真のキーポイントは、これからいかにして「メイドに成る」かの過程であって、それは前述したパフォーマンス労働の身心の規律・訓練にも及ぶ。それをACGサブカルチャー群の用語で言えば、単なる「Mキャラ」から「萌えキャラ」へとメイドが「進化」する道のりである。言い換えれば、父権の枠組みが期待する伝統的なM要素（およびそれに合わせた感情労働）だけではもの足りない。ACGファンダムのコンセンサスである「萌え」が実装されてこそ、ウェイトレスではない真に完成されたメイドになれるのである。

「萌え」は日本のACGファンダムから移植された重要な用語／概念である。もう一つの広く使われている単語である「可愛い」とは似て非なるものである。「可愛い」は日常会話の中で、好きなものや愛おしい気持ちの総称として用いられ、対象に対するポジティブで客観的な表現である（例えば「この小学生の顔や動作は本当に可愛い」）。他方「萌え」はファンダムのコンテクストにおいて、さらに一歩踏み込んで凝視者自身の心の動きに着目しており、単純にそこにある、みんなが認める可愛さではなく、心の奥深くで自分がドキッとするという主体の感想（例えば「この小学生に私は萌える」）を表すものである。つまり、人によっては、見た目が可愛くない小悪魔的なイメージに「萌え」を感じるということである。

日本の漫画には、ここ一〇年ほど徐々に「萌え」感をフィーチャーしたキャラクター設定が多く見られるようになってきた。ポスト・フォーディズムのニッチ市場を狙った核心的策略である。東浩紀(二〇〇一年)は、オタクファンダムは物語を重視した寓意的な「物語消費」の時代からさまざまな萌え感の追求と満足を主とした「データベース消費」の時代へと変化していると指摘した。また「オタキング」こと岡田斗司夫(二〇〇八年)は「萌え」がオタクの伝統を破壊したと断言している。つまり新世代のアニメファンは、ポスト／間テクストの知識体系を成立させることには興味を示さず、「萌え」の消費と認識を追っているに過ぎない。言い換えれば、「萌え」を感じるかどうかは極度に私的な表現なのである。

日本から台湾に至るまで、メイド喫茶のフィールドにおける規範とメイドの養成訓練は、日に日に「萌え」化するACG文化と密接に絡み合っている。実習生が先輩から受ける日本式の礼儀作法の指導や前述したM要素の強化のほか、初期段階の「萌えポイント」のアドバイスを受ける。

「新人がシャイなのは問題ないのです。それに萌えを感じさせることができれば。たとえば、ご主人様が難しい要求をしてきた時やうっかりミスをしてしまった時に、かわいこぶった身ぶりをするとご主人様は萌えます。」(当時実習生だった研究者の陳さんへの先輩のアドバイス)

「あの実習生は見かけはとても可愛いけど、ちっとも萌えじゃないわね。甘えた声をしているけど、表情や動作が全然萌えない！」（メイドインタビューM2）

Mキャラから萌えキャラへ、その変化がメイドの日常の労働を一般的な感情労働のレベルから、差異化され、コスプレ化した個性のあるパフォーマンス労働のレベルへと移行させるのである。言い換えれば、最も理想的なメイドの実践においては、演じているキャラクターは（ジェンダー化された）M要素を体現し、それによって熟練した感情労働を提供するだけではもはやなく、ACGファンダムの意図に則った自己の風格をいかに表現し、サービスの対象を「萌え」させるかがより重要なのである。

「あるメイドはいつもご主人様の前でクルクル回ったり、憧れのご主人様に出会った時は、わざと転んでかわい子ぶったりします。それが超モテるんです！」（メイドインタビューM2）

「まずは自分がどんな性格か言ってみて。それから宿題を出します。帰ったら自分によく似た、またはなりたいアニメの人物を探してきて、みんなに伝えるように内部のメッセージボードに貼ってください。次のミーティングの時に、どうやってそんなメイドを演じるのか教えてね。」

（経営者の実習生への指導）

この経営者の要求から窺われるのは、萌えキャラに求められるのが「自分を作り上げて演じること」であり、参照するフレームがアニメのテクストだということである。萌えのイメージと労働の表現は一般の感情労働ではなく、養成過程の似ているモデルやショーガールのようなパフォーマンス労働とも異なる。後者にはたいてい正式に仕事をする前に標準化された教育プログラムがあり、それを通じて身体やポーズ、表情の操り方を繰り返し練習し、感情管理を身につける。しかしメイドは択一化された労働訓練によって直接にできあがるわけではない。彼女らはアニメのテクストに基づき、自分のスタイルと顧客の傾向の間で磨きをかけ、個人のパフォーマンス労働を発展させるのである。その細やかで複雑な労働の技術は、固定した人材訓練のプログラムを通じてではなく、執事と呼ばれる店長やベテランメイドの先輩から、師弟関係の中で個別指導によって伝授されるものなのである。

つまりMキャラと萌えキャラを区別することは、メイド喫茶をジェンダー化とファンダムによって構築される労働フィールドの重要な断面として深く理解することなのである。前者は父権神話が欲望し想像するところの「純潔」な女性の気質に基づいており、サービス業におけるジェンダー化された労働基準である。後者は日本のACGテクストおよびそのファンの論述における、独特なある種の演劇化した特質に基づいている(この特質にもジェンダーの分化が深く影響している)。M要素の同質化に比べて、萌えキャラは私的化の傾向があり、異質性が際立っている。

「実習」「典型」を経て「個性化」する段階へと向かうメイドは、自身の萌えキャラを発展させるためにパフォーマンス労働(同時に他のメイドとの協力や競争、顧客であるそれぞれの主人との頻繁なやりとり)を通じて、違った外見や個性の組み合わせを試したり修正したりする。

例えばあるメイドは自己認識または想像から自分を「天然ボケ＋元気系＋王子系」の複合型に設定する。アニメテクストからイメージを設定したこれらの萌えメイドは、仕事の中で男の声色を使ったり、大笑いしたり、怒ったふりや粗っぽいふりをする(それらの表現はM要素を強調するジェンダー化された感情労働の準則に抵触するが)。メイドは、今日はどんな方法で「登場」しようかと常に思考している。異なるタイプのご主人様のさまざまな要求にあわせて外見を作り込み、性格や口調を調整する。ここからわかるのは、メイドの役割は多くの人がイメージするような、技術のいらない制服美少女では決してないということである。メイドの労働はジェンダー化がその基礎にあるが、多様なサブカルチャー文化と関わる演出なのである。

2　メイドへの道——経験の解釈と意義の創造

ピエール・ブルデュー(一九七七年)は、ハビトゥスの中で構造がいかに日常的実践を通じた身体に浸透し、その反復する身体動作が特定条件の揃った空間(いわゆる「フィールド」)で発生するのかを説明している。ブルデューの観点はフーコーの精神や身体、そして構造についての論述とかなり似通っているが、ミシェル・ド・セルトー(一九八四年、三四〜三九頁)はそれを認めていない。彼は習慣という概念が社会構造における個人の能動の可能性を覆い隠すことを批判し、日常的実践の意義を新たに検証すべきだと主張している。ド・セルトーは、人々は確実に各種の権力の秩序によって規範化されたフィールドに置かれ、規律・訓練によって習慣を生み出しており、身体行動の策略がそれによって特定の空間に制限されると指摘する。しかしそこには抵抗する一抹の希望がある。これら枠組みの中で、これらの空間の構造は時間の流れによって多かれ少なかれ消耗または弛緩し、その中にいる人々はその過程において対応する戦術を見出し、流用、回避、奪取、詮索といった創造性のある行動を起こすのである。

おしなべて言えば、本研究は規律・訓練の構造と身体習慣の養成について議論するものであり、基本的にはブルデューとフーコーの見解に契合したものである。しかしもう一方から見れば、メイド自身の実践経験とその意義を解釈するものであり、ド・セルトーの理論の重要性を明確に示している。このジェンダー化とファンダム文化が同時に作用するフィールドで、「メイド魂」を育んできたメイドたちは、洗脳された天真状態にあるのではない。逆に彼女らは実習訓練期間に遵守しなければならない仕事の規則から常に「逸出」し、日夜「自分だけのスタイル」によって対応する方法の発展のために努力を重ねる。さらには主従関係の演技状態の想像を壊さないように、メイド喫茶の男性経営者は大半は現場にはおらず、コントロールの実権はベテランメイドの手中にある。よって彼女らが監視権力を執行するときは、後輩が複雑な状況への応対を学ぶうえで参考にする手本ともなる。各メイドがキャリアを推進する過程には、実際かなりの程度で自律性の伸展が見られる。この相対的な自律性は、メイド間の互いの影響や絶え間ない話し合いによってさまざまな状況のコンセンサスをもたらすことにつながり、メイドの複雑な役割を改めて解釈し定義させる。
我々はド・セルトーの言う「戦術」がメイド喫茶の構造化された空間の隙間に少なからず確実にあることを見てきた。メイドたちは経営者と主人（顧客）に向けて、これらの戦術を使用して交換することによって、労働条件の規制が拡大し、労働現場で自身の主体が単純化されることに対して折り合いをつける。例えば更衣室やキッチンで、メイドたちは短い休憩時間に小声でおしゃべりしたり、顧客の情報や対応方法を交換したりしている。そればかりか、そもそも男性の凝視と期待に応える対象を受動的に担ってきたメイドたちは、パフォーマンスや交流によってその主体性を示すのである。例えば、敬語や「萌え感のある」口調で主人の要求を退けたり、主人が舐め回すように見てくる時は、自分から前へ出て、恭しく優雅なメイドの態度で「ご用は何ですか？」と言って、真っ向から不快な視線を打ち消そうとする。

「見られていることが分かったら、私は直接話しかけて、その観賞を打破しようとします。すると追いかけるような視線はだいぶ改善されます。私の経験では、明らかにイヤラシイ様子の男性は、向かって行って二言三言話せば事は済みます。この時はメイドの方が上に立つのです。もし彼らの視線が不快な時は、視線を避けたり嫌がった素振りを見せたりすれば、主導権は彼らの手に渡ってしまいます。俺が見ようが見まいが俺の勝手だというふうに。でもメイドとして、見られることを恐れない態度を示し、話しかけたりしていれば、たとえ受身の側であって

も、そのときの主導権はメイドの側にあるのです。」（メイドインタビューM6）

我々はメイドという主体が意図的に「練りに練られた戦術」を使うことで、「自分のなりたいメイド」の可能性を拡大させるさまを見てきた。もちろん、毎日求められる仕事をこなすだけの受動的なメイドもいる。しかし、自律が成立すると同時に自主性を「暗に奪取される」空間にいるメイドは、たいていグループの中のオピニオンリーダーであり、彼女らはフィールド内の思惑や行動を促進させる。例えば「良いメイド／良いご主人様」を定義しなおして対応を改め、場合によっては、「私たちはこの店を守るために旦那（経営者）と話し合う必要がある」といったように、メイドたちの共通意識を集約させることもある。

メイドたちが日常的に戦術の反復練習を積む中で得た収穫や、学習の累積により、何人かのベテランメイドはテクストの虚構の偶像から、本物のメイドの模範へと変貌を遂げる。オピニオンリーダーの主導する影響の下、徐々にメイドの共通意識を集約し、「メイド喫茶はどうあるべきか」というコンセプトを設定する規範権力が、多かれ少なかれ経営者である「旦那」と顧客である「ご主人様」からメイド自身へと移行するのである。これらの男性はもともとは、決まりきった、みんなの認める「お約束のファンタジーの完璧なメイド」のイメージを持っていた。しかし今ではメイドグループが独自に集結して生まれたコンセンサスである「新・良いメイド」の基準の影響によって、そのファンタジーは制限され、行動も妥協しなければならなくなった。言い換えれば、ACGファンダムによる想像を断片的に移植し、単純にメイドの身心の規律・訓練に用いてきたことは、表裏一体でメイドが全面的なコントロールから逃れる足掛かりともなったのである。よって、前述したいわゆる「メイド魂」は、もはや支配意識によるものなどではなく、規律・訓練を受けたものが支配意識から逸脱するための精神的武装なのである。

さらに一歩踏み込んで問いたい。「お約束のファンタジー」を構築し擁護する(男性)主人たちは、メイドの「逆襲」を素直に受け入れ、不満を持たないのであろうか? 我々が観察中に気づいたことは、定義/詮索する権限を失った主人の中には、確かにクレームを入れたり、同好者のSNS上で不満をぶちまけたりする者もいるが、これといって「メイド失格」の判断基準を確立できないでいる。またそれによってメイドが解雇されたり、店が閉店になったりしたことはない。

基本的には、メイド喫茶へ来る顧客は男性ACG愛好家が大方を占めている。メイドはいわゆるオタクの顧客をどのように「メイド奉行」と「紳士的なご主人様」に分けるのか。前者は「お約束のファンタジー」を持ち続けており、厳格にメイドのイメージや言動を定義し、明確な主従関係を求めようとする。彼らは台北のメイド喫茶へ来ても、日本のACG愛好家たちが掲げる典型的なメイド叙事のイメージに浸っており、現場のメイドたちと実際に交流したりすることを望まない。これらの「メイド奉行」はメイドたちが最も恐れ嫌う監視者であり、メイドに対する厳しい評価をネット上に匿名で発表したりしている。またリアルな人間はヴァーチャルのテクストに劣るとか、日本のメイドのような完璧な美しさがないといった、地元のメイドに対する不満をいつもあらわにしている。彼らはこのリアルなフィールドに居続けることができない。なぜなら彼らは「自分の想像上のご主人様」をやりたいだけなのだから。メイドが暗に主導するインタラクションの決まりごとに従ってシーンの中のご主人様の役を演じることができない。それに引き換え、メイドがイメージする「紳士的なご主人様」は全く異なる。メイドを尊重しており礼儀正しい。

実際メイドが毎日実践する身体経験は、規律・訓練された立ち居振る舞いだけでなく、感覚的な察知も含まれる。主人はメイドを絶え間なく監視し、メイドも同時に彼らを気にかけている。見る側と見られる側はここでは単一方向の関係ではなく、主客の関係は巧妙に転座する――「もしメイドの気持ちがわかるなら、私たちが樹立した良いメイドの基準を認めてくれるなら、あなた様こそが歓迎すべき、ぜひとも接待したい良きご主人様です」。

このフィールドで毎日働くメイドは、さまざまな習慣に徐々に慣れてゆき、色々なシーンを設定できる「メイド喫茶のホスト」となる。暇なときに消費にやって来てサービスを受ける主人たちは「メイド喫茶の客」であり、演じるご主人様の役は、さまざまな後付けが施されたメイドのキャラクターを受け入れ、気分よくやり取りできて初めて認められる。ある意味では、メイドがパフォーマンス労働を通じて顧客である「ご主人様」をリードしているのである。このコミュニティにおいては、テクストのイメージを実際の場面と対応させるだけでなく、消費フィールドでの(性的な)権力関係が反転する可能性すらある。

最もわかりやすい例は「イベント日」であり、メイドたちがミーティングを開いて話し合い、経営者の許可を得て実行される特別イベントである。この日のメイド喫茶はいつもの主従関係のシーン設定が変更され、メイドたちは張り切って準備に参加する。いつも同じ劇を演じていた劇団が、突然新しい脚本を練習する気分さながらに。それぞれが各自の設定に合った服装、メニュー、観客参加型の芝居などを準備し、ご主人様とともに参加し、演じ、遊ぶ。色々なタイプの萌え、職業、異国文化、果ては異なる性別の性格や外見に至るまでが遊びの要素となりうる。とても人気のある「執事の日」はメイドは呼び名を変え、胸を平らにして声を低くし、元気が良くしかも紳士的な態度に変わる。この日は多くの（普段はあまり見ることのない）女主人の顧客が訪れて、女性が演じる「美形のサーヴァント」による心のこもったたおやかなサービスを体験しようとする。あるいは男性主人の前では、性別の入れ変わった（非）メイドは、いつもはしないようなインタラクションをしてみる。例えば男性主人に皿の上のお絵かきをさせたりする。このコスプレは、ある種の「非女性的」な経験を生み出すものと見なすことができ、男に類するものや男女一体の新たな試みだと思われる。女主人は愛情を込めてメイドが成り替わったハンサムな男役を称賛する。それは「本物の男としての」ではなく、女性の身体上に表現される、伝統的なたくましい男とは違った風変わりな男性の気概を鑑賞しているのである。それに比べて、男性主人は執事に変身したメイドを見る時、ほとんどが調子を合わせて、兄貴分のようにラフに話を始め、お互いをからかいあったりする。この時、主人の脳裏にあった「お約束のファンタジー」のステレオタイプなメイドのイメージは歪められる。

かくして、メイド喫茶において、メイドが劇やシーンのインタラクションを設定する「主役」であるという基調が今一度確立するのである。

またメイドがコスプレによって男性役になる時、髪型だけでなく、目つきやポーズ、口調、行動などは、元のメイドのイメージとは異なるものでなければならない。我々が明らかにしたのは、メイド(研究者の一人を含む)によっては、普段はメイドのイメージを保つために抑制してきた個人の性格をすべりこませることができるということである。このようなACGファンダムが導く演技や遊びのイベントは、身体のパフォーマンス性を通じて、すでにかなりのレベルでメイド喫茶が元から定めていたフィールドの規則や表現されるところの父権神話に挑戦を投げかけているのである。あるいはファンダムがここでは保守的な制限を見せたり、進歩して突破する可能性を持ったりする両義性を示しているともいえよう。ジュディス・バトラー(一九九〇年)が提言した、「身体や欲望と既存社会におけるジェンダーの構造とは、分けて考えるべきだ」という主体の構造論とも呼応するものであり、パフォーマンス労働の持つ、ジェンダー化された感情労働という枠組み以外の積極的な意義が認められる。

まとめると、メイド喫茶のフィールドにおけるさまざまな労働において、実習生から「進化」して萌えの個性を得たメイドは、ギリシャの女神へカテのように、同時に三つの身体を持つ。一つはメイドが生身の女子として持つ自分の身体、もう一つは、ACGファンダムの枠組みの中で、男性に検視され欲望を投射される想像上の女性らしい身体、そして最後はACGテクストの素材を引用することで進行するパフォーマンス労働の過程において、ACGコミュニティが崇拝し誕生した

「神聖な身体」である。この三位一体の状態でメイドは労働中のパフォーマンスを行う。そのパフォーマンスは凝視による監視を受けるが、凝視は欲望に変わりもする。客(体)から主(体)へと入れ替わり、日に日に主役化するメイドにとって、他の感情労働に従事する女性との大きな違いは、そのパフォーマンス労働がサブカルチャーの資本として蓄積され、サブカルチャーのフィールドでオピニオンリーダーとなったり、アイドルスターになったりしうるということである。

五　まとめ

本研究が明らかにしたのは、メイド喫茶が日本から台湾へと移植されたローカル的な意義は、一般の人々が考えるような、特殊な趣向を体験できる飲食を消費する場所ではなく、当地のACGファンコミュニティにとって、コミックマーケットやゲームセンター以外の指標性のある(サブ)カルチャーのフィールドとなっているということである。ここでは顧客である(ご主人様の)オタクたちが、内心の欲望を完璧な美しい女性のイメージに投射させる。逆にワーカーであるメイドは、ジェンダー化された身体や感情労働の枠組みから外れたパフォーマンス労働だと考えており、コスプレによってACGファンダム文化を実践し、自我の満足や帰属感、さらには日常の身分の制約から解放されるという夢を実現させる感覚を得るのである。

本研究によって明らかとなったことは、パフォーマンス労働の特質が、メイドをジェンダー化された構造や感情労働の外へと向かわせうることのほか、さらに一歩進んで、様々な日常の戦術とコンセンサスによって、オルタナティブで能動的な出口を見つけさせるのではないかという点である。ここでのメイドは、単なる「男性に凝視されるメイド」ではない。彼女らは同時にACGファンダムの代弁者／詮索者／仲介者であり、コミュニティでの対話を通して発展した新たな視野によってメイド自身や顧客を振り返ってみると、そこから「(男性)お約束のファンタジー」ではないファンダムの新しいイメージが徐々に確立されつつあるのがわかる。

よって、メイドと主人の双方の身分関係は、元はジェンダー化された感情労働のレベルであったメイド／顧客から、パフォーマンス労働のレベルのメイド／主人を経て、長期のインタラクションにより、ある意味、主客転倒を起こして、そのシーンの主人であるメイドｖｓシーンの訪問客である主人という新しい「主客関係」に入れ替わっている。

ここで特に説明しておきたいのは、「パフォーマンス労働」とは感情労働という経典的な概念を増補したものであり、それに取って代わるものではない、ということである。パフォーマンス労働は感情労働が定義する多くの基本原則に逆らうことはない。パフォーマンス労働は「パフォーマンス性」に多くの感情を費やしており、これらの「パフォーマンス性」は、「誠意のあるふりをしていることを見抜かれないようにしている」感情労働とは異なり、パフォーマンスそのものが察知され認可されることに重きを置いているのであり、それを期待していると言っても過言ではない。

我々が発見したのは、パフォーマンス労働は、ニッチ化される消費社会の趨勢においてポスト・

フォーディズムにかなり近いということである。団塊化した「大衆」が瓦解し始めるとき、文化消費の内容もまた同質化から差異化に取って代わり、先に強調したような独特な雰囲気の体験やファンタジー世界を現前させるような、劇場化され、ゲーム化した消費空間が次々と構築され、それらは「個性的スタイル」を追求せんとする主体およびそのコミュニティへ向かって手招きしている。パフォーマンス労働は、ＡＣＧやファンダムの文化研究だけでなく、これまでの感情労働産業の内部変化の描写のほか、新興の劇場化された消費空間やゲーム化された新興サービス産業の労働や消費の研究に対しても、適用されていくべきものであろう。

参考文献

池上良太『図解メイド』二〇〇六年、新紀元社
早川清『メイド喫茶で会いましょう』二〇〇八年、アールズ
東浩紀『動物化するポストモダン：オタクから見た日本社会』二〇〇一年、講談社
岡田斗司夫『オタクはすでに死んでいる』二〇〇八年、講談社
野村総合研究所『オタク市場の研究』二〇〇五年、東洋経済新報社
藤山哲人『メイド喫茶制服コレクション』二〇〇六年、竹書房
Bauman, Zygmunt, 1998, *Work, Consumerism and the New Poor*. Buckingham: Open University Press.
Bourdieu, Pierre, 1977, *Outline of a Theory of Practice*. Cambridge: Cambridge University Press.
Butler, Judith, 1990, *Gender Trouble: Feminism and the Subversion of Identity*. London: Routledge.
Certeau, Michel de, 1984, *The Practice of Everyday Life*. Berkeley: University of California Press.

Foucault, Michel, 1977, *Discipline and Punish: The Birth of the Prison*. London: Penguin.

Hochschil, Arlie Russell, 1983, *The Managed Heart: Commercialization of Human Feeling*. Berkeley: The University of California Press.

附記

本稿は、李明璁・林穎孟「従情緒労動到表演労動：台北「女僕喫茶（咖啡館）」之民族誌初探」（『台湾社会学刊』第五三号、二〇一三年）を改稿したものである。

Ⅱ　表象の交差

台湾は『マジンガーZ』で何をしたのか

横路啓子

一　台湾における「日本」の意味

台湾島の歴史は、まさにこの島に後から来た民族による植民と統治によって織り成されたものだと言える。一七世紀のオランダとスペイン、清朝、一九世紀の日本と、次々と台湾島に訪れた者たちが台湾の統治者となった。そして、あるいは現在の中華民国でさえも、一部の台湾人にとっては、後から台湾島に入り統治者となった外来の民族の一つなのである。

このように次々と訪れる植民者によって形成されてきた歴史から、司馬遼太郎は『台湾紀行』（二〇〇九年、朝日新聞出版）の冒頭で台湾を「無主の地」と称しているが、それぞれの時代において統治者が「官」、それ以外の者たちが「民」と位置づけられる現実から言えば、台湾はいつの時代も決して「無主」だったわけではない。外部から強い統治者が現れて「主流」となり、それ以前に台湾島にたどりついた人々が「非主流」として自らを位置づけることで、自らの文化を「主流」に対する「非主流」と見なしながらも、より充実させたり、あるいは「主流」でも「非主流」でもない、いわば第三勢力的な異文化を積極的に取り込む作業をしてきたのである。それは、戦後においても同様で、中国大陸が持ち込んだ大陸文化を基盤にしつつ、「哈日族」(日本大好き族)と称される現象が起きたり、韓国ドラマやタイ映画を積極的に楽しむ層が形成されている。

日本で出版された台湾のガイドブックをめくれば、必ず「親日的」と形容され、日本語世代の台湾人に日本語で話しかけられた「感動のエピソード」などが語られるが、こうした台湾の親日性が単に古きよき日本時代を懐かしむノスタルジーから来ると考えてしまうのはあまりに危険であろう。そして、また台湾の人々が単に日本に対してだけ友好的なわけではなく、いわゆる「外国人」――主に欧米系を指すが、時には東南アジアを含むアジア系も含まれる――に対して全般的に親切であることは、台湾で暮らせばわかることである。

台湾の戦後の歴史を振り返れば、国民党政府が接収した後の台湾――つまり中華民国は、国際的に中華人民共和国との対立で苦しい立場に置かれ、かつ内的には、国民党系の外省人と福建系の本省人の間の軋轢があり、白色テロや戒厳令など緊張した状態にあった。台湾人にとって中華民国台湾が国際的な場で認められることの意味合いは、日本人の私たちが感じるそれとはまったく違う重みを持っているのである。そして、コロナ禍があぶり出したように、台湾のこうした状況は現在も続いている。

そうした中で、台湾においては「日本」は文化的、政治的な記号としてさまざまな意味を付与されてきた。台湾文化を全体的に見れば、メインとなるのは約九割を占める本省人——福建系台湾人の血縁上の文化である中華文化で、そこに特にアメリカ、日本からの影響を受けており、きわめてハイブリッドなものとなっている。もし戦後だけに注目して、中国との確執の中で、国際社会での台湾の地位確立を求めるという点にのみ限れば、アメリカも日本も台湾にとっての文化的な意味はそう変わらない。いずれも中華民国台湾の存在を認めてくれる「仲間」としての存在である。だが、一八九五年から約五〇年にわたり日本が台湾を統治していたという歴史的事実によって、日本はアメリカよりさらに複雑な文化的な意味合いを持たされているのである。

それは、日本の植民地から中華民国へという新たな統治者の出現と、その後の台湾内外の政治的な状況によって変化していった。戦後間もなく国民党政府の台湾への遷移によって生じた外省人と本省人との溝は、新政府による脱日本化政策、一九四七年に起きた二・二八事件によって決定的なものとなった。その中で、「日本」は記号として、よりノスタルジックで、反体制的なものへと祭り上げられていったのだ。

特に、民主化が進み、経済成長によって、台湾でもインフラが整い、テクノロジーが発展して、さまざまな媒体が普及し個人化していった。海賊版の漫画やレンタルビデオの普及、ラジオや有線テレビといった違法メディアが広がっていく中で、「日本」は中華民国に対抗するための台湾アイデンティティーを示す際のきわめて貴重な記号となっていったのである。その様子は、例えば、外省人と本省人の対立が鮮明だった一九九〇年代、詩人で医者である陳克華が「タクシーの中で日本の軍歌が流れているのを聞いた。今日の台湾にもいまだにこのような歌を流すラジオ局があるとは、と愕然とした」といったエッセイにも現れている（「計程車裡的日本軍歌」『中国時報』一九九四年一〇月八日）。外省人は「日本の軍歌」に戦前の亡霊を見、本省人はそこに中国ではない「台湾らしさ」を見出していたのである。

台湾のこうした歴史は、台湾社会や台湾人が現代日本のさまざまな文化を受け入れる際に、その受容者としての特殊性を生み出すに至っている。ただし、その受容の在り方は、日本のガイドブックに示されるような「親日的」といった単純なものでは割り切れない。文化は、当然ながら受容する側の都合によって、切り取られ、捻じ曲げられ、もてあそばれていくものである。

それでは、台湾はどのように現代日本の文化を受容しているのだろうか。何をどのように取捨選択し、変更させていくのか。そういった問題を『マジンガーZ』を中心に考察していくのが、本稿の目的である。

『マジンガーZ』は、一九七八年に台湾の地元テレビ局中華電視で放送され大人気を呼んだものだが、アニメ放送前の受容から現在に至るまでさまざまな変容を遂げており、実に興味深い。台湾は日本に比べ、貪欲に海外からの文化を受容し消費していく国ではあるが、それはただ単に移植され消費されるわけではない。ここでは、日本のロボットものアニメの重要な作品の一つである『マジンガーZ』をはじめとする一連の「マジンガーもの」を台湾がどのように受容したのか、いわば「マジンガーもの」でどのように遊んだのかを描き、台湾社会における日本文化の受容の例の一つとして考えていきたい。

二　『マジンガーZ』から『無敵鉄金剛』へ

『マジンガーZ』は、『週刊少年ジャンプ』一九七二年一〇月七日号から連載された永井豪の漫画であり、またそれを原作としたアニメ作品である。その後、シリーズものとして『グレートマジンガー』(一九七四年九月～一九七五年九月テレビ放送)、『グレンダイザー』(一九七五年九月～一九七七年一月テレビ放送)、『ゴッドマジンガー』(一九八四年四月～九月テレビ放送)、『マジンサーガ』(『週刊ヤングジャンプ』連載)などが出版、制作されている。

『鉄腕アトム』や『鉄人28号』などとは異なり、人間がロボットに搭乗し操作する、いわゆる巨大ロボットものとして、『マジンガーZ』はその後のロボット作品に大きな影響を与えている。そこには、それまでのロボットアニメの流れを組み込みつつ、また日本の戦争の記憶がちりばめられている。例えば、動力の「光子力」は、架空の新元素ジャパニウムの核分裂の過程で抽出される架空のエネルギーであり、日本の敗戦の記憶の中に刻み込まれた原子力をモチーフとしたものである。またマジンガーZ本体を作る素材である「超合金」は、戦時中においてより有利に飛行戦を展開するため、各国が軽く強度を持った合金を作り出すことにしのぎを削っていたことを思わせる。と同時に、人間がロボットに乗り込み、それを操縦するという形態は、人間側の適性を求めるものとなり、さらには人間とロボットの相性、いわば人間―ロボットという、よりフラットな関係へと発展していく芽を持っていたと言える。もちろん、適性を持った少年や少女がロボットと一体化して戦うアニメの流れとして『ガンダム』、さらには『エヴァンゲリオン』へと広がっていったことは言うまでもない。

ロボットものの作品群に新たなジャンルを切り開いた『マジンガーZ』は、日本のみならず世界各国で人気を得るに至った。戒厳令下にあった台湾も、それは例外ではない。台湾で『マジンガーZ』が『無敵鉄金剛』として受容されたのは、中華電視のアニメ放送によるものが大きいが、それ以前には漫画も翻訳され出版されていたのである。

最初に台湾に『マジンガーZ』がもたらされたのは一九七七年、漫画大王出版社が翻訳、出版した桜多吾作版の漫画である。当時、漫画大王出版社は『漫画大王』という漫画雑誌を発行しており、ここには台湾の地元の漫画家の作品のみならず、日本の漫画が掲載されていた。一九七〇年代は、国民党政府がいまだ漫画の検閲を厳しく行っており、特に台湾人の漫画家が描いた作品については検閲が厳しかった。このため『漫画大王』をはじめ『漫画半月刊』、『冠軍』など台湾で出版されていた他の漫画雑誌も次第に日本の漫画の掲載率を高めていった。

これは、戦後間もない頃に行われた国民党政府の脱日本化政策とは矛盾があるように思えるかもしれない。しかし、一九七〇年代の台湾は、その後の農業社会から工業社会への転換を遂げながらも、国際社会においては中国大陸からの強いプレッシャーにあえいでいた時期でもあった。と同時に、台湾内部では民主化が進み、少数で大多数の資本を牛耳る外省人と、同じ漢民族でありながら統治されていた本省人との間の軋轢が高まりつつあった。外省人を中心として組織されていた国民党政府が恐れていたのは、本省人が中国大陸と連携をとり、政府への批判を強めることだった。だからこそ、アメリカからの文化はもちろん、日本からの文化の流入については見て見ぬふりをしていたのである。また、この当時台湾は出版物に関しては国際ルールと無縁な立場にあったため、漫画や小説などは当然、海賊版であった。なお、この状況が変化し、台湾で海賊版が姿を消すのは、アメリカの通商法第三〇一条のプレッシャーのもと、台湾政府が一九九二年六月、新著作権法を実施してからのことである。

日本のコンテンツが台湾に大々的に流入していたのは、日本との間にさまざまなパイプがあった他に、日本統治時代に教育を受けた世代が、安価で豊富な翻訳人材として控えていたことが大きい。経済的な条件が向上し、ラジオやテレビが普及していく中で、そのハードを埋めるためのコンテンツとして、日本文化が台湾に流入するには、あまりにも好条件が揃っていたのである。ただし、日本文化については、台湾で流通させる際に日本的な色彩を脱色することが求められた。

こうして『マジンガーZ』も中国語に翻訳され、屋台の本屋や文房具屋の中の漫画コーナー、貸本屋などで読者に提供されていくこととなった。一九七七年当時、漫画大王出版社による桜多吾作版は、作画は「仲達」という名義に替えられ、『無敵鉄金剛』のタイトルが使用された。そして翌年の一九七八年五月には、華仁出版社が『鉄覇王』というタイトルで原作者永井豪のオリジナル版を出版する。キャラクター名は漫画大王出版社のバージョンをほぼ踏襲したものであったという。

それでは、アニメはどうだったのだろうか。当時、台湾のテレビの地上波は、台湾電視公司（台視、一九六二年開局）、中国電視公司（中視、一九六九年開局）、中華電視公司（華視、一九七一年開局）の三つのテレビ局があり、「三台」と称されていた。前述したように『無敵鉄金剛』のアニメを放送したのは華視である。台視には台湾省、中視には国民党という後ろ盾がいたように、華視も教育部（文科省に相当）や国防部などが後ろ盾となっていた。この「三台」以外のテレビ局（主にケーブルテレビ）を総称した「第四台」が登場するまで、三つのテレビ局「三台」は教育のためという名のもと、それぞれのスポンサーのプロパガンダのメディアとして君臨していたのである。

台湾のサブカルチャーに詳しい張哲生によると、国防部（軍部）色が特に濃い華視での『無敵鉄金剛』のアニメ放送は、日本での放送から五年ほど後のことだった。初回の放送期間は一九七八年八月四日～一九七九年二月二八日、月～金の夕方六時～六時半だったという。その後も何度か再放送されている。また、台湾で初めて放送された日本のアニメは『ガッチャマン』（『科学小飛侠』）で、二つの作品とも台湾で大人気を博した。ただ、華視での『無敵鉄金剛』には、『グレートマジンガー』も含まれており、しかも放送回の抜けがあったり、『グレートマジンガー』の中に『マジンガーZ』の何回かが混ざって放送されてもいたという。

さらに不思議なことに、華視では、『グレートマジンガー』は『マジンガーZ』の一〇年後を描いた作品として放送されていた。当時の新聞『民生報』(一九七八年一一月二八日)には、『グレートマジンガー』の第一回目の放送のあらすじ紹介として、「この回から描くのは、国隆(兜甲児)と莎莎(弓さやか)が成人した後の物語。ドクター・ヘルの攻撃をかわすため、研究所を海上に移し、いつでも潜水できるようになっている。無敵鉄金剛(マジンガーZ)も改良が加えられ、威力を増した。」と記されているのである。

しかし、本来『グレートマジンガー』は、マジンガーZの最終回ですでに登場しているし、マシンもパイロットも異なっていた。このため、台湾のアニメ放送では、つじつまを合わせるためにセリフの内容が勝手に変えられた部分もあり、かなり無理があったという。また、『グレートマジンガー』を『マジンガーZ』のその後の物語として放送したために、台湾ではグレートマジンガーを「無敵鉄金剛二代」「第二代」(「マジンガーZ」第二世代)と称することもある。

作品内部でもさまざまな「翻訳」が行われた。

表1は、『無敵鉄金剛』の登場人物や用語を取り出し、日本語と台湾での訳語を比較対照したものである。これを見れば、主要な登場人物の名前がすべて日本的なものではなくなっていることがわかるだろう。主人公の「兜甲児」は「柯国隆」となり、ヒロインの「弓さやか」は「余莎莎」と、漢人の名前になっている。また、悪者である「あしゅら男爵」は「双面人」(直訳では「二つの顔を持つ人」、以下同様)、「ブロッケン伯爵」は「怪頭将軍」(奇怪な頭の将軍)、「ピグマン子爵」は

表1 『マジンガーZ』固有名詞および用語日中比較

	日本	台湾	説明
1.	兜甲児	柯国隆	意訳(中華化)
2.	弓さやか	余莎莎	意訳(中華化)
3.	ボス	阿強	意訳(中華化)
4.	ヌケ	小杜	意訳(中華化)
5.	ムチャ	小莫	意訳(中華化)
6.	兜シロー	柯国盛	意訳(中華化)
7.	兜十蔵博士	柯貝	意訳(中華化)
8.	弓弦之助	余明	意訳(中華化)
9.	三博士	三博士	原文そのまま
10.	せわし	急驚風	意訳
11.	のっそり	慢郎中	意訳
12.	もりもり	胖嘟嘟	意訳
13.	みさと	谷音	意訳(中華化)
14.	Dr.ヘル	赫爾博士	音訳+原文そのまま
15.	あしゅら男爵	双面人	意訳(イメージによるもの)
16.	ブロッケン伯爵	怪頭将軍	意訳(イメージによるもの)
17.	ピグマン子爵	小黒怪	意訳(イメージによるもの)
18.	鉄仮面軍団	鉄面人軍団	原文そのまま
19.	鉄十字軍団	鉄十字軍団	原文そのまま
20.	ミケーネ帝国	海底帝国	意訳(イメージによるもの)
21.	ゴーゴン大公	青面武士	意訳(イメージによるもの)
22.	光子力研究所	原子光研究所	意訳
23.	マジンガーZ	無敵鉄金剛	意訳(イメージによるもの)
24.	アフロダイA	木蘭号	意訳(中華化)
25.	グレートマジンガー	金剛大魔神	意訳(中華化)
26.	ビューナスA	新木蘭号	意訳(中華化)

「小黒怪」(色黒の怪物)など、画像から名付け、台湾の視聴者に日本を感じさせないものにしてある。

さらに主題歌も台湾独自のものが作られた。日本の場合、アニメの主題歌はプロの歌手が一人で歌う場合が多く、『マジンガーZ』も水木一郎の歌声がよく知られている。だが、台湾の場合は、アニメの主題歌は少年少女合唱団が歌うことが多く、子供向けの番組であることが強調されるのが常である。『無敵鉄金剛』の主題歌も、やはりかわいらしい少年少女合唱団の声で歌われた。

また、『マジンガーZ』より前に台湾で放送されていた日本のアニメ『科学小飛侠』(『ガッチャマン』)[1]の場合には、日本の主題歌の曲に中国語の歌詞を付けたもの(作曲:小林亜星、作詞:長青、歌唱:松江児童合唱団)だったが、『無敵鉄金剛』は作詞、作曲、歌唱ともに台湾オリジナルとなっている(作詞:孫儀、作曲:汪石泉、歌唱:華声児童合唱団)。作詞をした孫儀は、一九二八年天津生まれ、中華民国が設立した軍隊「中国青年党」に加入し、戦後台湾へと渡った。華視に入社し、四〇歳のときから歌詞を書き出した。一九七〇～八〇年代にかけて台湾の歌謡曲の重要な作詞家の一人であり、台湾の女性にとって思い出のアニメである『キャンディ・キャンディ』(『小甜甜』)の主題歌も作曲している。孫儀の書いた『無敵鉄金剛』の主題歌の歌詞は、以下のようなものである。

無敵鉄金鋼　無敵鉄金鋼(マジンガーZ　マジンガーZ)
無敵鉄金鋼　鉄金鋼　鉄金鋼(マジンガーZ　マジンガー　マジンガー)
無敵鉄金鋼(マジンガーZ)

我們是正義的一方（ぼくたちは正義の味方）
要和悪勢力来対抗（悪いやつらに立ち向かうんだ）
有智慧有膽量（知恵もある　度胸もある）
越戦越堅強（戦うほどに強くなる）
科学的武器在身上（科学の武器を身につけて）
身材高高的幾十丈（背丈は高く数十丈）
不怕刀不怕槍（刀も銃も恐くない）
勇敢又強壮（勇敢で強い）
打敗双面人（あしゅら男爵をやっつけて）
怪獣都殺光（怪獣を全滅させて）
大家都賞讃（みんながほめたたえる）
無敵鉄金鋼　鉄金鋼　鉄金鋼（マジンガーZ　マジンガー　マジンガー）
無敵鉄金鋼（マジンガーZ）

「空にそびえる黒鉄の城」で始まる日本の『マジンガーZ』の主題歌がスーパーロボットの技やパワーを歌い上げるものであるのに対し、台湾のこの歌詞は、善悪の枠組みの中で自分たちに正義があることが際立っている。それは、軍人であった孫儀の経歴を考えれば、一九七〇年代という時代の中で台湾（国民党政府）が中国大陸に対して自らの正しさを主張したい気分を反映したものであったかもしれない。

『無敵鉄金剛』の主題歌を作曲した汪石泉も、作詞の孫儀と似たような経歴を持った人物である。一九三三年に中国大陸の江蘇省で生まれ、政工幹部学校音楽組を卒業、その後は十数年にわたり軍部で音楽教育にたずさわり、多くの軍歌を作曲した。華視に勤務していた一九七〇年代には、『小宝歴険記』（『ポールのミラクル大作戦』）、『北海小英雄』（『小さなバイキングビッケ』）、『小天使』（『アルプスの少女ハイジ』）などの主題歌も手がけている。その作品リストを見ると、一九七〇～七八年にかけて、汪石泉は蒋介石の作詞に曲をつけるなど軍歌作曲者の第一人者となっている。このため、台湾では過剰に明るく単純な『無敵鉄金剛』のメロディーには軍歌っぽさがあるとも言われている。つまり、軍事性の強い人間の集まりであった制作陣が、『マジンガーZ』の日本らしさを剝ぎ取り、中華的な『無敵鉄金剛』へと生まれ変わらせたと言えるだろう。

とはいっても、それは華視の制作側が独自に行ったものではない。一九七〇年代当時、台湾ではテレビはもちろん、ラジオ、映画、書籍、漫画など文化的コンテンツは、すべて政府によって管理されていた。テレビの場合であれば、「広播電視法」や「広播及電視無線電台節目輔導準則」といった法律が制定され、テレビ局で放送される番組の目的――中華文化を発揚するような番組作りが求められ、言語別の割合が決められたり、検閲の義務などが制定された。その背景にあるのは、蒋介石を頂点とする国民党が台湾で進めた「国語推行運動」であり、本省人にとっての話し言葉の母語である「閩南話」（いわゆる台湾語、音声体系は北京語とまったく異なる）を払拭するための動きだった。

『無敵鉄金剛』の受容でも、登場人物の名前がすべて中華的に変えられたのは、政府の政策に合わせたものに他ならない。これらの「翻訳」あるいはコンテンツの操作は、四方田犬彦が述べる「文化的無臭性」を思わせる。四方田の言う「文化的無臭性」は、村上春樹の文学が世界各国で受け入れられている理由を考察する際に述べられたものである。文化の「におい」は「日本らしさ」や「台湾らしさ」といった「らしさ」の部分にあたるが、四方田の論を借りれば、台湾では国を挙げて海外から輸入された文化の、原産国の「らしさ」を消し、「中華らしさ」を加える操作をしていたということになるだろう。

今でこそ台湾では、日本統治時代に台湾語に残された日本語だけではなく、「御宅」（オタク）や「腐女子」といったサブカル的な言葉はもちろん、「人気」「物語」といった中国語的には意味不明な日本語も、そのまま用いられている。もちろん固有名詞もそのコンテンツならではの用語も、漢字であればそのまま取り入れられるのが普通である。しかし、一九七〇年代当時は、すべてのものを中華的にしなければならなかった。一九七〇年代の漫画やアニメも、こうして中華的なにおいを付けられて、台湾で受容されていったのだった。

三　子供の頃の思い出としての『無敵鉄金剛』

台湾社会向けに作り変えられた『無敵鉄金剛』は、(ストーリー的に多少の混乱はあったにせよ)アニメ放送時から大きな反響を呼び、台湾社会の中に深く浸透していった。なかでも「無敵鉄金剛」という言葉自体は、「正義の味方」という意味の比喩的な言葉として一般名詞化していった。それは例えば、『サザエさん』の「ますおさん」が婿養子の意味で使われるのと同じようなことだ。

人気のあるコンテンツから、キャラクター名や決まり文句などなんらかの要素が切り離されて一般化することは、どの文化の中でも起こることだろう。ただ台湾で特徴的なのは、その広がりの大きさである。ただ単に「やおい」的なものとして二次創作が作られるような、一部のあるいは個人的な欲求を満たすだけではなく、海外の歌をカバーした楽曲がヒットしたり、テレビCMに用いられるなどメジャーな商業ベースのメディアで大いにもてはやされたりするようになっていく。

台湾では、一九八七年に三八年間にも及んだ戒厳令が解除されるが、それ以前から経済成長が下支えした民主化が進行し、台湾意識が高まっていた。一九九〇年代に入ると、台湾文化を再構築することが可能になっていく。これは、もちろん蔣介石からその後継者である息子蔣経国へと引き継がれた強権独裁政治が終わり、一九八八年に蔣一家と何の血縁関係もない李登輝が台湾総統になったことも大きい。李登輝が台湾総統となった時には、やっと生まれも育ちも台湾の総統が出現した、と話題になったが、その後李登輝が「実は私は日本人だった」と発言することで、外省人と本省人の軋轢——出身地や本籍が重視される「省籍問題」が最も強くなった時期でもある。

その中で、台湾アイデンティティーを表す文化的記号として『無敵鉄金剛』を取り上げ、商業ベースに乗せていったのは、『無敵鉄金剛』を子供の頃に見た人々である。台湾では、年号に「民国」を使っており、一九六〇年代生まれはほぼ民国五〇年代に相当する。このため、一九九〇年代以降、民国五〇年代生まれの世代を「五年級(五年生の意)」という呼び方が流行した。これは他の世代にも応用され、例えば一九七〇年代生まれなら「六年級」、一九八〇年代生まれなら「七年級」という。

この流行語は、ちょうど日本で一九八〇年代に「新人類」という流行語が登場したのとよく似ている。台湾社会の高度経済成長が一段落し、社会が安定した時期に入ると、世代間のギャップが生じ、社会的価値観の変化を生んだ。その中で、『無敵鉄金剛』を小学生の頃に視聴した一九六〇年代生まれ「五年級」が、社会の経済を回す中核の世代となり、幼い頃の自分の「お気に入り」を、大手をふって扱えるようになった。また、それと同時に消費のメインターゲットとしても、「五年級」が立ち現れていたのだ。ただ、日本の「新人類」が若い世代を理解不能の他者として名付けたものであるのとは異なり、「五年級」という言葉は一九六〇年代生まれの人々自身が自らを呼ぶ愛称的な意味合いが強い。決してマイナスの意味ではないことは付け加えておきたい。

二〇〇〇年代に入り、そろそろ中年となった「五年級」の人々によって、自らの子供時代を振り返り、「懐かしいもの」を取り上げる動きが出てくる。書籍『五年級同学会』（MIMIKO、greg、果子離他、二〇〇一年、円神出版）や『五年級青春記念冊』（MIMIKO、円神出版、二〇〇二年）では、懐かしく幼い頃を振り返る要素として、めんこや駄菓子、台湾版チキンラーメン「王子麺」、校則の話に加え、『無敵鉄金剛』や『科学小飛侠』（ガッチャマン）や『小甜甜』（キャンディ・キャンディ）、『雷鳥神機隊』（サンダーバード）などが挙げられている。[2] これらはいずれも一九六〇年代生まれの「五年級」の台湾人が自分の小学生時代に流行っていたものを写真やエッセイで綴ったものだ。つまり、台湾の「五年級」にとって、『無敵鉄金剛』をはじめとする海外のアニメは、当時台湾で流行した歌手や食べ物、ドラマなどの一部として溶け込んでいるのである。そういう意味では、「五年級」の彼らにとって、『無敵鉄金剛』に対して日本という記号の意味合いは薄い。

　二〇〇五年には、この懐かしいものブームを商業的に用いたテレビCMが登場する。アメリカ生まれの大手オークションサイト「台湾ebay」（以下、台湾イーベイ）のCMだ。この時代、台湾ではすでにインターネットでのオークションが普及していたが、台湾イーベイは、一般的なオークションサイトとは異なり、買い手がほしいものをサイト側に提示し、探し出してもらうというサービスを開始する。このサービスの宣伝でイーベイは、「柯国隆在尋找無敵鉄金剛（兜甲児はマジンガーZを探している）」というキャッチコピーで宣伝を展開するのである。

　宣伝対象のサービスと、そのコピーから考えれば、幼年時代に思いをはせる中年男「柯国隆（＝兜甲児）」が、昔を懐かしみ、マジンガーZのフィギュア（あるいはマジンガーZそのもの）を探しており、それがイーベイで見つかるというストーリーを視聴者に想像させたに違いない。言ってみればこのＣＭは数十年後の「柯国隆」を描いた『無敵鉄金剛』のオマージュであり、また当時『無敵鉄金剛』を楽しんで見ていた幼いオーディエンスの姿でもあるのだ。

四　記号としての「無敵鉄金剛」

また、ただ単に懐かしいだけではなく、日本らしさを表す記号として用いられることもある。二〇〇〇年代半ばは、すでに日本ではバブルがはじけた後だが、海外でのメイド・イン・ジャパン神話はまだまだ力があった。特に台湾では、日本という記号が商品やサービスの付加価値、イメージを高めるものとして大いに使われていた。

中でもユニークなのが二〇〇六年にテレビで流された通信キャリア亜太電信（アジア・パシフィック・テレコム）のサービス「亜太行動 Qma」のテレビＣＭである。これは出会い系のサービスで、携帯電話（もちろんガラケー）で自己紹介の動画を公開、閲覧できるというものである。ＣＭでは、男性が見ている携帯電話の画面が大写しにされる。その画面の中では、ヒロイン役のモデル洪小鈴が『無敵鉄金剛』の主題歌を歌い、「私、まる子」と自己紹介する。そして、いきなり上着を脱ぎ、ビキニとショートパンツ姿で、さまざまなポーズをとったり前転を繰り返すのだ。とはいっても、そこに過度のいやらしさはなく、洪小鈴のキュートさが前面に出され、さわやかささえ感じさせる。ただ、出会い系の動画サービスなので、ターゲットは若い男女（特に男性）が中心であり、この動画に登場する女性に日本的な記号を付与するのは、台湾でよく見られる日本女性のイメージを喚起させようとしたのではないかと思われる(3)。

『無敵鉄金剛』が象徴するもう一つの重要なイメージとして「御宅（オタク）」が挙げられる。台湾のオタクの聖地である西門町のビル萬年商業大楼の四階は、フィギュアの店がところ狭しと並んでおり、現在でももちろんマジンガーシリーズのフィギュアが陳列されている。

このイメージを利用したのが、台湾のシンガーソングライターの盧広仲（クラウド・ルー）である。現在は、役者をしたりテレビCMのイメージキャラクターになるなどさわやかなイメージのある彼だが、二〇〇八年のデビュー当時は「宅男」（オタク）のイメージを前面に押し出し、マッシュルームカットに黒ぶちメガネ、Tシャツ、短パン、ハイソックス、スニーカーというスタイルで、「宅男」性を強調していたのである。この盧広仲のデビューアルバム『一〇〇種生活』（二〇〇八年五月発売）には〈無敵鉄金剛〉という曲が収められている。

盧広仲が作詞、作曲したこの歌は、一人称の主人公が友に憧れ、自分もその友のように強くなりたい気持ちが歌われているのだが、その友をマジンガーZに比喩しているのである。「マジンガーZのような君、ぼくは君のように強くなりたい。あの甲冑を身に付けたい。どんな困難も全部解決してやる。ぼくもいつかパワーを得る」と歌い、サビは「無敵鉄金剛　無敵鉄金剛　悪いやつらを全部やっつける」と自分が正義の味方になった姿を想像したものとなっている。アコースティックなギターの伴奏で、明るい曲調の軽い仕上がりだ。幼い頃の思い出であるマジンガーZに、男同士の友情や憧れを織り込んでおり、それが盧広仲のオタク的なイメージと合わさると、台湾のオタクたちを元気づける歌にも聞こえてくる。このイメージ戦略は、例えば台湾のロックバンド「刺客楽団」が一九九四年に『無敵鉄金剛』をカバーし、ヘビメタ風に歌ったのとはまったく異質のものである。

台湾では、アートの世界でも『無敵鉄金剛』がモチーフとして用いられている。漫画やアニメをモチーフとした芸術作品――いわゆるポップアートは、一九五〇年代にアメリカで生まれ、一九九〇年には日本でも大きな流れとなった。台湾には、アメリカと日本、二つのルートからポップアートの流れが入ってきたようだ。

台湾のポップアートで『無敵鉄金剛』をモチーフとして用いたアーティストには、楊茂林（一九五三年～）、洪東禄（一九六八年～）、許智瑋（一九七三年～）などがいる。それぞれ油絵、インスタレーションなどの作品を制作、発表しているのだが、特に楊茂林の作品には、他の数多くのアニメのキャラクターとともに『無敵鉄金剛』が油絵や彫刻となって表現されている。

楊茂林は、政治や歴史に関するモチーフを組み合わせて表現することに長けた芸術家である。一九五三年に台湾の彰化に生まれた彼は、政治的な話題がよく食卓にのぼるような家庭に生まれ、先鋭的な批判精神をアートへと昇華させることを得意としている。アニメのキャラクターがよく使われているのは、一九九〇年に発表された『請衆仙』シリーズである。

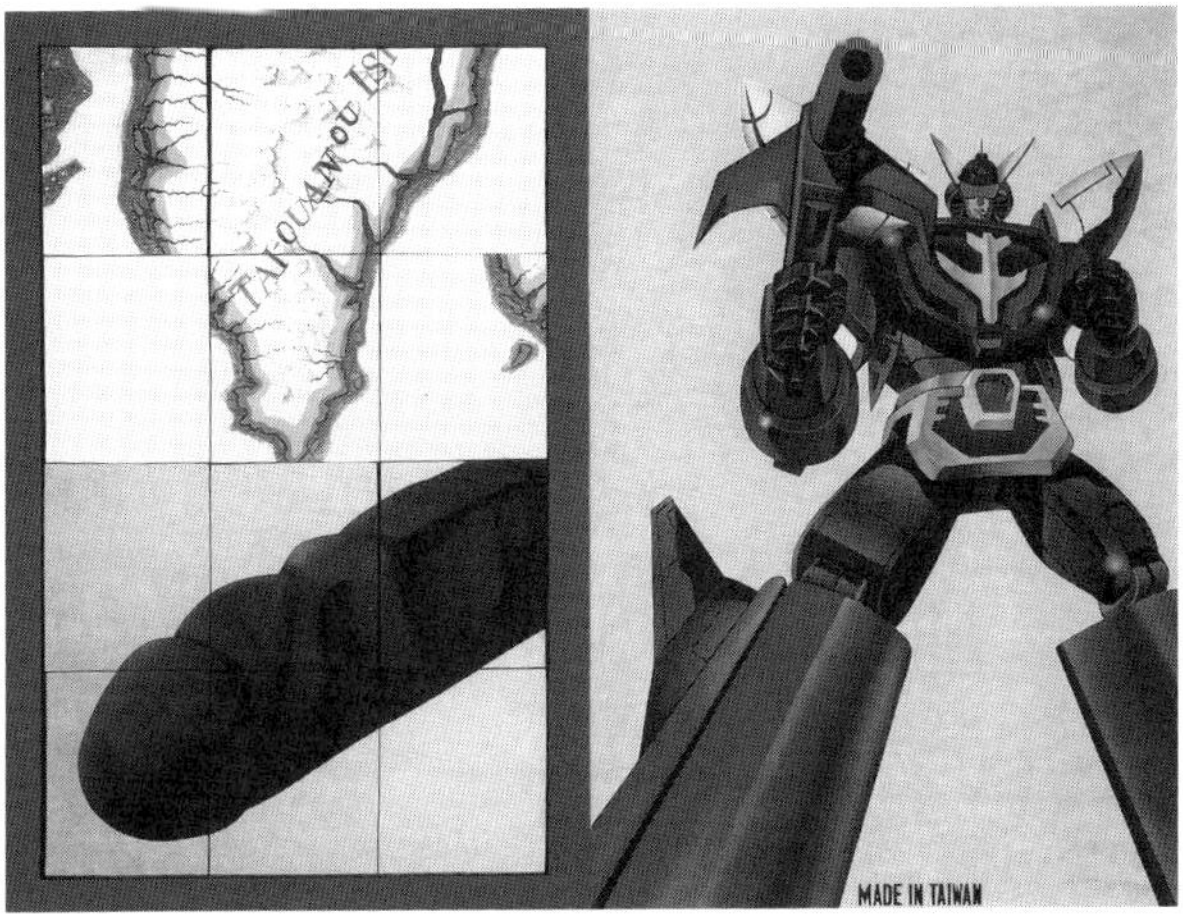

図1　楊茂林『無敵鉄金剛的××』(一九九六，© 楊茂林提供)

このシリーズは、楊茂林の「Made In Taiwan」という創作プロジェクトの一部で、[4]『請衆仙』とは、台湾の祭りの前座として行われる短い劇や儀式を指す。そこでは、役者が神や仏として降臨し、廟の信者の福を祈るのだ。

楊茂林の『請衆仙』シリーズの諸作品には、マジンガーZやハローキティ、ピカチュー、『ドラゴンボール』の悟空、スーパーマンとともに、縄で縛り上げられた裸体の女性など性的な要素が組み合わさり、ポップでありながら淫靡な空間を作り出している。

『無敵鉄金剛』を用いた作品としては、「無敵鉄金剛的××」(一九九六、『請衆仙I：文化交配大員誌』、図1を参照)が挙げられる。この作品では、画面が三分割され、右には黄色い背景にマジンガーZらしいスーパーロボットがそびえ立ち、左上は台湾の古地図、その下には勃起した青いペニスが描かれている。タイトルから考えれば、それはマジンガーZのものであり、台湾の古地図と合わせることで、次々と異国に侵されて(犯されて)きた台湾の歴史を表現するものとなっている。また「無敵鉄金剛的小菊花sp」(二〇〇一、『請衆仙Ⅱ：宝貝、你好神奇』)では、美しい海辺でスーパーマンと性行為をしているマジンガーZが描かれている。台湾という空間で、アメリカと日本の文化が交わっていることをそのままに表現していると言っていい。さらに『講衆仙』というシリーズ名から考えれば、楊茂林はこれらのキャラクターたちをいわば神として扱っていることがわかる。この絵画では、さまざまな神が台湾という空間に立ち現れ、交わっているのだ。

楊茂林のこれらの作品においては、マジンガーZやピカチュー、孫悟空は日本文化の記号であり、スーパーマンはアメリカ文化を示す記号となり、台湾文化を作り上げる要素として存在している。楊茂林は「台湾文化とはなにか」という問いに対し、台湾というトポスにおいて、アメリカや日本の文化が入り乱れる台湾文化の多様性や混淆性を描き出しているのである。

五　成り上がる文化

台湾に『マジンガーZ』がもたらされ、『無敵鉄金剛』として受容されて四〇年以上の月日が流れたことになる。当初、日本という記号を剝ぎ取られ、中華的な要素をまとった『無敵鉄金剛』は、台湾社会の変容とともに、さまざまな意味合いを盛り込まれてきた。一九七八年の『無敵鉄金剛』

放送時期に幼年期を迎えていた一九六〇～七〇年代生まれの台湾人にとって、『無敵鉄金剛』は幼い頃の思い出の中に組み込まれており、日本の文化としてというよりは身近な娯楽の一つとして受容されていたことがわかる。

また、一九五〇年代生まれの芸術家である楊茂林は、その他のアニメや漫画のキャラクターとともに用いることで『無敵鉄金剛』を用いて、台湾の祭りになぞらえ、台湾文化の混成性を表現した。

さらに時代が下り、台湾社会での日本の意味合いが変化すると、商品のイメージの付加価値としての日本イメージ、あるいは性的な意味での日本イメージが現れてくる。また日本文化の一つであるオタク的キャラクターの象徴としても用いられるようになっていくのである。こうした変化から見出せるのは、台湾社会の変化に沿って『無敵鉄金剛』が次々と新たな意味づけをされ、台湾社会全体でパロディの対象となっていくという特徴である。その変化は、台湾社会における海外文化が独特な位置づけをなされていることによるものである。「台湾／台湾文化」を常に模索し構築し続けている台湾社会においては、日本文化だけではなく中国、アメリカ、韓国、タイ、その他の国々の文化が台湾社会のコンテクストの中でさまざまにいじられ、遊ばれ、面白がられているのである。

このように当初、子供たちのものであった漫画やアニメの『無敵鉄金剛』は、その子供たちが大人になり社会の経済活動を担う年齢になった時、商業的なシーンや芸術的な場で重要なモチーフとして扱われるようになっていった。もし文化が社会の中でどう位置づけられるかという問題を上下関係で考えることが許されるなら、台湾での『無敵鉄金剛』の変容は、一つの文化がどのようにして成り上がっていくのかを見せてくれる恰好のサンプルだと言えるだろう。
今後、どのように台湾で『無敵鉄金剛』が用いられるのか、また他のアニメキャラクターがどのように変容しているのかなどについても興味はつきない。

注

（1）『科学小飛侠』は中視で放送された。初回放送は一九七七年一二月二二日から翌年二月一二日、月～金の一八：〇〇～一八：三〇。

（2）二〇〇三年には、多くの作家が懐かしいものをテーマにエッセイを寄せた『時光紀念冊：五六七年級的物件紀事』（張曼娟、歐陽林、王蘭芬等、円神出版）も出版されている。

（3）台湾では、トレンディドラマが日本で放送された後に、間もなくテレビで放送されていた。例えば、一九九一年一月に日本で放送された『東京ラブストーリー』は、同年一〇月には『東京愛情故事』として台湾衛視中文台で放送され、二〇〇〇年一〇月から日本で放送された『やまとなでしこ』は翌年の五月から『大和拝金女』として緯來電視台で放送されている。また、『一〇一回目のプロポーズ』が台湾で放送されたのは、日本での初回放送一九九一年七月の三年後一九九四年五月のことである。しかし、いずれにせよこの時期は台湾でレンタルビデオが流行しており、テレビでの視聴以外にレンタルビデオがかなりのオーディエンスを獲得していた。

（4）楊茂林の「Made In Taiwan」は「政治社会篇」、「歴史篇」、「文化篇」の三部からなり、『請衆仙』シリーズはこの「文化篇」に属する。「Made In Taiwan」という創作プロジェクトについては、一九九〇年初頭の台湾社会の変化により「台湾文化とはなにか」「台湾文化の主体性とはなにか」といった問題意識が高まったことによるものだと指摘されている。呉垠慧（二〇〇四）『台湾当代芸術作品中的漫動画図像：以楊茂林、洪東禄的作品為例』（国立台北師範学院芸術與芸術教育研究所修士論文）第三章を参照されたい。

参考文献

温世光『中国広播電視発展史』一九八三年、台北：三民書局。

洪徳麟『台湾漫画四〇年初探（一九四九―一九九三）』一九九四年、台北：時報出版。

陳克華「計程車裡的日本軍歌」『中国時報』一九九四年、一九九四年一〇月八日。

司馬遼太郎『台湾紀行』一九九七年、朝日新聞出版。

Mimiko、greg、果子離、達爾文、漂浪、turtle『五年級同学会』二〇〇一年、台北：円神。

Mimiko『五年級青春記念冊』二〇〇二年、台北：円神。

呉垠慧『台湾当代芸術作品中的漫動画図像：以楊茂林、洪東禄的作品為例』二〇〇四年、国立台北師範学院芸術與芸術教育研究所修士論文。

張哲生『飛呀！科学小飛俠』二〇〇五年、台北：商周。

四方田犬彦『「かわいい」論』二〇〇六年、筑摩書房。

四方田犬彦『アジアの文化は越境する：映画・文学・美術』二〇〇一年、弦書房。

楊書豪『台湾軍歌之研究（一九四九―二〇一〇）』二〇一〇年、国立台北教育大學音学学系修士論文。

インターネット資料
「睽違44年登大螢幕！無敵鉄金剛重現回憶　當掌声響起　20180414」『TVBS　優選頻道』(https://www.youtube.com/watch?v=5QQdpp56zSg、二〇二〇年七月一五日アクセス）
『哲生原力.tw』(http://www.jasonforce.com/、二〇二〇年七月一五日アクセス）

ＳＦ・ヘテロトピア・グローバルな近代性
――映画「神龍飛俠」シリーズのＳＦ的想像力

楊乃女（熊雨青訳）

はじめに

一九五五年から一九七二年にかけて、台湾では台湾語映画が流行っていた(1)。葉龍彦は『春花夢露――正宗台語電影興衰録』（台北：博揚文化事業、一九九九年九月、四四頁）において、この時期の台湾語映画は千作あまりあると指摘している。映画ジャンルは文芸、西部劇、ホームドラマ、武俠、探偵、ホラーなどさまざまである。だが、残念ながら、その後、台湾語映画の没落にあたり、数多くの映画のマザーテープはうまく保存されなかった。井迎瑞は、「初期の台湾映画のテープは服の襟や帽子のつばの原料として、仕立屋や衣料品屋に送られ、解体された。そのような時代には、たとえ一部の心ある人が意図的にフィルムを保存しようとしたとしても、保管スペース、湿度や温度の管理などの諸問題があったため、保存者にかなりの負担を負わせることになっただろう」（井迎瑞「在歴史的長河裡、我們不再漂泊」『台語片時代』台北：国家電影資料館、一九九四年一〇月、一七頁）と述べる。多くの映画はもう復元できなくなった。だが、国家電影資料館はできるだけ多くの映画フィルムを救済してきた。現在、約一六一作の台湾映画が復元され、収集・保存されている。

台湾語映画の黄金時代は過ぎた。しかし、台湾映画の歴史の中で、あの時代は豊かな創造力と挑戦しようとする勇気に満ちていた。現存の資料によると、当時の台湾語映画は、未熟で不十分な撮影技術であり、しかも同じ主題を短時間で繰り返し撮影する状況であったため、過剰生産された可能性があるという。(2) しかし、この時期の台湾語映画は人気があったため、映画会社は喜んで各種の映画ジャンルを開拓した。外国のさまざまな題材や技術と地元の文化や伝統とが融合されることによって、非常に特殊な台湾のローカル映画が形成された。

台湾語映画の発展当初は台湾の歌仔戯《かざいぎ》（台湾の伝統芸能で、台湾オペラとも呼ばれる―訳者注）、民話、文芸恋愛映画が主流であり、これらの題材の大半は伝統的な戯曲の物語、民間の伝説、現代劇のラブストーリーであった。その後スパイ映画も人気を博す。台湾語映画の活発な発展に伴い、外国の要素を取り入れた映画がますます増えていった。たとえば、シン・チー（辛奇）監督の台湾語サスペンス『地獄新娘』（一九六五年）は、ロマンス小説として日本で翻訳出版されたヴィクトリア・ホルトの『琥珀色の家庭教師』を映画化した作品である。(3) 一九六五年にシン・チーの『双面情人』の上映を機に、爆破などのスタントシーンを制作するために莫大な資金を必要とするＳＦ映画が登場した。(4)

陳乃菁とシン・チーのインタビュー資料によると、残念ながら、この映画のマザーテープはもうなくなったという。現在、国家電影中心が保存している最も完璧な台湾語ＳＦ映画は、『神龍飛俠』、『月光大俠』、『飛天怪俠』という三作のシリーズである。(5) これらの三つの映画は、台湾の初期グローバル化の過程において、視覚的な表現を通じて近代的な想像力をローカルな文化の中に溶かし込み、科学技術が進歩した美しく明るい未来を提示した。

台湾には植民地としての歴史があるため、グローバル化の過程には、その歴史と密接な関連性が見られる。ディリクによれば、台湾は植民地近代を経験した。だが、植民地の運命から脱却した後も日本の文化に影響され続けた。日本から導入した近代化の概念を受け入れた台湾は、その近代化概念を台湾のローカルな近代文化へと転化させたという。そして、グローバル資本主義の時代背景において、ローカルカラーの台湾近代文化は、ディリクの提示したところのグローバルな近代性に転じていく(Dirlik 2007, 7-8)。

本論文では、視覚論的転回とグローバルな近代性、台湾語ＳＦ映画と『神龍飛俠』シリーズ映画、ＳＦ映画と近代性という三つの方面から、『神龍飛俠』シリーズのＳＦ的想像力がグローバル化の文脈において示す意味について論じてみたい。

一　視覚論的転回とグローバルな近代性

映画の誕生に伴い、新しい形式の視覚文化がもたらされた。ヴァルター・ベンヤミンが『複製技術時代の芸術』において言及したように、大量に複製された多くの芸術作品と伝統的な手作り作品、その両者の最大の違いは、前者から「アウラ」が凋落したことである。「アウラ」とは、「芸術作品の一回的でユニークな存在」(Benjamin 2008, 21)のことである。「アウラ」が凋落する原因について、ベンヤミンは二点挙げている。第一点は、複製技術は機械の機能を利用して複製したものの各側面を引き出すことができることである。例えば、撮影する時、カメラのレンズを通じて、肉眼では見えないものや目撃できないプロセスを簡単にキャプチャーできる。第二点は、機械的な複製によってコピーされた芸術作品は、オリジナル作品が配置できない場所や状況に置くことができることで(6)ある。我々の世界に対する認識方法が科学技術によって変化していることと、視覚の表現形式が文化の伝播する方法にも影響を与えていることについて、多くの学者はもう気づいていた。

史書美は、『視覚与認同：跨太平洋華語語系表述・呈現』(二〇一三年四月、台北：聯経出版社)において、スチュアート・ホール、フレドリック・ジェイムソン、ミッチェルなどの学説を融合し、視覚文化の概念について自分なりの主張を展開している。史は、「現在のグローバル資本主義という特定の表現形式は視覚文化の時空を構成している」と主張しており、そのような文化形式の変化を

「視覚論的転回」と呼んでいる（二一～二二頁）。この概念はミッチェルが提示した「画像論的転回」とは少々違いがある。ミッチェルはマスメディアが画像によって支配されており、画像という視覚文化に対して、必ず各方面の解釈をする必要があると主張している。そして、「画像論的転回」は、「表象の素朴な模倣説、模写説、あるいはシミュレーション理論への回帰や、画像的な「存在」についての哲学的な復興ではなく、むしろ、視覚性、国家装置、制度、言説、身体、図像性などの間の複雑な相互交流としての画像の、ポスト言語論的かつポスト記号論的な再発見[7]」（一六頁）を意味する。

一方、史書美の「視覚論的転回」概念は、グローバル資本主義が進行している状況下において、新たな視覚文化が「前例のない翻訳可能性と伝播性を前もって示している」（二二頁）ことを特に強調している。つまり、資金の流動によって、視覚文化の商品は言語、文化および国境を跨いで世界各地を往来し流動することが可能である。例えば、映画作品は翻訳や吹き替えを通じて言語の障害が取り除かれ、各国の市場に流通する（二二頁）。また、史書美は同書の中で、視覚文化の文脈の多元性が画像の流れによって示されていることについて、次のように指摘している。

> 最も重要な文脈はしばしば思いもしないところから現れる。画像およびその他の視覚的な製品はどこへでも移動するものであり、現れる場所によって意義もそれぞれであるため、私の述べるところの「行動における表意」と「伝送における表意」を体現するものである。ミッチェル

の言葉を借りるならば、「画像は越境する」（images have legs）ということである。視覚的な製品は至るところへと動き回り、社会の中で生き生きと存在し、常に未知なる場所へと辿り着き、未知なるものと関係を結んでいく（三〇頁）。

以上の学説を総括すると、新しい技術が新たな表現方法を生み出し、人はそれによって肉眼の限界を超えて新たな知覚を生み出すのである。しかし、そのような視覚の表現方法は、資金の流動によって各地と連結することが可能になることを前提とする。そのため、さまざまな地域における視覚商品が現地の文化と新たに結びつき、新たな連結と文脈が生じるのであり、これこそが「画像は越境する」ということの意味なのである。

グローバル資本主義を背景とする映画の発展について論じるうえで、「視覚論的転回」という概念は、巧みな切り口である。なぜなら、映画という視覚商品は大量に複製し流通させることによって、マスメディアの市場を容易に主導できるためである。たしかに、史書美が言及した映画をめぐる状況は、二〇世紀の終わり頃から発展してきたものである。その時期における技術の進歩と資本流通の速さによって、画像は世界各地へほぼ同時刻に送信することが可能となり、越境する様相は光速で拡散すると言うべきものになった。それは映画という産業の発展初期には想像もつかなかった情況である。だが、映画の発展する過程には、グローバル化を経験する必然性が前もって示されている。なぜなら、映画の制作には莫大な資金とプロフェッショナルなチームが必要だからである。

映画の制作が絶妙なシーンや有名なキャスト、より工夫された特殊な映画効果を追求するにつれ、国境を越える資金の流通や、編制が完全に整った専門的な制作チームの重要性がいっそう増していく。筆者が研究している一九六〇年代の台湾映画を例として挙げよう。先進の技術を学ぶため、六〇年代の台湾映画業界には、多国籍的に協力して映画を制作した事例が少なくない。黄仁の研究によると、一九六〇年の台湾とイタリアの合作映画『万里長城』（監督：レンツォ・メルシ）や、一九六二年の台湾と日本の合作映画『金門島にかける橋』（監督：松尾昭典）が挙げられる。(8) 黄仁は台湾と日本による映画の合作が台湾の映画業界の成長に大きく寄与したと述べており、その著書『日本映画在台湾』（二〇〇八年一二月、台北：秀威資訊科技）の中で、台湾と日本の合作映画の歴史を詳述している。例えば、中影と大映の合作映画『秦・始皇帝』、中影と日活の合作映画『金門島にかける橋』および台製と東宝の合作映画『香港の白い薔薇』、この三つの映画はすべて日本人の監督によって撮影された（二二七〜二三〇頁）。黄は「台湾にとっては、人材の育成とスタジオシステムの確立という点で最大の収穫があり、台湾映画の制作水準が知らず知らずのうちに改善され、日本および海外の市場を切り開く基礎ともなった」（二三〇〜二三一頁）と指摘する。

言うまでもなく台湾の映画産業はグローバル資本主義の文脈に置いて論述しなければならない。しかし、前述したように、この観点は植民地近代性とグローバルな近代性という面を考慮に入れて論じるべきである。台湾映画は発展の最初から日本の影響を受け、日本統治時代から日本人によって先導されてきたものであった。(9) 廖金鳳『消逝的影像：台語片的電影再現与文化認同』（二〇〇一年六月、台北：遠流出版社、六四〜六五頁）によると、日本統治時代の台湾は、ただ日本の植民政策の一環として映画産業を本土から海外へ広げる市場にすぎず、外国映画の輸入と上映に限定されていたと指摘している。映画興行という近代的な商品は日本統治時代からゆっくりと成長してきたものであることは疑いを容れない。第二次世界大戦後、台湾の映画興行はローカルな映画の制作を試みようとしたものの、日本映画業に依存するところもあり、日本と合作する情況も続いていた(10)。

日本のかつての植民地であった台湾と日本との関係性には矛盾と曖昧さが見られる。台湾の近代的な施設や文明は、日本統治時代に導入されたものである。したがって、台湾の前期近代化プロセスは、実際に強制的な植民地近代化の色彩を帯びている。菊池裕子は日本と台湾の近代化のプロセスを「反射の近代性」と名づけた。菊池によると、西洋的な近代化の概念を受け入れて応用した日本は、その概念を移植し、ローカルな近代化へと転化させたという。反射のメタファーは、ガラス製品がさまざまな光を合わせて吸収することでいっそう美しくなることに由来する（Kikuchi 2007, 7–9）。菊池はさらにこの概念を用いて台湾の近代性を解釈し、欧米諸国と日本の文化を吸収し、ローカルカラーの近代性に変えたとも述べる。しかし、菊池の説明は、近代化の初期の段階において、台湾は植民地であり、近代化を主導する権利がなかったことに注意を払っていない。陳芳明『植民地摩登：近代性与台湾史観』（二〇一一年九月、台北：麦田出版社、六〇頁）では、「植民地政府は台湾人に近代化に身を投じるための改造を要求したが、それは台湾人の考え方と価値観を涵養するためではなく、植民地制度の確立に全般的に協力させ」、日本政府が台湾をさらに効果的に統制できるようにするためであったと指摘している。第二次世界大戦後、植民地時代に台湾が受け入れた近代化の概念は、多かれ少なかれすでにローカルな文化の一部として融合していた。このような情況は、陳芳明の考え方とも呼応するものである。つまり、植民地近代化は、権力的に不均衡な関係に基づいて生み出された結果であり、強制的に文化の一部となったのである。ディリクの考え方を借りるならば、植民地近代性の観点を通じてあらためて「近代性」の概念を考えるべきなのである。

ディリクの研究によると、西洋の文化を中心に提出され発展した、初期における近代性という概念の目的は、もともと植民地の支配者が被支配者を統制しやすくすることにあった[11]。だが、植民的なものと近代的なものとはイコールではなく、植民地近代性という概念は「近代性における植民、植民における近代性」と見なすべきものである。言い換えると、植民地は近代的な物事や概念を受け入れた後、西洋社会の近代性に関する議論に応じるために、その概念をローカルな皮をかぶった概念に転化させる(Dirlik 2007, 115)。しかし、グローバル資本主義の進展の下において、グローバルな近代性は植民地近代性に取って代わり、しかも、植民地主義と社会主義は行き詰まりの様相を呈した。もっとも、グローバルな近代性は資本主義の発展を内面化させた結果であるため、本質から考えれば、それもまた植民地近代性を実現したものだということになる(Dirlik 2007, 161)。

台湾映画の発展は、植民地近代性からグローバルな近代性へと移り変わる過程を示す好例である。黄仁の研究によると、日本政府は植民統治期において、映画を利用して政策を宣伝した。黄は謝侑恩「影像与国族建構――以国立台湾歴史博物館館蔵日據時代影片『南進台湾』為例」(台南：国立台南藝術大学碩士論文、二〇〇七、七二頁)を引き、ドキュメンタリー映画『南進台湾』が、「科学主義、内地延長主義、同化政策」など、台湾に対して日本がその植民意識を受け入れさせようとする政策宣伝の手段として用いられたことを指摘している。つまり、日本植民地政府は、『南進台湾』を利用して近代化(科学主義)と民族主義(内地延長主義と同化主義)を宣伝した。ディリクの述べるところの「近代性における植民、植民における近代性」という概念をこの映画は体現している。

台湾語映画の時代に入ると、植民地の運命から抜け出した台湾は、グローバル化の潮流のもと、グローバルな近代性を構成する一部となった。台湾語SF映画「神龍飛俠」シリーズは、台湾文化が植民地近代性からグローバルな近代性へと移行した経緯を物語るものだと考えられる。なぜなら、SF映画はそれ自体が特殊なジャンルであり、制作には莫大な資金や特殊撮影、斬新で科学的な想像力が必要とされ、その制作自体が近代的な特質を帯びるからである。例えば、SF物語の中で、宇宙人や彼らの交通手段は特殊撮影を使わなければ提示できない。また、物語中に示されるハイテク文明も科学的な想像力によって作り出されたものである。「神龍飛俠」シリーズは日本の特撮映画の影響を受けており、当時日本で流行っていた映画『まぼろし探偵』シリーズを参考にしている。「神龍飛俠」シリーズに見られる日本に関する要素は近代化の目安であり、映画制作の国際的なチームワークはグローバル化の試みとなった。そのため、同シリーズの映画は、グローバルな近代性という文脈において論述することが妥当であると思われる。

二　台湾語ＳＦ映画と「神龍飛俠」シリーズ

二〇一二年に高雄市電影館で「台日特撮魂」をテーマにした映画祭が開催された。国家電影資料館の協力によって、台湾語映画時代、いわゆる一九六八年から続けて制作された『神龍飛俠』、『月光大俠』、『飛天怪俠』の三作の特撮映画が上映された。また、一九六一年の初代『モスラ』の修復版、一九七四年に『ロボットゲイシャ』の井口昇監督が改編した人気特撮シリーズ『電人ザボーガー』を映画化した作品『電人Zaborgar』、ウルトラシリーズ誕生四五周年記念の最新映画『大怪獣バトル　ウルトラ銀河伝説』のほか、同時代の日本特撮映画の人気作品が映画祭で上映された(12)。公式サイトの紹介によると、『神龍飛俠』シリーズはローカルＳＦ映画であり、「台湾語特撮映画の開拓者」と呼ばれており、一九五九年に吉永小百合が主役を演じた『偵探黒蝙蝠』のプロットを参考にしているという(13)。確かに、台湾の特撮と日本の特撮の関係は密接であり、台湾特撮映画の技術や物語のプロットは、その多くが日本に学んだものである。そこで、まず日本の特撮映画とは一体どのようなものであるかを説明しておこう。以下は日本の特撮映画に関する氷川竜介の研究の一節である。

日本のポップカルチャーの中でも、「特撮」は独特の手触りを備えた魅力的なジャンルだ。

ミニチュアやスーツなどリアルでディテール豊かな被写体を空想の力で別ものに見たて、驚きを解放するカタルシスには、直接皮膚を刺激するようなところがある。

「特撮」という用語は本来「特殊撮影」の略だったが、現在の意味は大きく以下の2つとなっている。

（1）通常では撮影困難な状況や被写体を映像化する技法

（2）ゴジラやウルトラマンなど特撮技術を駆使したキャラクター映像ジャンル(14)

「特撮」とはもともと視覚効果を指す用語であったが、氷川竜介は日本人によってその視覚効果に新たな意味が与えられ、日本の特撮映画のことを「特撮」と呼ぶようになったと述べる。氷川はまた、日本の特撮映画の先駆けとなった『ゴジラ』を例として挙げ、その視覚効果の新しい点は俳優にゴジラの格好をさせ、ミニチュアの都市の舞台で演じさせたところにあり、特撮の技術と構図の技巧によって新たな視覚効果がもたらされたことを指摘している。怪獣映画だけでなく、『ウルトラマン』は特撮映画の巨大ヒーローの先駆けとなり、この種の映画の役柄はロボットと結びつくのが一般的になったという。以上の氷川の研究を踏まえると、台湾の特撮映画の特殊視覚効果は日本に学んだ技術であり、たとえばミニチュアの都市、爆破の特殊効果、特殊な格好をして悪の宇宙人を演じる俳優などはいずれも『神龍飛俠』シリーズの中にも見られるものである。前述したように、『神龍飛俠』シリーズのSF題材はすべて日本の『まぼろし探偵』シリーズを参考にしているため、同シリーズは日本の要素を台湾の要素へと転化させた特撮映画だといえよう。「神龍飛俠」シリーズが台湾語特撮映画の先駆けであるかどうかについては、現時点では不明である。もしシン・チー（辛奇）監督の話が確かならば、一九六五年に上映した『双面情人』には変身や爆破といった効果が用いられており、同作品こそが台湾語特撮映画の先駆けだということになる。[15] もっとも、『双面情人』の内容は欧米映画からの影響が強かった。「神龍飛俠」シリーズの方は、日本の仮面ライダーの特撮映画を真似しており、わざわざ『まぼろし探偵』を手掛けた小林悟監督を招いて映画の指導を仰いでいる。だとすると、『神龍飛俠』シリーズは、日本特撮映画の要素を初めて融合したローカルな台湾特撮ＳＦ映画であったとするのがより妥当であろう。

「神龍飛俠」シリーズは香港が舞台であり、記者の主人公三林が犯罪事件に遭遇し、黒い服とアイマスクに白いマフラーの、「神龍飛俠」と呼ばれる仮面のヒーローに変身して悪党と闘う物語である。まず、シリーズの内容を紹介しよう。百貨店の宝石特別展示会で展示されていた貴重な宝石を盗んだ邪悪な宇宙人が、店内から逃げる時に、「印珈帝国《インカ》」の文字が刻んであるコインが付いたネックレスをうっかり残した（同志三号）。百貨店の劉会長は宝石特別展で失われた宝石を弁償するために、「金灯座」なる秘蔵の品に隠してあったダイヤモンドを販売するつもりであった。しかし、呉光山は「金灯座」を手に入れるため、陰で宇宙人を操って「金灯座」を奪うように指示する。劉会長の孫の阿英、女性秘書、女性歌手は全員宇宙人に誘拐されてしまう（女性秘書と女性歌手は呉光山の娘だとされていたが、誘拐のプロットに入ると、二人が呉光山の実の娘ではないことが観客に明かされる）。そして、人質交渉のチップとなる「金灯座」を持っている神龍飛俠は、バイクで宇宙人の後を追い、三人の人質を救出するために宇宙人と交渉する。その後、長年離れ離れになっていた女性秘書・麗莎の兄も登場し救出に加わるが、二人は不幸にも銃で撃たれ、たがいに兄と妹であることがわかったところで息を引き取る。

第二部『月光飛俠』の物語は、宇宙人が阿英、女性歌手、劉会長を連れて空港に向かい、神龍飛俠がバイクで彼らの後を追うという、第一部の続きの場面から始まる。宇宙人のボスが目的地へ行くようドライバーに命じると、そのドライバーは突如として神龍飛俠に変身し、激しい戦いの末に邪悪な宇宙人を制圧、人質を救出する。場面は続いて別の事件に移る。都市では、誘拐事件が頻発していた。宇宙人が人間を無理やり誘拐する場面を目撃した三人の子供は、宇宙人の後をひそかに尾行するも、宇宙人に捕らえられてしまう。幸いなことにその三人の子供は神龍飛俠に速やかに救出された。一方、宇宙人は人間をミイラにしてしまうマジックの薬を開発中であった。宇宙人は実験のため田会長の息子を誘拐し、そのボスこそがマジックを演じるサーカス団の団長であったことが判明したところで終幕となる。

第三部『飛天怪俠』の物語は、人体実験のために多くの子供が宇宙人に誘拐されるところから始まる。そして、宇宙人と田会長との過去のいざこざも明かされる。そもそも宇宙人の仲間であった田会長は、宇宙人を裏切り、盗んだ宝石を自分のものにしたのであった。宝石を取り戻そうにも隠し場所を知らない宇宙人は、田会長の息子を誘拐し、田会長を脅す。結局、宇宙人との銃撃戦で田会長は命を落とす。映画の最後の三分の一は、神龍飛俠と警察が共に宇宙人を捕まえるという内容である。最後は神龍飛俠と警察が協力して宇宙人を逮捕し、田会長の息子を救出する。

「神龍飛俠」シリーズは、『まぼろし探偵』シリーズとかなり似ている。(16) まず主人公の造形について、二人の主人公はマフラーと黒いアイマスクをトレードマークとする。だが、『まぼろし探偵』の方は銃を持っており、神龍飛俠の方は徒手空拳で悪党を撃退する。また、正義の仮面使者で邪悪な犯罪者と戦うという設定にも共通点がある。たとえば、普段は記者をしている主人公が、いざというときに正義の味方に姿を変え、バイクで悪党を追い難事件を解決する、という点についても両シリーズは共通している。台湾のＳＦ映画が外国に学ばなければならなかった理由は簡単に理解できる。それは中国や台湾の文学にはＳＦの伝統がなかったためである。宇宙人、宇宙船、ハイテクな研究所といった想像力はすべて舶来品である。よって、シン・チーの『双面情人』が欧米映画からＳＦの要素を学び、「神龍飛俠」シリーズが日本の特撮映画を参考にしているのは、珍しいことではないのである。

三　ＳＦ映画と近代性

前述のように、台湾映画は台湾語映画の時期には市場の売り上げが好調だったため、映画会社は各種の映画ジャンルの制作を試みていた。台湾語ＳＦ映画の試みである「神龍飛俠」シリーズは、ミッチェルの述べるところの「画像は越境する」の議論を証明する好例である。同シリーズの画像に見られるSF要素はもともと欧米から日本に輸入されてきたものである。そして、日本に学んだSF要素は台湾映画に吸収された後、台湾ローカルな要素へと転じた。また、映画の流通に伴い、外国の要素と結びついた画像は言語や国境の壁を打ち破って台湾市場に入り、台湾に新たな文化をもたらした。そのような「画像は越境する」という角度から考えれば、台湾にとってよく知られていなかったSF映画ジャンルとローカルな文化が台湾映画として結実したことで、台湾映画の歴史に新たな一頁を開いたといえよう。また、台湾語映画は「視覚論的転回」を推し進めるうえで重要な役割を果たした。

「神龍飛俠」シリーズはSF映画ジャンルの試みであるが、本当にSF映画だと見なし得るかどうかについては、SFというジャンルの定義から論じる必要がある。ファーラー・メンドルソンはSF小説の発展に基づいて、人々が求めるSF要素の変化を二つの段階に分けて論じている。まず初期のSF小説は、新しい発明や新たな場所の発見を通じて物語の中に目新しさを生み出すことが最も重要だとされた。読者にとっては作中に「空を飛ぶ都市や大胆なデザインの超最新兵器」があるだけで満足できるのである（Mendlesohn 2003, 3）。そして、第二段階まで発展すると、「もしある科学的なアイディアが実現したら」何が起こるかを検討する方向に進んでいく。つまり、SF物語の構成要素は科学的な思考実験に重点を置くようになる（Mendlesohn 2003, 4）。メンドルソンは、SF小説の定義についてダルコ・スーヴィンの概念を引用し、科学的な思考実験が「認知的疎外」を生み出したと述べる。スーヴィンによるＳＦ小説の定義に基づくと、ＳＦの中核は「認知」と「疎外」である。言い換えれば、ＳＦストーリーにおいては、必ず作者がいる現実世界とは異なった世界を創り出さねばならず、その想像上の「可能世界」は、歴史性や現実世界の人類の特性に基づくものでなくてはならない。

メンドルソンとスーヴィンの考え方を総括すると、ＳＦというジャンルには別世界のイメージが必要である。そのほか、新しい科学知識や科学発明といった要素もまた欠かせない。こうした意味で、ＳＦストーリーはさらに先進的な近代に対するイメージの産物だといえる。かつてＳＦ小説に描かれていた多くのハイテクな道具や設備には、すでに実現されたものが少なくない。たとえば、無人自動車、人と会話できるロボット(16)などの商品は、日常生活の中にすでに現れている。そのようなハイテクを具象化したＳＦ映画は、現実世界とは異なる「可能世界」を表現することを通じて、近代性を代表する科学知識とハイテク商品を観客に紹介する役割を果たした。

「神龍飛俠」シリーズもまた意図的に科学知識と科学技術が生み出した製品を展示している。ただし、そのようなイメージは往々にしてその時代の観客の好奇心を満たすために、ハイテク商品を紹介する広告になってしまう。例えば、『月光飛俠』の中で邪悪な宇宙人が人質を抱えて飛行機で逃げるシーンでは、飛行機内の様子や乗客が受ける高級なサービス（宇宙人の手下がフードローダーを押してボスに飲み物を提供するシーン）などが何分間も映される。当時、飛行機に乗る金銭的な余裕がなかった多くの観客にとって、そのシーンは近代的な商品の紹介にほかならなかった。

また、映画中に見える空間移動の乗り物であるバイク、自動車、ヘリコプター、飛行機なども同じような効果をもたらす。「神龍飛俠」シリーズには、神龍飛俠がバイクで悪党を追う場面がよく見られる。面白いのは、そのような場面の背景にはいつも田んぼが広がっており、バイクの背後にはゆっくりと自転車を漕ぐ一般市民が登場することである。つまり、当時の一般的な台湾人にとって、近代的な設備と製品は手に入れようのない「科学幻想」であったと言えよう。

「神龍飛俠」シリーズの中で最もSFと呼ぶにふさわしいのは、宇宙人および彼らの化学実験室である。日本語では、「宇宙人」は異星人やエイリアンを意味するが、台湾語には異星人を意味する単語はない。そのため、「神龍飛俠」シリーズに登場する邪悪な異類は、日本語の「宇宙人」をそのまま借用したものと考えられる。しかし惜しいことに同シリーズに登場する宇宙人の設定は前後一貫していない。『神龍飛俠』と『月光大俠』に登場する宇宙人は、ハイテクな武器を手にして人いるが素性は不確かである。「印珈《インカ》帝国」と関わりがあるらしいが、ハイテクの衣服を着用して類を攻撃しており、ヘリコプターや飛行機なども保持している。また、映画における宇宙人は人間をミイラに変えるためにひそかに人体実験を続けるという、科学怪人のようなイメージを持っている。ただし、不合理なのは宇宙人のボスが突如としてサーカス団の団長となることである。彼は実験の成果をサーカスショーに活用し、それを商品として外国人に売り渡すことを企む。そのようなプロットによって、SF的な映画の雰囲気は大いに損なわれている。シリーズの中で『飛天怪俠』は、SF要素が最も少なく、セットは粗末であり、廃墟のような場所で撮影が行われ、実験室ですらボロ屋のような空間であり、ハイテク感に欠ける。第三作は残念なことに刑事物語となってしまい、悪党を追って闘う場面に多くが割かれる。そして、親密な親子の感情、浮気相手の介入による恋人との決別（人体実験を行う女性は宇宙人のボスを愛するようになるのだが、ボスは金のためなら彼女を犠牲にすることもためらわない）などの倫理的な観念を映画に混入させており、ＳＦ要素の効果が薄れている。「神龍飛俠」シリーズは日本との合作映画であるが、脚本家はＳＦに内包されるさまざまな概念について理解が不十分であったため、ＳＦ要素と台湾のローカルな文化を融合して台湾語映画として表現する際に、しばしば内容上の矛盾や文化上の対立といった問題を引き起こすこととなった。例えば、宇宙人が犯罪を犯すのはほかでもなく金銀財宝のためであり、金を稼ぐために子供を利用してマジックショーをする。それらの資金は来たる宇宙戦争を見込したものであることが作中で示されてはいるが、宇宙戦争に関するシーンは、シリーズでは実現されなかった。また、作中においては科学的な説明はほとんどなされず、新しい科学発明もさほど重要なものではなく、ハイテクもエキゾチックなもののようになってしまっている。

そうだとしても、「神龍飛俠」シリーズはＳＦ映画のジャンルに分類されるべき作品であり、ＳＦ要素を劇中に入れることで斬新な効果がもたらされた。そして、ＳＦ的な「可能世界」には、現実世界を基礎としながらもそれとは異なる美しさが見られる。「神龍飛俠」シリーズの舞台が香港であることはすでに述べた。作中には本物の香港のような雰囲気はなく、台湾本島の景色に基づいて偽物の香港が描かれているのだが、この別世界は言うなれば「ヘテロトピア」である。ここで述べるところの「ヘテロトピア」とは、ミシェル・フーコーが提示した「ヘテロトピア」(heterotopia)の概念ではなく、トマス・モアの「ユートピア」(utopia)という言葉からインスピレーションを得た造語である。「ユートピア」の語源は二つの意味が組み合わさっており、「素晴らしく良い場所であるがどこにもない場所」を意味する。(18) ギリシア語で「topia」は場所を意味する。したがって、ここでは「ヘテロトピア」は様々なエキゾチシズムと近代的な生活がコラージュされた素晴らしい場所を意味する。物語中の偽香港には、百貨店、ダンスホール、飛行機、空を飛ぶバイクなどの近代的な施設や機械が設けられている。この偽香港は近代化のシンボルであると同時に、当時の台湾人の想像にしか存在しない素晴らしい場所を表象している。ディリクは、植民地近代性の発展プロセスには必ず矛盾が生じ、現地文化の出現はその矛盾したプロセスによってもたらされるものの一つであると述べた(Dirlik 2007, 66)。外来のSF要素とローカルな文化との衝突と融合の過程においては、さまざまな思想が交錯して質的な変化が生じる。台湾の映画については、この質的変化の始まりは、ローカルで異質な世界を想像することを学んだことで生じたものだといえよう。

おわりに

『神龍飛俠』シリーズが完結した後、台湾ではさまざまなSF映画が制作された。例えば、台湾の東星映画会社と東映によって制作された劇場版仮面ライダーシリーズのリメイク作品である、閃電騎士シリーズの『閃電騎士大戦地獄軍団』、『閃電騎士Ｖ三』、『閃電五騎士』、そのほか『戦神』、『金覇王』、『飛天遁地金剛人』、『新七龍珠』、『大蛇王』などがある。当時の台湾におけるＳＦ映画は、数が少なく興行収入も低いという情況であった。台湾のＳＦ映画の低迷については、三つの原因がある。一つ目は映画会社が莫大な資金を必要とするＳＦ映画を意欲的に制作する姿勢を示さなかったことである。二つ目は台湾の伝統文化にＳＦに関する要素が存在しなかったことである。そのような文化環境でＳＦストーリーの構想を練る脚本家には、ＳＦに内包されるさまざまな概念について豊かな知識を持つ人材がほとんど存在しなかった。三つ目は台湾映画の発展過程におけるＳＦ映画は民間からも政府からも支持を得られず、一九六〇年代以降は政策上の困難に直面しなければならなくなったことである。

たとえば、盧非易は、『台湾電影：政治、経済、美学（一九四九年―一九九四年）』（二〇〇二年一〇月、台北：遠流出版社）において次のように指摘している。

映画会社「中影」の龔弘会長は一九六三年から多くの健康写実主義映画を世に送り出し、ブームになった（一〇三頁）。その後、恋愛小説を基にした文芸映画と伝統的な武術を扱った武俠映画が盛んになる時期が来る。しかし、一九七〇年から一九七四年にかけて、台湾は政治的危機を迎え、国際連合からやむなく脱退した。こうした背景のもと、当時の台湾政府は愛国をテーマにした映画を積極的に制作した（一七九頁）。政府は健康写実主義映画のほかに、抗日映画を推奨し、道徳観を浄化するような国策映画の制作を指示した（一八一～一八三頁）。

そのような恵まれない制作環境はSF映画の発展にとって不利なものであった。台湾語映画の黄金時代以後の一九七六年に、『戦神』という有名な中国語映画が制作された。この映画はエイリアンによって侵入される香港が舞台であり、当初、香港の科学者は科学実験によってエイリアンに対抗する方向を模索する。しかし最後は、とある彫刻家が関羽の像を彫り上げ、それに向かって祈祷すると関羽の霊魂が出現し、激しい戦いの末にエイリアンを追い払う。関羽は中国の伝統文化における武神であるのと同時に、忠義と孝行の象徴でもあり、この映画は神話伝説要素とSF要素を組み合わせたことによって奇妙な矛盾が生じている。さらに、『戦神』のSF映画としての最大の欠点は、説教的な意味合いが濃厚となり、道徳観の宣伝のツールとなってしまったことである。

このような発展の過程から振り返ると、台湾語SFの貴重さが改めて実感される。たとえ政策による制限があったとしても、台湾語映画を制作する会社は、西洋と日本の文化を大量に吸収してさまざまな題材を開発し、それらをローカルな文化の一部に変えることに力を入れていた。台湾語映画の中には、ローカルなSF映画のほか、俳優が動物キャラクターに扮する映画『大俠梅花鹿』のような、ローカルなディズニーを生み出そうとした試みもある。また、外国の物語をローカルな物語に作り直した、映画『一千零一夜』や『阿里巴巴与四十大盗』といった作品も少なくない。そのような豊かなテーマは台湾映画が次第にグローバルな近代化を進めるプロセスを象徴している。台湾語映画の繁栄には、植民地近代性からグローバルな近代性へと歩んできた台湾映画の発展プロセスが見られる。「画像の越境」はかつて台湾語映画の形式と意味を豊かなものとした。伝統的な台湾語映画はすでに没落しているが、画像の越境は今なお続いている。現代の台湾映画は、台湾語を言語として制作するものがほとんどなくなったが、多言語が共存した社会情況を写実的に描くようなものが、盛んに制作されるようになっている。私は今の台湾映画業界に対して、写実映画のほか、さまざまな題材のローカル映画の発展を試みるような黄金時代が到来することを期待している。

注

（1）廖金鳳『消逝的影像：台語片的電影再現与文化認同』（台北：遠流出版社、二〇〇一年六月）参照。

（2）葉龍彦は、『春花夢露：正宗台語電影興衰録』（台北：博揚文化事業、一九九九年九月、一三〇頁）の中でこれが台湾語映画が没落していく重要な原因の一つだと主張している。

（3）葉龍彦『春花夢露』に記録された台湾語映画の映画名を参照。

（4）『双面情人』が初めての台湾語ＳＦ映画であるという観点はシン・チー監督のインタビューを参考にしたものである。葉龍彦の挙げた台湾語映画リストの中で、ＳＦジャンルに分類されている最初の作品は、一九六四年の『八猫伝』である。しかし、この映画に関するプロット、内容などはほとんど残されておらず、ただ監督、脚本家、俳優、制作会社の情報があるばかりである。そのため、『八猫伝』が最初のＳＦ映画なのかは判断しにくい。しかも、葉龍彦の台湾語映画リストはどのような基準で映画を分類したのか明記されておらず、間違いも存在している。しかし例えば『神龍飛俠』は探偵映画に、『飛天怪俠』は武俠映画に分類される。しかし実は二つの映画はシリーズであり、武俠に関わるプロットがほとんどなく、探偵の要素はいくらかあるが、プロットを全体的に見ればＳＦ映画に分類すべきである。したがって、筆者はシン・チーのインタビュー記録のほうがより正確だと考える。

（5）国家電影資料館（国立映画アーカイブス）は二〇一四年に国家電影中心（国立映画センター）と改名した。

（6）一つ例を挙げて説明しよう。以前、レオナルド・ダ・ヴィンチの有名な絵画『モナ・リザ』を見るにはパリのルーブル宮殿に行かなければならなかった。だが、複製技術時代に入ると、『モナ・リザ』の複製品は頻繁に書物や映画、テレビなどに出現し、異なる文脈のもとにさまざまな意味が生じた。

（7）引用したミッチェルの主張は、史書美の『視覚与認同：跨太平洋華語語系表述・呈現』（台北：聯経出版社、二〇一三年四月）の中で翻訳された段落（二二頁）を参照したものである。

（8）黄仁の文章によると、『万里長城』という名は台湾で撮影した時の呼び方であり、イタリア語の原題 Apocalisse sul fiume giallo の中国語訳は『黄河啓示録』であるという。黄は、この映画の俳優王玦のコメントに基づき、映画の中には万里の長城を写すシーンがなく、内容も万里の長城と関係がないと指摘している（一九頁）。

（9）廖金鳳は、「一九〇〇年六月一六日に日本人が台北の淡水館で映画を上映しており、この歴史的事件は台湾映画史の幕開けとなった」と指摘している。

（10）黄仁は著書『日本電影在台湾』において、日本映画業界が台湾に与えた影響について詳述している。

（11）アリフ・ディリクはグローバル化の言説が生じたのは伝統的な近代化の言説に取って代わるためであったと指摘している。伝統的な近代化論は伝統と近代という二項対立概念を中心としており、欧米の文化によって主導されたものである。第二次世界大戦後、欧州の植民支配から脱した第三世界の国々は、欧米文化が主導する伝統的な近代化論から抜け出すために努力した。かつて植民化への対抗策と見なされていた社会主義は、一九八〇年代以後は徐々に弱体化していく。それに対して、グローバル資本主義が台頭するのと同時に、近代性の言説は欧米文化を中心としたものではなく多様でユニークな概念を形成した（五二頁）。

（12）二〇一二年高雄電影節（映画祭）の情報は以下のサイトを参照。http://www.kff.tw/2012/home02.aspx-?ID=$2001&IDK=1&EXEC=D&DATA=633&AP=$2001_HISTORY-0（最終閲覧日：二〇一五年九月一一日）

(13) 吉永小百合は一九五九年のテレビドラマ版から『まぼろし探偵』シリーズに出演しているが、第四作から第六作は公開されなかった。唯一公開された第一作の『まぼろし探偵　地底人襲来』(一九六〇)で演じた俳優は、二本柳寛、水原久美子、吉永小百合などである。『まぼろし探偵』の男性主人公がバットマンのような黒いアイマスク姿で登場するという設定から考えれば、『偵探黒蝙蝠』は日本映画『まぼろし探偵』のタイトルを翻訳したもののはずである。しかも、小林悟は『まぼろし探偵　恐怖の宇宙人』と『神龍飛俠』シリーズの監督を務めたことがあり、両シリーズのプロットや人物関係もまた類似している。

(14) 氷川竜介「怪獣特撮映画、空想力と独自の工夫の軌跡」(http://www.nippon.com/hk/views/b04001/)、二〇一五年九月一二日閲覧。

(15) 陳乃菁とシン・チーのインタビュー資料では、「一九六五に撮影された『双面情人』は台湾語映画における初めてのＳＦホラー映画だと言える。一人の科学者が自分で開発した薬を飲んだ後、夜になると怖い化け物になって人を殺しに行くという物語である。『双面情人』がアメリカの『ジキル博士とハイド氏』、『狼男』などの映画のアイディアを踏襲していることは明らかである。しかし、めずらしく爆破のスタントシーンがある最初の台湾語ＳＦ映画として、『双面情人』の試みは斬新である」との指摘が見える。ストーリーから見れば、この映画は科学者が薬を開発して化け物に変身するという科学的なイメージがあるため、ＳＦ映画の定義にも確かに合うものである。しかも、映画は特効撮影の技術も使用している。シン・チーは「人が徐々に変身する様子を記録するために、まず科学者を演じる俳優奇峰のメイクの一部を撮影した後、変身の最初のシーンに戻す。そして、今回は全部のメイクを完成させてから撮影する」と述べている。また、ガラスを割るシーンを撮影するために、砂糖で作ったガラスを用意したという。これらの細かいところからは、シン・チーがさまざまな撮影技術を試みて、特効撮影を用いたＳＦ映画を制作したことが分かる。

(16) 『まぼろし探偵』は一九五七年に『少年画報』に連載された桑田次郎による同題の漫画を映画化した作品である。同作は『少年画報』一九五七年三月号から連載され、一九六一年一二月号まで続いた。その後、一九六四年一一月号から一九六五年四月号にかけて再連載されている。全一五話。一九五九年にはラジオとテレビでドラマ化され、三本の映画が制作されている。『日の丸新聞』の少年新聞記者である主人公の富士進は、事件が起きるとオートバイに乗って駆けつける。ちなみに、テレビドラマ版では拳銃の代わりに電波ピストルが用いられており、オートバイの代わりに空陸両用自動車「まぼろし号」に乗って登場する。

本間正夫の研究によると、『まぼろし探偵』の作者桑田次郎はアメリカのSF物語『スーパーマン』から創作のインスピレーションを受けたという。アメリカの『スーパーマン』の主人公は事件が起きると新聞記者からスーパーマンに変身して事件を解決していく。観客を除き、スーパーマンの正体は誰も知らない。桑田次郎は『スーパーマン』のプロットを吸収して『まぼろし探偵』を創作した。『まぼろし探偵』の主人公である富士進は、多くの事件に悩む警視庁警部の父を助けようと思い、「まぼろし探偵」に変身して活躍する。観客は、このキャラクターの富士進に自分自身を投射することで、探偵としてのスリルを味わうだけでなく、キャラクターが持つ「自分しか知らない」秘密という設定によって生まれる親近感を味わうことができる（八八～九一頁）。

なお、本論文の日本語資料の集収と翻訳にあたっては、曽芳代先生のご協力を賜った。心より感謝申し上げる。

(17)　グーグルが開発した無人自動車は二〇一一年にアメリカのネバダ州で自動運転システムのライセンスを最初に取得した。Apple社が開発したiPhoneやiPadなどの製品には人と簡単に会話できるソフトウェアSiriが搭載されている。

(18)　クリシャン・クマールの研究によると、「Utopia」はギリシア語で「存在しない場所」(*outopia*)と「素晴らしい場所」(*eutopia*)という、二つの意味がある(*Utopianism* 1)。

参考文献

中国語資料

陳乃菁「辛奇：台語電影、無三日好光景！」『新新聞』二〇〇二年九月二四日、第三三九期、二〇一五年九月一二日

陳芳明『植民地摩登：近代性与台湾史観』二〇一一年九月、台北：麦田出版社
張昌彦「台語片時代：一九五五―一九六一」黄建業編輯『跨世紀台湾電影実録：一八九八―二〇〇〇』二〇〇五年八月、台北：文建会
黄仁「台湾主要的製片公司概況：一九四九―一九八〇」黄建業編輯、『跨世紀台湾電影実録：一八九八―二〇〇〇』二〇〇五年八月、台北：文建会
葉龍彦『正宗台語電影史(一九五五年―一九七四年)』二〇〇五年、台北：台湾快楽学研究所
廖金鳳『消逝的影像：台語片的電影再現与文化認同』二〇〇一年六月、台北：遠流出版社
盧非易『台湾電影』二〇〇二年一〇月、台北：遠流出版社

日本語資料
本間正夫『少年マンガ大戦争』二〇〇〇年、蒼馬社

英語資料
Benjamin, Walter. *The Work of Art in the Age of Its Technological Reproducibility and Other Writings on Media.* Eds. Michael W. Jennings, Brigid Doherty, and Thomas Y. Levin. Trans. Edmund Jephcott, Rodney Livingstone, Howard Eiland and Others. Cambridge: The Belknap Press, 2008.
Dirlik, Arif. 2007. *Global Modernity: Modernity in the Age of Global Capitalism*. London: Routledge.
Kikuchi, Yuko. "Introduction." *Refracted Modernity: Visual Culture and Identity in Colonial Taiwan*. Ed. Yuko Kikuchi. Honolulu: U of Hawaii P, 2007.
Kumar, Krishan. *Utopianism*. Minneapolis: U of Minnesota P, 1999.
Mendlesohn, Farah. "Introduction: Reading Science Fiction." *The Cambridge Companion to Science Fiction*. Eds. Ed-

ward James and Farah Mendlesohn. Cambridge: Cambridge UP, 2003.
Mitchell, W. J. T. *Picture Theory: Essays on Verbal and Visual Representation*. Chicago: U of Chicago P, 1994.
Suvin, Darko. *Metamorphoses of Science Fiction: On the Poetics and History of a Literary Genre*. New Haven: Yale UP, 1979.

附記

本稿は、楊乃女「科幻、異托邦与全球現代：「神龍飛俠」系列電影中的科幻想像」（『藝術観点ＡＣＴ』第七一号、二〇一七年）を改稿したものである。

日台神仏図像学

――キャラクター化する神仏と現代メディア

今井秀和

一　現代日本のキャラクター文化

本稿では、日本および台湾のキャラクター文化と神仏との関わりについて分析していく。考えるべき問題は多いが、紙幅の都合上、テーマを日本の大衆メディアにおける神仏キャラクターの隆盛と、台湾への波及および日台両シーンの比較に絞ることとしたい。

具体的にはまず、現代日本のキャラクター文化の様相を整理し、次に前近代から続く日本の流行神とグッズ類との関わりに触れた後、神仏のキャラクター化という文化現象について述べる。そして最後に、台湾における神仏とキャラクターの関係性を紹介し、日本との間に見られる共通点と相違点が意味するところについて考える。

それでは早速、現代日本のキャラクター文化の様相を整理していこう。その種々雑多なありさまを切り分けるのは困難だが、ひとまずは大きく二つの種類に分けることができそうである。ひとつは、サンリオが先鞭を付けたような、商品としてのグッズに印刷されるなどした「キャラクター」発信のキャラクターたち。そしてもうひとつは、マンガやアニメなどの物語に登場する、「物語」発信のキャラクターたちである。

もちろん、グッズから生じたキャラクターがアニメ化などを果たすことは多く、その逆もまた然りではある。特に昨今、サンエックスのキャラクター「すみっコぐらし」が二〇一九年にアニメ映画化されて大ヒットを飛ばすなど、両者の境界線は曖昧なものになりつつある。例えば「初音ミク」ひとつとってみても、キャラクターと物語との関係性を簡単に整理するのが困難であることに気づかされるのである。

二〇〇七年にクリプトン・フューチャー・メディア社（以下「クリプトン」）から発売された「初音ミク」は、コンピュータ上で女声の歌声を合成できるＤＴＭ（デスク・トップ・ミュージック）用のソフトウェア音源である。それと同時に商品パッケージに描かれた、イラストレーターのＫＥＩによる美少女キャラクターをベースとしたバーチャル・アイドルとしても展開している。

クリプトンは二次使用のガイドラインを定めたうえで、「初音ミク」に関する自由な創作活動を許可している。そのため初音ミクは、プロ・アマ問わぬ数多のクリエーターによって新たに作られたネット動画のミュージック・ビデオなどによって多様な世界観を背負い、複数の設定を並行化したキャラクターとなっている。

マンガ原作者であり、塾を主催して多くのマンガ家を輩出した小池一夫は、『小池一夫のキャラクター新論　ソーシャルメディアが動かすキャラクターの力』（小池書院、二〇一一年、一三五―一三六頁）において次のように述べている。

この初音ミクというキャラクターには、見た目のイラストの他は、年齢や身長、体重などの、最低限の設定しか設定されていません。（中略）私がキャラクターを創る時に考えろと言っていた、キャラクターの背後にある履歴や、現在の状態、未来への目標を、全く持っていないのです。そういう意味では、ミッキーマウスやキティちゃんのような、マスコット的なキャラクターに近いと言えます。また、特定の過去を持たないという意味では手塚治虫や赤塚不二夫のようにスターシステム（同じキャラでも、作品によって役柄が違う）のようでもあります。

引用文中のミッキーマウスに関しては、単にマスコット・キャラクターというよりも、むしろディズニーアニメにおけるスターシステムを経由してマスコット化し、世界的なグッズ展開を成功させたと説明するほうが、より実態に則しているように思えるが、いずれにせよ、小池は初音ミクを題材にして、現代消費社会におけるキャラクターと物語性との新たな局面を切り取っている。

このように、現代においては「キャラクター」発信のキャラクターと「物語」発信のキャラクターとの間に明確な差異を認めることが困難になりつつあるものの、基本的には、当初からそのキャラクターが「物語」と不可分な存在であったか否か、というところにひとつの大きな差異を認めることができよう。その一点において、やはり、「ドラえもん」と「ハローキティ」（キティちゃん）は位相を異にするのである。

二　伝統的な神のキャラクター化

さて、以上のような現代日本の様相を押さえた上で、神仏のキャラクター化について考えを進めていきたい。そのためにはまず、そもそも日本の精神文化のひとつの基盤たる神道や仏教が多神教であること、なおかつ、宗教に対する帰属意識の希薄な国民が多いという、近代以降の日本が抱える特殊な宗教事情を踏まえておく必要がある。

こうした状況の背景には、「宗教」という訳語に対して日本人が抱きがちな、海外の一神教的なイメージへの忌避感および、国内における宗教行事や民間信仰を「宗教」としては考えないという、日本独特の精神的土壌が横たわっている。

このような文化の中、マンガ・アニメ・TVゲーム等、現代日本のサブカルチャーでは、たびたび、キャラクター化された神仏が描かれる。伝統的に信仰の対象となっている神仏のキャラクター化の中でも特にエッジを攻めた例としては、中村光のマンガ『聖☆おにいさん』（二〇〇七年〜現在）

において、東京・立川のアパートでルームシェアをしながら休暇を過ごす「ブッダ」と「イエス」などが挙げられよう。

同作には、仏教における梵天や帝釈天、薬師如来などの諸尊や釈迦の十大弟子などのほか、キリスト教におけるイエスの「父」、四大天使やイエスの十二使徒、ギリシア・ローマ神話や北欧神話、そして日本の八百万の神々などが登場する。

拙稿「現代消費社会における「ブッダ」像——手塚治虫『ブッダ』から中村光『聖☆おにいさん』への転生」（森覚編『メディアのなかの仏教　近現代の仏教的人間像』二〇二〇年、勉誠出版、二九九～三二六頁）でも指摘したように、現代のマンガ作品におけるこうした〈神〉の扱い方の背景には、先述したような日本の特殊な宗教文化が存在しているのである。

三　架空の神のキャラクター化

マンガ・アニメなど、ストーリー性を持ったサブカルチャー作品の中には、特定の神仏以外に、架空の神のキャラクター化が為されているものも多い。例えば、「あだちとか」によるマンガ『ノラガミ』（二〇一一年～現在）には、イザナミや建御雷命、毘沙門天などの七福神や天神（菅原道真）ほか、伝統的な神仏たちがキャラクター化されている。そして、その中には、架空の神格であり主人公クラスのキャラクターである「夜ト」（やと）神なども混在している。

「夜卜」は『常陸国風土記』における蛇神、「夜刀神」(やとのかみ)をイメージ・ソースのひとつにしているとおぼしいが、作中において夜刀神とは異なる神格であることが明示されている。このような、伝統的に信仰の対象となってきた神々と、作中オリジナルの神とを並列化させる構造を持ったマンガ・アニメは、ほかにも数多く存在する。

こうした状況は、戦後の子供文化における「妖怪」をめぐる現象を後追いしているようでもある。水木しげるのマンガ『ゲゲゲの鬼太郎』や妖怪図鑑においては、一反木綿や砂かけ婆など、民俗資料に載る「伝統的」な情報を背負った妖怪キャラクターと、「鬼太郎」や「ねずみ男」などの新たに創作された妖怪キャラクターとが並列化され、読者もそうした構造を奇異に思わずに受け入れてきた(1)。

日本のサブカルチャーにおける〈神〉たちは、ときに人間の姿をとり、ときにマスコット的な動物などの姿をとり、「かわいい」存在として描かれることも少なくない。ひとつひとつ挙げていくことは不可能だが、例えばアニメ風の挿絵が付けられたキャラクター小説であるライトノベル(ラノベ)を起点にして一般化を果たした「異世界転生」モノの作品群に多く共通する特徴を見れば、その傾向の一端が分かる。

これらの物語においては多くの場合、現代に生活する主人公が交通事故などによって命を落とし、中世ヨーロッパ風のTVゲーム的「異世界」へと「転生」する。そして、その際には、主人公に異能を授けて異世界での新生活をサポートする〈神〉が登場することが少なくないのである。

その姿はほとんどの場合、後で論及するような、白髭をたくわえたいわゆる「神様」、あるいは妙齢の美女ないし美少女としての「女神」として設定されている。ライトノベルの挿絵やマンガ・アニメなどで図像化された女神においては、ギリシア・ローマ神話的「女神」像を意識したとおぼしき装束を纏っていることも多い。

一方で、異世界転生モノの作品に限らず、神々を現代的な服装で描くものもある。さきに挙げた『聖☆おにいさん』や『ノラガミ』においても、伝統的に信仰の対象となってきた神格、オリジナルの神格の双方を、Tシャツやジャージ、スーツといった現代日本の一般的服装で描くことがある。これは、現代における信仰と創作の対比について考えるうえで、興味深い事象である。

前近代の説話や芸能において、神仏は俗形（出家者ではない、一般人の装束）で人間の前に顕現することが多かった。そうした意味では、近代以降、古来の神仏っぽさを求められている現実の仏像デザインはリファインされることがなく、いつまでも古色を帯びた存在であり、逆にサブカルチャー領域の作品群において表現された〈神〉こそが俗形をとっているという、信仰の対象と創作物との間に見られる一種の乖離現象を見出すこともできるだろう。こうした問題については、本稿末尾でふたたび考えることとしたい。

四　いわゆる「神様」図像

マンガやアニメ、あるいは広告やキャラクター・グッズ等々の現代的なメディアには、漠然とした「神様」という設定だけで、特定の神格に限定されないものもあり、そのイメージには作品の枠を超えて共通する図像的な要素がある。

こうした「神様」は、例えば「お客様は神様です」といった慣用句や、「どれにしようかな　天の神様の言う通り」といった子供の遊び歌に出てくる「神様」のイメージとも重なる、どこのだれとも知れぬ「神様」である。これは、ネットスラングにおける「神アニメ」、「神回」などの基盤となったであろう抽象的な〈神〉観念でもある。

前近代の寺社縁起や絵巻物などにおいて〈神〉が描かれる場合、当然のことながら（詞書《ことばがき》の欠損などにより、後世、正体が分からなくなってしまった場合などを除けば）、基本的にはそれがどういった神格なのか――例えば住吉の神なのか八幡の神なのか――がわかるようになっている。

しかしながら現代日本にあっては、慣用句やキャラクターとして、漠然とした「神様」の存在を想定することが、ごく一般的に行われているのである。冷静に考えれば、神格のはっきりしない漠然とした〈神〉が果たして成立し得るのかという疑問も湧いてくるが、おそらくは日本の近代化や戦後の文化における特定の宗教への偏向を忌避する心性とも関わる形で、こうした「神様」イメー

図1　「神様のイラスト」（いらすとや）

ジが生成されてきたものと考えられる。ただし、そこには、前近代から続く「お天道様」のような、人間社会の論理を越えたところにある超自然的存在を措定したうえでの倫理観なども関わっていよう。

こうした、いわゆる「神様」図像は、特に戦後のマンガにおいて多く見られるようになり、現在では広く一般化している。その図像は、長く豊かな白髪をたくわえていることもあれば禿頭であることもあり、ある程度の「揺らぎ」を含んではいるものの、往々にして、日本や中国の神仙（例えば禿頭・白髭・杖・白雲）、キリスト教の天使や聖人（例えばニンブスという頭上の天輪・翼・白髭）などの図像的要素が融合した形で形成されている。

例としてここでは、「いらすとや」における「神様」図像を取り上げる（図1）。「いらすとや」とは、イラストレーターの「みふねたかし」が運営するウェブサイトであり、フリー素材としてのイラスト画像を提供することで高い知名度を誇る。

「いらすとや」の素材画像には、素朴なタッチで統一されたさまざまな人物や動物、器物などがラインナップされており、ウェブサイトやネット動画などに使われるだけでなく、街中の商店や公共機関のポスター、チラシその他にも広く用いられている。

　意識するかどうかは別として、近年の日本に暮らしていて「いらすとや」の絵をまったく見たことがないという人は少数派だとすら言えよう。現に、自宅で本稿をまとめながら見るともなく点けっぱなしにしているTVでも、たびたび「いらすとや」の素材画像を目にしている。

「いらすとや」のオリジナリティは、見る者にオリジナリティを意識させない画風を成立させ、それを貫いているところにある。逆に言えば、二〇一四年四月に公開された「いらすとや」における「神様」図像を見れば、現代日本における一般的な「神様」認識の一端を確認できる。(2)

　拙稿「現代神仏図像学――いわゆる〈神様〉図像について」（『蓮花寺佛教研究所紀要』第九号、二〇一六年三月、七〇頁）では、こうした、漠然とした「神様」図像について、「現代日本の消費社会における、いわゆる〈神様〉図像とは、複数の宗教における「神」あるいは「神」的なるものの図像的な共通点をもとに、ハイブリッド化して表現された抽象的な「神」観念の結晶なのである」と説明した。こうした操作により、特定の宗教色は〝脱色〟され、漠然とした「神様」イメージが形成されるに至っているのである。

五　日本の流行神とグッズ

仏教民俗などを専門とする坂本要が「福の神とキャラクター・グッズ」（飯島吉晴編『幸福祈願』筑摩

書房、一九九九年、一二九―一三四頁）で指摘しているように、現代日本においては、前近代から近代にかけて育まれてきた福の神が「メディア」における再解釈を通して広くキャラクター化している。一般に「福の神」と言えば、前近代から信仰されてきた七福神や叶福助、あるいは近代以降に登場した仙台四郎やビリケンなどを指す。これらは商売繁盛、家内安全などの現世利益的な信仰対象であり、その姿を写した護符や絵画、写真、人形などの、いわゆる「縁起物」の流通を通して庶民に親しまれてきた。縁起物を通してのゆるやかな信仰対象としては、前述したような福の神の列に、達磨人形や招き猫を加えてもいいだろう。

坂本が指摘したように、現代においてはこうした福の神が、広告や商品などの多様なメディアと歩みを合わせるキャラクター文化によって、さらなるキャラクター・グッズ化を果たしている。

また江戸期の日本には、空を飛んだとして崇められた樹木「あんば大杉」（いわゆる「飛び神」）や、大日如来の化身として崇められた「お竹大日如来」（いわゆる「生き神」）など、さまざまな流行神があった。前近代の日本においては伝統的な神仏のリバイバル・ブームが幾度も繰り返される中で、ときに一過性の流行神も登場し、それらの一部は後世に命脈を保つこととなった。

さらに疫病除けなどの効能が期待されていた人頭魚身の「神社姫」や人頭牛身の「件」など、こんにち「妖怪」や「予言獣」などと呼ばれる小さき神々は、瓦版や刷り物などで人気を博していた。前近代の日本における流行神への一種の「信仰」は、刷り物、護符、人形などの「グッズ」を通して一般化していくことが少なくなかったのである。

近代以降においても、流行神はたびたび出現する。直近では、二〇二〇年の世界的な「新型コロナウイルス感染症」流行に伴い、マイナーな存在だった妖怪「アマビエ」が一躍脚光を浴びると、少なからぬ寺社がその姿を護符や像に移し、見ようによっては一種の「流行神」と化した。

アマビエはインターネットを通じて「疫病除け」の験力を持つ存在として人気キャラクター化したものであり、本来のアマビエを構成していた情報量を超える新たな情報や誤った情報を背負いつつ、護符や御朱印、「神像」などとして扱われることになった。実際のところ、寺社をも巻き込んだ「アマビエ」ブームが、それを「流行神」にまで押し上げたかどうかについてはいまだ即断できないが、逆に言えば、江戸期の流行神であっても、必ず強い信仰の対象になっていたかといえば、ケース・バイ・ケースと言うほかない。

実際、江戸期には瓦版や刷り物で次から次に新たな予言獣が生み出されていた。アマビコなど、アマビエに類した予言獣の資料も複数存在するが、アマビエの資料は限られており、当時においてはかなり知名度の低いものだったと考えられる。アマビエについての資料は、京都大学附属図書館所蔵の刷り物一点しか現存しないのである。

要するに、流行神をめぐる信仰は流行的、流動的なところに最大の特徴があるのであって、この神は信仰の対象、この神は娯楽の対象、などという形で簡単に切り分けることには危険が伴う。押さえておくべきなのは、日本の信仰において、ある種の娯楽性が重要であり、少なからぬ事例において、そこには「縁起物」や「魔除け」としてのグッズが不可欠であった、ということである。

日本人は前近代においてすでに、運気を上げるための縁起物や、悪縁を断って身を守るための魔除けといった、神仏あるいは小さき神々としての妖怪グッズを買い求めていたのである。現代メディアにおける神仏キャラクターは、そうした流れの上に位置していることを意識しておきたい。

六　台湾の神仏キャラクター

比較文化論・映画史研究などを専門とする四方田犬彦は『「かわいい」論』（二〇〇六年、筑摩書房）において、ポケモンやキティちゃんといった日本のサブカルチャー的コンテンツの海外進出とグローバリゼーション（中国語圏で言うところの「全球化」）との関係性について論じている。

台湾においても、これらに代表される日本発のコンテンツがそのまま受け入れられ、人気を博している現状がある。しかし、その一方で、日本的なキャラクター作成の文法を用いて、新たに台湾製のキャラクターやマンガ作品、インターネット上のアニメ動画などが作られてきてもいる。

こうした傾向はマンガ等の「作品」にとどまらず、例えば二〇一一年には台北地下街が「莉洋」（リオン）という名の美少女キャラクターをマスコットにし、翌年、その声を日本の声優・花澤香菜が担当したことなどは、台湾のみならず日本のオタク界隈でもちょっとした話題となった。また、台湾・高雄の鉄道会社「高雄捷運」は二〇一四年以降、日本の美少女キャラクター「鉄道むすめ」を思わせる「高捷少女」をマスコット・キャラクターにしている。その後「高捷少年」も派生し、また台湾出身の三木なずなによって「高捷少女」は日本でラノベ展開するなどしている。

このように、台湾では日本のキャラクター文化を積極的に摂取し、また独自に展開させている。そして、台湾のキャラクター文化には、当地で信仰されている神々をキャラクター化したものも含まれているのである。例えば、日本のコンビニエンス・ストア大手のひとつであるファミリー・マートは、台湾でも広くチェーン展開をしているが、同社のキャンペーンではたびたび神仏キャラをグッズ化しており、二〇二〇年には「萌神降臨」と称して商品のパッケージや景品、お守りなどのグッズに、台湾で信仰の対象となっている神仏の扮装をした日本のサンリオキャラクターが用いられた。

キャラクター化された神仏は、商品として流通するだけでなく、信仰の現場でも見受けられる。台湾の仏教寺院・道教寺院（廟）では、ポスター・看板などの広告類や、お守り・護符などのグッズ類に、日本のキャラクター文化からの影響を受けたとおぼしき「かわいい」神々がデザインされている。さらに、さきほど確認した台北地下街や高雄捷運での積極的なキャラクター起用のみならず、伝統寺院のお膝元である地域文化においても、神仏キャラクターを用いた町おこし的な動きを確認することが可能である。

具体例を挙げていこう。台湾の人気マンガである韋宗成『冥戰録』（二〇一〇年—現在。日本語訳電子版あり）には、不思議な能力を持った美少女キャラクター「林默娘」（リン・モウニャン）が重要な役割で登場する。林默娘とは、台湾各地の道教廟で信仰の対象となっている女神「媽祖《まそ》」の若い頃の

図2　台北、西門町の街並みと看板の「林默娘」（2015年4月、筆者撮影）

名前である。

二〇一二年、『冥戦録』版元である未来数位有限公司は台北の繁華街である西門町とのコラボレーションを企画し、翌年以降、西門町のあちこちの看板や観光パンフレットなどに、同作における林默娘および従神「千里眼」、「順風耳」が描かれるようになった（図2）。

また、二〇一五年の四月および七月に筆者が高雄を訪れた際、街中に置かれた「大港埔鼓壽宮」の看板や、同寺院に置かれたパンフレットなどに、主奉「閩南海神天上聖母」（媽祖）、従神「千里眼」、「順風耳」がそれぞれアニメ然としたキャラクターとして描かれていることに気が付いた（図3）。

日本でも台湾でも、観光パンフレットや観光客用の看板などにおいて、素朴なデ

図3　高雄の街並みと大港埔鼓壽宮の看板(2015年4月、筆者撮影)

フォルメを施された神仏の絵を見かけることは、かなり以前からある。しかしながら大港埔鼓壽宮の場合の絵柄は、一見して日本発のマンガ・アニメの系譜上にあることが明らかである。マンガ『冥戦録』における「林默娘」のような「物語」発信のキャラクターとしてではなく、実際の道教寺院の看板に、いわゆる「萌え」系キャラクターの図柄が採用されていることは興味深い。

さらに、台湾の土産物

屋や一般商店で販売されるグッズには、実際に信仰の対象となっているさまざまな神格をデフォルメしたキャラクターがデザインされている。これらの多くは、戦後日本の旅行ブームにおける「お土産」文化の中で生じてきた「ファンシー」なデザインの系譜に位置している。そして、あちこちの道教寺院におけるお守り・お土産といったグッズ類にも、同様のデザインが反映されている。

また、街中や鉄道の車両内などに貼られた台湾「土地銀行」のポスターには、キャラクター化された道教風の「仙人」然とした、かわいい〈神〉が描かれている。「土地銀行」の名からもわかるように、これは土地と財産の神である道教の「福徳正神」(土地公)をモデルにした図像である。このキャラクターは豊かな白髭をたくわえて曲がった杖を持っており、日本における漠然とした「神様」図像とも共通する要素を持つが、それは、日本のいわゆる「神様」図像それ自体が、中国由来の神仏や神仙の図像的要素を摂取してきたという、先述のような理由による。

こうした文化現象からわかるのは、日本のみならず台湾においても、〈神〉のキャラクター化がかなり自由に行われている、ということである。一般的な傾向として、日本に比べて信仰を明確に意識する人口が多いように思われる台湾ではあるが、多神教的な風土や、それに伴う現世利益的な信仰も相まって、フレキシブルに〈神〉イメージの再生産を行うことが可能なのであろうか。

日本では主に観光に付随した「お土産」文化の中で、神仏をキャラクター化したグッズが一般化してきた。さらに近年では、自坊の看板に弁財天を萌えキャラ化した「とろ弁天」を描く、東京都八王子市の了法寺のような例も出てきた(イラストレーターの「とろ美」による。二〇〇九年設置)。

また直接に神仏をキャラクター化しなくとも、アニメなどのコンテンツと積極的にコラボレーションする寺社も各地にある。

このような試みに対してネット上では賛否が分かれるものの、目立った反発はあまり見られないようである。寺社側の意識はともあれ、大衆にとってはあくまで一過性の、アニメ文化における「聖地巡礼」ブームに類したものとして受け取られている、ということもあるのだろう。

筆者は台湾の宗教文化を専門とするわけではなく、各地の信仰についても専門的な知識を有していない。しかしながら過去には、組織や個人の調査旅行、講演やシンポジウムなどで繰り返し、台湾各地を訪れてきた。そして、さまざまな街における大小の寺院や廟で、老若男女が朝晩、熱心に参拝する姿を幾度となく見てきた。特に日常における若者の信仰心の自覚について、日台の差は大きいと言ってよい。こうした経験を通して素朴な疑問として浮かんできたのは、現地における熱心な信仰の様相と、神仏のキャラクター化が齟齬をきたすことはないのか、というものであった。

二〇一五年七月に台湾を訪れた際のこと、台中郊外の道教寺院であり、媽祖像を祀る「鹿港天后宮」を訪れた。そこでは参拝時のお土産として、鹿港天后宮における媽祖をマスコット・キャラクター化したグッズを販売していた。

地元の高校生男女が参拝案内のボランティア・スタッフをしていたが、暇を持て余した様子の女子は椅子に座ってノートにアニメ風の絵を描いていた。男子のほうは媽祖キャラTシャツを着て立っていたので、媽祖のキャラ化について質問してみた。すると、あくまで彼個人の解釈を含んでいる可能性はあるものの、以下のような情報を教えてくれた。

鹿港天后宮における媽祖のキャラクター化は、当時から数えて一〇年ほど前、天后宮の活動を担う委員の一人によって、政治家が自らのキャラ化を行っていたことにヒントを得て発案されたものであるという。若者たちはこれを喜んで受け入れており、老人たちからの反対もなかったそうである。

どうやら、宗教者、宗教施設、信者によって形作られる台湾の信仰の現場には、こうでなくてはならない、という定型化をスルリと抜け出るような柔らかな価値観があるらしい。時代に合わせて表層部分は変化しつつも、基層では容易に変わることのない、どっしりとした信仰の様相が、おそらくそこにはある。

さて、他の寺院と同じように鹿港天后宮においても、当地の媽祖像と、媽祖の神格そのものとが同一視されている。その一方で、信仰の厚さを示す、顔が真っ黒なタイプの像（色の黒さは絶え間なく捧げられる線香の煤を示すという）であるにも関わらず、キャラ化された媽祖像は色白である。また、さきほど確認した「大港埔鼓壽宮」の「閩南海神天上聖母」（媽祖）像の顔は朱色だが、看板における萌えキャラ化の際にはやはり色白になっていた。こうした神仏キャラクターの図像には、日本由来のキャラクター文化に基づく編集の力学が働いていると言える。

いずれにせよ、寺院を中心とした信仰ベースの現場からも神仏のキャラクター・グッズが制作されていることは非常に興味深い。土産物屋などにおける「商品」としての神仏グッズと並べた場合、一見しただけでは違いがわからないものの、両者の間には、特定の神像を想定しているか否かという看過しがたい大きな差異が存在しているのである。

七　日台の神仏キャラクターと信仰

日本では特定の神仏の立体造形による再創造も盛んに行われている。近年では、信仰のための仏像や、美術鑑賞的な目的を持つミニチュア仏像などではない、趣味的なフィギュア、コレクタブルなミニフィギュアなども数多く販売されており、中には食品玩具（いわゆる「オマケ付き」）や、玩具の自動販売機（いわゆる「ガチャガチャ」）で販売されているものもある。

変わった例としては、間接可動式、パーツ交換可能な海洋堂製のリボルテック仏像フィギュアシリーズ（二〇一二年に一作目が発売された）を挙げることができる。仏像と仏像フィギュアとの共通点および差異については、すでに拙稿「〈仏像〉と仏像フィギュアの境界線――海洋堂リボルテック阿修羅像は寺院安置の夢を見るか？」（『蓮花寺佛教研究所紀要』第六号、二〇一三年三月、一七〇～一九三頁）で論じた。

また同論において二〇一二年九月における現地調査をもとに言及したように、台湾の高雄にある佛光山「佛陀紀念館」は、国内外の観光客を対象としたアミューズメントパーク的な側面（例えば館内にはスターバックスがある）を大いに有しつつも、同時に「信仰」という側面を持ち併せた施設であり、そこにはロボット仏像が存在する。

具体的には「千手千眼観音菩薩像」の脇侍である善財童子や龍女がロボットであり、大悲水を注ぐというギミックが備わっているのである。ほかにもギミックを含むロボット仏像があり、信者はこれらをも祭祀の対象としている。これらは「動作」にギミックがあるものの、図像的要素は伝統的なものを踏襲している。

近年、日本においてもロボット仏像に類する新時代の仏像的なるものが現れつつあるが、そうした存在をめぐる日台の視線には温度差が見受けられるようである。前述の拙稿「〈仏像〉と仏像フィギュアの境界線」（五九～六〇頁）では、日本人が仏像に向ける視線の特殊性について、次のような分析を行った。


端的に言ってしまえば、日本における仏像は、古色を期待されている。東アジア、東南アジアなど海外の仏教国においては、ある程度の歴史を帯びた仏像であっても、原色のペンキで塗り直してしまっている場合などが少なくない。信仰の対象が「新しさ」を感じさせることに対して、何ら心理的抵抗がないのである。従って、仏像を電飾によって飾り付けたりロボット化させたりといった、テクノロジーの摂取がむしろ積極的に行われるのである。これに対し、日本の仏像は古色や由来、すなわち歴史性を期待されている。従って、仏像フィギュアが祀られるといった状況が可能性としては充分に有り得るにも関わらず、にわかには想像しづらいものとなっているのである。

補足しておけば、台湾を含む日本以外の国々においても、神仏の像に対して「古色」が期待されていないわけではない。ただし、そこでは古色に対して「新しさ」が併存可能なのである。一方の日本では、基本的に、仏像に対して「新しさ」は求められていない。仏像に新しさを込める試みはあるものの、それが広く受け止められているかといえば、否である。ロボット仏像や仏像フィギュアを例に論じたような、こうした「古色」をめぐる考え方は、神仏のキャラクター化を考える上でも応用可能であるように思う。

すでに述べたように、前近代の日本の説話や芸能に登場する神仏は、鳥獣あるいは乞食（こつじき）としての人間など、具体的な何かに身をやつして人間の前に顕現することが多い。本来、人間の住む世界に常駐していない〈神〉が人間と交流する際には、この世に存在する具体的な何かの形をとるのである。言い換えれば、きっと、いつの時代も日本の大衆は、形而上的な存在（抽象）よりも、形而下の存在（具象）の「イコン」として表現されたものでしか〈神〉を理解できないのであろう。

そして本稿でも確認してきた通り、現代においては形而下の〈神〉表現に対して、サブカルチャーにおける表現の文法が適用される場面もある。ただし、中村光『聖☆おにいさん』におけるイエスとブッダなどをはじめとして、実際の宗教において信仰対象となっている神々のキャラクター化は、こうした表現を許容してしまう日本ならではの文化的・宗教的基盤ゆえに発生してきたものであったと考えられる。

一方で、神仏のキャラクター化は台湾においても見られ、さらにそれが信仰の現場においても確認できることはこれまで確認してきたとおりである。この点についてさらに考えを進めるには、さきに触れたような、台湾の大港埔鼓壽宮が主奉である「閩南海神天上聖母」を萌えキャラ的文法に基づいて図像化していたこと、また、鹿港天后宮の媽祖が積極的にグッズ化されていたことなども併せて見て行く必要があろう。

さて、宗教学者の山折哲雄は『神と翁の民俗学』（講談社、一九九一年）で、日本において神が顕現する際、老人や童子の姿をとるか、あるいは両方セットで現れることが多いことを指摘した。老人のイメージが、現代日本のいわゆる「神様」図像に摂取されていたことはすでに確認してきたとおりであるが、加えて考えるべきは、山折が指摘するような、神が童子の姿をもとっていたという点である。

現代日本のマンガ・アニメなどには、若く美しい少女の姿をとりつつも老人然とした言動や性格を併せ持つ〈神〉キャラクターが数多く登場する。しかし、こうしたキャラクターの「かわいい」外見は、あくまでも現代日本のサブカルチャー文脈における「擬人化」・「女体化」・「美少女化」などといったキャラクター形成の流行から発生してきたものであったはずだ。外見が若くても実は老齢という設定や、少女なのに古風な言動という設定は、たとえば「ロリババア」などの用語で括られ、オタク文化の中で、すでにギャップ萌えの対象としての一ジャンルを形成している。少女の姿をとった、長命ながらもかわいい〈神〉たちは、こうした潮流の中からなかば偶発的に登場してきた存在なのである。

また、サブカルチャー的文法にのっとって作られたかわいい〈神〉たちの図像は、神道学や日本思想史を専門とする鎌田東二が『翁童論――子どもと老人の精神誌』（一九八八年、新曜社）で言うところの「翁童」や「スターチャイルド」――たとえば大友克洋『ＡＫＩＲＡ』における、心は子ども、姿は老人の超能力者たち――を逆説的に想起させもする。

中国や日本の密教における仏像制作の文法には、ときに、一体の仏像の中に、異なる年齢のイメージを混在させるというテクニックが含まれる。不動明王像を例として挙げれば、その顔は恐ろしい形相の成人男性のイメージであるにも関わらず、全体の像容としては肥満した童子のイメージが採用されている。

他の仏像や道教の神像などに目を転じてみても、老人でありながら、血色のいい「若さ」を感じさせる作例は多い。中国古典に登場する神仙イメージもまた、異常な長命と見た目の若々しさを併存させている。

伝統的な宗教文化における、「若さ」を宿した長命者としての〈神〉イメージと、サブカルチャーにおける〈神〉イメージとが、果たしてどのような関連性を持っているのかについては一言でまとめられないものの、今後も考えを進めていくべき重要な課題だと言えるだろう。日台における神仏のキャラクター化には、本稿で触れられなかったものも多くある。日台における現代メディアと信仰の現場との相互関係について、引き続き注視していくこととしたい。

注

（1）水木しげるのマンガや妖怪図鑑においてはときに、民俗資料に載る文字情報をもとにして、そこにまったく別の素材をコラージュした新たな妖怪図像が創出されている。詳細については以下拙稿を参照されたい。「現代妖怪図像学――水木しげる版「油すまし」を中心に――」『怪』第一八号、角川書店、二〇〇五年三月、一一〇～一一七頁。なお、本稿で扱うすべての情報は、本稿執筆時点の二〇二〇年一〇月一日現在のものである。

（2）二〇一四年四月二四日に公開された「神様のイラスト」には、「雲に乗って杖を持った、漫画に出てくるような神様のキャラクターです。」との説明が付されており、当該の図像と説明からは現代日本における、いわゆる「神様」図像の、ひとつの最小公倍数的な様相を汲み取ることができる。みふねたかし「かわいいフリー素材集いらすとや」、二〇一四年四月二四日公開「神様のイラスト」、二〇二〇年一〇月一日閲覧。[https://www.irasutoya.com/2014/04/blog-post_6699.html]

ドキュメントコミック、ジェンダー、そしてポスト3・11における情動の政治

涂銘宏（藤井得弘訳）

日本では3・11からすでに一〇年を迎えており、そしていまCovid-19の危機によって全世界的に重大な転機が訪れているこの時期に、日本の漫画、ジェンダー、そして3・11以降における情動の政治の関連性について検討するというのは、社会参与という点においても、学術研究という点においても、時宜にかなった意義深いタイミングであろう。

筆者は理論的な枠組みにおいて、ドゥルーズおよびその影響下にある情動理論の啓発を受けており、おもな関心は以下の点にある。すなわち、漫画の図像とは「概念／感知／情動」の三位一体の構造をいかに刺激して創り上げられるものなのか、そしていかにして図像を用いて思考し、哲学的な論述を展開するものなのか、ということである。ポスト3・11の日本における流行文化を研究するにあたって、まず提起すべき核心的な問題とは、東日本大震災以降の流行文化が、結局のところ変わったのかどうか、何が変わったのか、なぜ変わったのか、そしてそこでは災害がどのように記

述されているのか、ということである。そのほか、ポスト3・11の漫画の分析を始める前に、災害およびその記録における倫理的な問題、3・11後の日本における「自粛」の空気と表象のタブー、そして災害前後における「社会やジェンダーの既存のヒエラルキー」の相関性について理解を試みる必要があるだろう。

一　災難を表象する図像とエクリチュールの倫理

スーザン・ソンタグとモーリス・ブランショは、映像や記述における災禍と他者にまつわる倫理的な問題について、深く省察している。ソンタグは、戦争と残酷な映像、そして撮影倫理について考察した文集『他者の苦痛へのまなざし』(二〇〇三年)の中で、自らがそれ以前に『写真論』(一九七七年)や『隠喩としての病』(一九七九年)において提起した問題点を継承し、ふたたびそれに回答している。その問題とは、写真／映像による「集団」記憶の虚構化および「非伝達的」な個人のリアルな苦痛の経験は、「比喩言語、写真、描写」の表象の機構によって制限されてはならない、というものである。彼女は戦争を映した残酷な図像の歴史(絵画史〔ゴヤの「戦争の惨禍」シリーズの作品〕、アメリカ南北戦争、ナチスの強制収容所、ボスニア、ルワンダ、9・11のテロ攻撃など)を振り返り、メディアの以下のような状況を批判した。すなわち、第一に、図像の叙事と枠組みが、事前にその意味と見る者のスタンスを規定していること。第二に、図像メディアの氾濫する中、現場にいない観客がそれを見ることに倫理的な問題があり、現場に不在であることと「同情」や「思いやり」といった感情との間に、「気まずさ」や「ぶつかりあい」が生じること。第三に、図像のもたらす大量かつ持続的な刺激は、義憤を伴う反対運動や社会変革をもたらすわけではなく、むしろ他者の苦痛に対する不感や麻痺を生み出すものだということである。

災難は写真および表象における倫理と関わるだけでなく、文学や言語表現においてもエクリチュールと行動の矛盾という難題を生み出す。ブランショの『災禍のエクリチュール』においては、エクリチュールを思考だとみなす行為の中に、災禍に対するある種の感覚が込められている。あるいはこの行為は、エクリチュールと災禍の間に常に存在する不確定な関係と向き合わねばならないものだといえよう。アドルノはかつて「アウシュヴィッツ以後、詩を書くことは野蛮である」と喝破した。『災禍のエクリチュール』における災禍に関する言説は、欧州の学者の、書くことに対する自我と他者の倫理的な関心を引き継ぐものであり、欧州の思想が向き合うところの、二〇世紀における二度の大戦およびユダヤ人大虐殺がもたらした思想の震撼と深く関わってもいる。ブランショの言葉を用いてアドルノの観点を述べるならば、災禍のエクリチュールとは、つまるところ「外部の」「すでに存在している」あるいは「つねにすでに存在している」事件を示すものである。ブランショは次のように述べる。「かれはすべてのエネルギーを書かないことに費やしており、その結果として、記述は、失敗から書かれ、失敗の強度のなかに存在することになる」（ブランショ一九九五、一一頁）。効力を失った記述は外部とともに浸没し、人々の苦境を表象することに「失敗」することによって、人を恐れさせる、不都合な、不正義の事柄へと道が開かれるのである。

ブランショは、災禍の「時間性」について、過去のものであるか、または潜在的な未来のうちに存在するものであることを強調している。その一方で、災禍の曖昧性について、言語・思想・歴史性を断裂させて、その三者を極限にまで際立たせるようなことは、留保すべきだと説いている。災難は横断的な思想運動、内省的な哲学、起こり得る未来に対する思索を引き起こすのと同時に、記述と記述する主体との乖離をも生み出す。ブランショにとっては、災禍とは以下のような特殊な意味を持つ。一、他者との関係のイメージまたは他者による侵入を通して、主体が「経験」から乖離するような「放逐」の役割を果たすこと。二、主体が、未体験かつあり得ないような経験や、経験から離脱する可能性に向き合わざるを得なくなること。三、災禍が独特で矛盾した時間軸を有すること、すなわちその訪れを期待することはできても予期しようがないものであること、である。ブランショは、災禍のことを、慰撫しがたい孤独であり、輝かしい孤独だと述べている（ブランショ一九九五、一〇頁、一四六頁）。災禍と間主観性との新たな関係は、記述の停滞をもたらし、疑念を生じさせる。すなわち、他者の災禍をいかに記述し表象するのか、発言者は誰であり、その発言は誰のためのものなのか、というものである。他者に災難が訪れた時、被災した当事者が記述に「参与」できない状況の中、書くか書かざるかに関係なく、誰のために、いかにして声をあげて表現するのか。いずれの場合においても、主体間の倫理的問題について思索し、その問題と向き合わねばならない。災禍のエクリチュールに対する衝撃は、直感的な、ある種の「先延ばしの死」である（ブランショ一九九五、一四六頁)。ブランショは災禍を記述することの無力感と、災禍を記述することに対する根本的な疑念をはっきりと表明した。「書くか書かないかが重要ではないときに、エクリチュールそのものが変わろうとし、それはエクリチュールが発生するかどうかとは関係がない。これが災禍のエクリチュールである」(ブランショ一九九五、一三頁)。

エクリチュールを言語の制限と日常の文脈から離脱させるために、ブランショは系統だっていない「格言」の形で記しており、「正規」ではないエクリチュールの「被動性」を是認し、とりわけ他者の災禍の被動性や混乱状態を記述することを積極的に評価している。書かないこと、あるいは災禍を直接的に表現しないことは、受動的かつ消極的に他者を「無視すること」のようにも感じられるが、エクリチュールにおける間主体性の倫理については、直接には表現せず、救済もせず、エクリチュールの不可能性や失敗を起点とするほうが、むしろ応答がより優れたものとなる。ブランショは述べる。「文字が二度と武器にはならないことを願う。行動の手段にも、救済の手段にも。混乱と渾沌を頼みとしたいのである」(ブランショ一九九五、一一頁)と。災禍の発生によって、エクリチュールは変わらなければならず、本来のエクリチュールの形式とは切断されねばならない。正常な体制を頼みとする人々にとって、災禍とは、いつまでもみずからやってくるものであり、時機を失したものなのである。災禍は衝撃をもたらす。とりわけ日常の韻律の停頓、突然沸き起こる偶然性は、体制が支えとするところの「日常と非日常」の関係をふたたび揺さぶり、さらには記述や表象、映像記録によって苦境と不安を生み出すものである。ソンタグとブランショによるこれらの一連の問いは、3・11の震災で傷ついた後の時期の、女性漫画における表現上の倫理を考察するうえで、参考にすべきものである。残酷な図像に対するソンタグの批判は、図像や映像の記録にとって当たり前のものだと見なされていた「理性」と「ポリティカル・コレクトネス」を脱構築し、撮影的ではない芸術表現が介入する可能性を解き放った。ブランショが頼みとするところの断片的な災禍の記述や文字の廃墟化といったものは、美学や政治倫理の可能性という点において、漫画中の非連環的な枠組みや全体性を避けた、半開放的で多義的な風格と相通じるものがある。

二　3・11の記録におけるジャンル／ジェンダーの政治

しかし、日本のポスト3・11の「空気」の中では、「他者を表象すること」への疑念や、ある種のタブーの回避において、それとは異なるローカルな転向が見られる。私が述べるタブーというのは、本稿の主題においては、漫画によって「3・11を描くこと」(特に少女漫画やかわいい画風)によって生じたジャンル／ジェンダーの議論のことである。言い換えるならば、例えば公的な記録映像か、もしくは回復物語のように「正当性を備えた」災禍の表象は、その背後に倫理とジェンダーの正確性があらかじめ準備されており、「より正当な、あるいはより合理的な」道具や形式、そして叙事によって、他者のために声をあげ／視覚化しているのである。本稿の重点は、萩尾望都とゆうみえことというふたりの女性漫画家の作品が、堅牢な歴史の記録や理性的な論述とは異なる道筋をいかにして選択し、情動のドキュメンタリーの形式を援用しつつ3・11のもうひとつの「事実の記録」をどのように作り上げたのかを考察することに置かれている。

漫画とは、「真実を記録する」のに相応しいメディアであり得るだろうか、また「3・11の現実」と危機とが織り成す複雑な現象に実際に対応することは可能だろうか。これは一般大衆が3・11を題材とした漫画に対して抱くであろう主要な疑問である。ステレオタイプにおいては、漫画のアニメーション的な風格や、真実のように見える撮影的な図像ではない、「現実離れした」幻想的な叙事といった特徴は、こうした疑問を強めるかに見える。ジェンダーと時機の角度から見ると、提示された批評の中には、少女漫画は3・11の災禍を表現するのに「相応しいジャンル」なのか、萩尾とゆうみというふたりの漫画家が、震災から一、二年のうちに3・11を描いたのは尚早ではなかったか、という問いがさらに含まれている。このような問いに答える前に、3・11についてはさておき、「図像表現のランク」という神話について、じかに話を詰めておこう。まず、撮影的、報道的、即時的な3・11の「直接的な映像」は、この事件の真実と全貌を理解するうえで助けになるとは限らず、実のところ、直接には映像化できない、しかしさらに重要な真実(「見ようとしても見えない」原因、背景、政治統制)をすっぽりと覆い隠してしまう可能性が高い。その一方で、漫画について述べると、真実を見ることや見せることは、必ずしも芸術や現実批評へと介入することよりも重要度が高いわけではない。そして漫画は、与えられた社会的役割を念頭に置いて、期待された主流の教育的価値を生み出すことを求められるわけでもない。あるいは流行メディアの任務とは、国家の危機において、（ネガティブな）流行文化が（父権的・雄性的な）政治道徳教育による抑圧と支配を受けるという問題を、鏡のように映し出すことではなかろうか。日本では震災後に文化領域において「アーカイヴ化の欲望」が惹起され、異色の漫画（特に震災後に「戦線」へと戻った女性漫画）は、災禍のもうひとつの真実を描き出すとともに、事件の因果に関する思考的枠組みを複雑化し、災禍とジェンダーの間に潜む関係をあぶり出した。

3・11の東日本大震災および核災害の後、日本社会と「日常生活」の規律が激しく揺さぶられただけでなく、政治や社会運動、「高層」の思想哲学や「低層」の流行文化のすべてにおいて、多元的かつ入り組んだ衝撃がもたらされ、新たな挑戦が生まれた。3・11後の「自粛」の空気の中で、それに付随して保守的なジェンダー論と国家主義が復活した。震災後の二〇一二年には、さらに日中韓の新たな東アジア情勢によって外圧と排斥が生じ、尖閣諸島と竹島（独島）の危機の後に国土の描き直しが行われるなど、業界や国家を超えて影響が波及した。3・11の後、早急な「復興」が望まれたのと同時に、高等文化と大衆文化の間、虚構的幻想と記録的叙事の間、公民運動と芸術表現の間にもまた、新たな議論と戦場が生まれることとなった。

三　萩尾望都とゆうみえこの漫画における3・11の情動の政治

福島の核災害の後、ポスト3・11の日本と東アジアでは、科学技術と生存、情動とテクノロジー、分裂と統合、想像と実践が、きわめて切迫した課題となった。萩尾望都の二〇一二年の作品『なのはな』、とくにその中の「放射能三部作」と、二〇一三年のゆうみえこ『1年後の3・11――被災地13のオフレコ話』は、いずれも3・11以後の漫画における核イメージとジェンダーに焦点を当てたものである。萩尾は少女漫画における恋愛のセオリーを反転させることによって、ゆうみは災害の断片を露わにして繋ぎ合わせることによって、「表現の分離主義」を実践しており、どちらも核災害の前後における科学技術の理性と情動の政治との関係を実質的に検証してみせた。

第一に、萩尾望都『なのはな』の物語構造は深く追究するべきものである。同書に収録されている五篇の短編漫画は、サンドイッチのようなアーチ構造を形成している。第一篇「なのはな」と第五篇「なのはな――幻想『銀河鉄道の夜』」は、福島の少女・奈緒が被災する物語を大枠としており、テーマとしては災害後の救済と治癒における感情のあがきに焦点を当てている。前者は福島とチェルノブイリで被災したふたりの少女が夢の中で出会うというもので、3・11の福島とチェルノブイリの核災害の被害者が直接に結び付けられ、対比させられている。後者は宮沢賢治の名作を書き改めたものであり、物語は震災後に少女・奈緒と被災して亡くなった祖母がこの世とあの世を越えて出会う場面へとふたたび接続される。3・11の「現在」と「未来」を端的に示す外枠に対して、間に挟まれている三つの短編(放射能三部作)は「過去」を振り返るものであり、寓言という体裁を通して、災害が訪れる前の、人類の核エネルギー発電に対する盲信と依存を批判している。この三部作においては、放射能は少女漫画における基本的な役柄に「擬人化」されている。すなわち、邪悪なプルート夫人、ウラノス伯爵、そして悲劇の運命を背負い、生まれながらにして不自由な、天真爛漫な悪魔の少女サロメである。

しかし、ここに見られる「プルトニウムへの変化《へんげ》」は、単純な比喩化ないしは人形化の欲望と同一視されるべきものではない。これらの図像のレトリックを貫くのは、実のところ災禍の脱人間化であり、この変化には非人間的ながらも集団的な連動と情動が付与されている。筆者の読解によれば、このような核災害の「現像化」は、実際には政治的な進歩主義を動的に表現することを目指したものであり、それと同時に、主体間における事件および人類という主体の外側の事件について思索しようとするものでもある。萩尾の漫画は、登場人物を通して思考を駆動させており、策略的かつジャンル混交的なジェンダーを演出している。萩尾による少女漫画の役柄の配置は、ドゥルーズが疑似的に作り出した「概念的人物」という概念に近く、これは思考実験には欠かせない創造性を仲介させるものである。(1) ドゥルーズは次のように述べている。「概念的人物の役割とは、思考のテリトリー、思考の絶対的脱領土化、さらにその絶対的再領土化を明示することなのである。概念的人物は思考者であり、ただひたすら思考者であって、それらの人物論的特性は、思考のダイアグラム的特性と概念の強度的＝内包的特性に緊密に連結している。」(ドゥルーズ・ガタリ一九九四、六九頁。財津理氏の訳文に拠る)。萩尾の「放射能三部作」に描かれるように、災禍とは主体を占拠するだけでなく、主体によっても占拠され、みずからの主体性および身体や空間をより実質的に示すものであり、複雑かつ動態的な情動の力を支えるものである。

ゆうみえこの非公式の物語が災害中の小さな事件を直接に記録したものであるのに対して、萩尾の物語は虚構の科学幻想イメージに傾いているが、ここでは両者の創作を、ある種の「情動のドキュメンタリー」に属するものと見なしたい。この種のドキュメントコミックは、「漫画というジャンル」(図像的、主観虚構的)と「ドキュメンタリーというジャンル」(証拠的、客観的)の双方の参照によって生じる強烈な衝突を露わにしている。しかし、早くは一九三三年の季刊『シネマ(*Cinema Quarterly*)』に記載された「ドキュメンタリー製作者」と題する一文において、イギリスのドキュメンタリー運動の先駆者ジョン・グリアソンが、ドキュメンタリー映画を「新芸術」の一種であると見なしたうえで、ドキュメンタリー映画についての「現実のできごとを想像的に処理する映画」という著名な定義を打ち出しており、ドキュメンタリーそれ自体の深層的な矛盾が、虚構と真理の間に介在し、芸術と報道の差異のなかに存在し、創造と真実の間の曖昧さの中に存在するということを、先駆けて指摘している。

いずれもドキュメンタリーではあるのだが、漫画と映像の視覚表象の策略や叙事レトリック、そして美学的特徴には明らかに強烈な違いがある。特に災禍の表象においては、「写真のようにリアルな」図像は、「実物を模造した」絵画芸術や漫画と比べて、より優勢な「信憑性の資本」を備えているかのようであり、そのことは、新旧のメディア双方によく見られる、「自然なこと」である。そのことによって、前者は常に堅牢な「かつてあそこにあった」歴史的事実へと帰せられ、後者は虚構の、真実味に欠けた芸術表現だと見なされる。ここには「ソフトな芸術とハードな事実」という潜在的な対立が見出せよう。しかし、ドキュメントコミックは、ドキュメンタリー映画と同じく、「信憑性の機制」や虚実混血主義と向き合わなければならなくなる。他者の災禍を表した図像の場合、彼らは共通する表象の困難や歴史の記述、そして倫理的な問題に同じように直面するのである。すなわち、いかにしてその場に不在の他者のために声をあげるか（あげるべきか）、「真実」が偶発的で構成を持たない乱雑な画面へと堕するのをいかにして回避するのか、現実を記録する時に、いかにして視覚や叙事の「美」の誘惑に屈しないか、記録する者とされる者、そしてそれを見る者の三角関係において、知識や互いの距離が不均等であるという状況の中、「見られようがなく」「知られようがない」真実をいかにして取り扱うのか、である。見る者との「疎通」を確実に成し遂げるために、ドキュメンタリーにおいていくら現実性や信憑性を保とうとしても、見る者がよく知っている叙事の文法とレトリックが普段どおりに使用されてしまう。これはある種の「足場かけ」なのだが、流行メディアのドキュメンタリー映画では、「既知の事柄」を使わずして「未知の事柄」への切り替えや編集を行なうことは難しく、ほとんどの場合において、原因と結果、人物の衝突と特徴、語りの手法などを必要とする。こうした要素があるため、ドキュメンタリーは真実には永遠に到達し得ないのであり、構造・物語・人物のいずれの面においても、主観的な取捨選択や異なるレベルの妥協を常に強いられるのである。

萩尾漫画において核エネルギーと災害の解釈の枠組みを貫くものもまた、このような「人間行動の論理」であり、そしてロラン・バルトが述べるところの「行動のコード」である。萩尾の３・11

に対する理解の枠組みは、少女漫画の物語的な枠組みに重ねられており、あるいはその枠組みは、メロドラマ的な文法とロマンティックな戯劇性、例えば欺瞞や裏切り、そしてアリストテレスの悲劇論で述べるところのプロットの逆転と認知であると批評できるだろう。しかし、萩尾はこうした感情的な手法によって、核エネルギーという「悪人」が承認や致命的な吸引力を大衆に与えること、核エネルギー安全神話のプロパガンダが群衆を欺き裏切るものであること、そして公民が共犯者として体制および政府の説明を頑迷かつ盲目的に信仰していることを、直接的に伝達し、糾弾しているのである。

ドキュメンタリーは、「真実の生活、真実の災害」を覗き見るかのように目撃することへの欲望を秘めている。それに対して、風変わりなドキュメントコミックは、異なる目撃体験をもたらす。3・11の後、日本のテレビに溢れたドキュメンタリー報道の映像は、その大半が「陳腐な映像《クリシエ》」であった。例えば、感動の救出物語、日本の一致団結、被災地の「東北魂」といったステレオタイプの複製などが挙げられる。これらのメディアの映像や記事に見られるものが「真実に基づく幻影」であるのに対して、例えば萩尾やゆうみといった、批評精神に富んだ異色の女性漫画がもたらしたものは、「真実を批評するイメージ」であり、とりわけ災禍の根源と政治操作によって呈された「真実の糾弾」（例えば国家によって資本体制に対してなされる、または中央によって辺境に対してなされる、政治的かつ実質的な搾取）であった。これらの漫画が訴えかけるのは、黒か白かといったことではまったくなく、予定調和的な因果関係でもない。萩尾望都の一九七〇年代の作品『ポーの一族』や彼女の手になるその他のＳＦ漫画がそうであるように、「放射線三部作」の役柄やその行為の善悪は、はっきりとは分かれていない。その虚構を通して、我々は事件に関するイメージの変容を知ることができる。すなわち、大規模な核災害や核エネルギー対策に向けられた集団的な怒りと、起こるべくして起こった情緒的な反応である。

３・11を描く女性漫画の問題については、少女やかわいい風格、そして擬人化という「軽さ」と災害の「重さ」が不釣り合いだとする向きも依然としてあるだろう。しかし、大規模な災害をもたらした放射線は、抽象的かつ無味無臭であり、創作の介入によって、災害の「主体性」と感情の強度を可視化する必要がある。萩尾がその漫画を通して我々に見せたものは、核エネルギーという科学技術をめぐる理性的な言説の高慢さや、核災害における人々の集団的な参与と共犯の構造であり、作中において、大衆はウラノス伯爵からの「プレゼント」を喜んで受け取っている。「放射線三部作」においては、核エネルギーのもたらす快適で豊かな暮らしのイメージが繰り返し現れる。二作目では、ウラノス伯爵への憎しみをいつも露わにしていた女性アンが、伯爵が息を引き取ろうとしているのを知った時、伯爵への愛情をついに吐露しており、このことは人類の核エネルギーに対するもつれた心情を物語っているだろう。三作目に登場する悪魔の少女サロメは、ウランの核分裂によって生じる核廃棄物「超ウラン元素」であり、「みんなわたしを美しいといい　わたしを夢のエネルギーとほめそやしたわ」と述べている。サロメを騙して牢屋に入れたヨカナーンは彼女にこう答える。「ソドムの娘　おまえは　人々に快楽を与えながら同時に命を奪っているのだ」（萩尾二〇一

二、一二二頁)。

萩尾は先に述べた「概念的人物」を運用することで、核エネルギーのユートピア的な約束だけでなく、西洋世界から引き継がれた、自然の「贈与性」からの脱却という自立の夢を、「目に見える」ようにした。日本の思想家・國分功一郎は『哲学の自然』において、核エネルギーが人類にもたらしたものは、「贈与」(石油や石炭などの資源)を受ける必要のない、自立した生存の夢であったと指摘している(中沢・國分二〇一三、二八～二九頁)。この「贈与が無い」という自足の欲望を、自我境界を強く主張する国家資本主義の文脈に当てはめるならば、「他者／他国の資源や自然の恩寵に頼らない」という国家や企業の独立への欲望は、核に賛成する態度の背後にある重要な執念と意識にほかならず、さらには原子力信仰の根源でもある。

反対に、ゆうみ漫画の非公式の記録には、クライストが一七五五年のリスボン地震について省察した短編小説「チリ大地震」に見られるような、震災が浮き彫りにした暗黒の人災に関する思索が書き残されている。例えば、盗品を売り払う人や、指輪のために被災者の指をのこぎりで切り落とす人、津波が迫ってきた時に社員にまず会社の金庫を運ぶよう指示する社長、災害後に物資を配給する際に自らを優先させるリーダーなどである。ゆうみは漫画の図像を用いて3・11後の真実を「脱領土化」した際に、公式の説明と傷痕の物語のほかに、異色の記事と被災後の震撼を我々に示すとともに、真実へと分け入るほかの道筋を探った。ゆうみは漫画において、被災中の混乱と瑣末な出来事をすぐさま記録して考察し、3・11の「真実」とコントロールできない感情を「概念化」

し「情動化」しており、ブランショと同じように、災禍を記述することの失敗と困難に誠実に向き合った。例えば、ゆうみは近隣住民の震災当時における突発的な状況下の行動を次のように描く。ボールペンを握ったままの銀行員、口の中でガムを噛みながら走った、足がヨレって走れない「自分」、しゃがんで泣く店員さん、サンダルを履いた、タオルを頭に巻きながらウロウロするおじさん（ゆうみ二〇一三、四七頁）。ここでは、漫画は感情的に介入することによって、「概念を形づくり、発明し、捏造する」という新たな位置を占めており、ある種の「思考のイメージ」となっている。

政治活動は異なる様式と道筋を持ち得るものである。3・11に対する反応もまた、公共の弁論や録画的なドキュメンタリー映画、あるいはデモといった、「雄性的／理性的」な参与の方式のみから考察することはできない。プロテヴィはその著書『政治の情動』の中で、政治活動においてあらかじめ準備されている「理性的な主体」という概念の暴力性について次のように指摘する。

多くの哲学者にとっては、理性の認識主体は人類の本来の姿であり、もしくは人間がそうなるべき様態である。それは我々の判断を測るための認識論的な規則であり、我々が到達すべき倫理的な目標である……このような主体概念は、せいぜい歴史や政治からかけ離れたものであり、具体的な生活に由来する、無味乾燥な抽象物でしかない。ひどい場合は、ぺてん、つまり政治弾圧の道具として用いられる。「我々は理性的であり、あなたがたは感情的だ、だから口をつぐんで我々の言うとおりにしろ」といった具合に（プロテヴィ二〇〇九、三頁）。

3・11に応答した萩尾のこの短編集のことを、多くの読者は「早すぎる、情緒的過ぎる、少女漫画的過ぎる」と評した。しかし我々は、萩尾が本当に批判したかったのは、先に述べた理性的な主体と伝統的な政治活動のコントロールであったことに気づかなくてはならない。萩尾はネガティブな他者として、政治認識および表現の同一性に屈服するのを拒んでいる。むろん我々は理性的な方法によって、科学技術と核エネルギーについて省察することはできるが、人災が不断にもたらされる災害のさなかにあって、「感情的」な記述と訴求によって成し得ないことが果たしてあるだろうか。テレビやメディアにおける災害映像の商機が涙をさそう悲しみのカタルシスをもたらすのとは異なり、萩尾とゆうみの女性漫画は、それとは別の情動的あるいは政治的な批判が介入する方法を示している。それらの漫画の「政治参与」は、「雄性的／理性的」なものではなく、むしろ人々に3・11の災害の異なる断片的な図像について、見せ、感じさせ、考えさせるものである。彼女らの作品は、核災害／災害における人為的要因とその結果、そして災害の前後における「不変性」を世に知らしめた。そのことは、萩尾の漫画においては、「貴族エリート」体制に対する人々の天真爛漫さ、西洋の啓蒙的な理性への妄信、「科学技術」の世界システムにおける搾取と無視という形で表現され、ゆうみの漫画においては、3・11後の日常と非日常における、他人や動物の命に対する軽視と尊重、単純化や全体化がなされ得ない無秩序と矛盾という形で描出されている。

四　ドキュメントコミックにおける「災禍の表象」への省察

デリダは講演集『獣と主権者Ⅰ』において、9・11後の災害管理について明確に説明しているが、ここには日本の3・11の状況ときわめてよく似たところがある。それは、利益へと転換可能で無制限に拡大し得る災難の未来を、国家や利益団体が「利用」することである。このような災難の未来は、ポストモダンにおいて政治への態度が淡泊なものとなった状況下では、畏れによって「国家的な補綴」の統治支配を実行するものとなる。デリダについて述べるならば、災害下におけるメディアのレトリックである「情報を知らせるノウハウ」や「情報の寓話的な展開」は、政治に奉仕し、体制を弁護することを目的としたものである。デリダは次のように考える。「たとえ、破局的な動画映像が際限なく循環して再生されることで、ある種の歓喜の苦悩とともに、喪の作業とトラウマの緩和に役立つことができたのだとしても、です。このトラウマは公表された「無垢な犠牲者」の数、過去の恐ろしい侵害によって喚起された苦痛よりも、傷を負わない者が傷つくかもしれないという経験、次に起こることに対する不安、来たるべき災難の危険――事態はもっと悪くなり、もっとひどくなる恐れがあります――に対する不安に起因するものです。」（デリダ二〇〇九、三六～三七頁、西山雄二氏の訳文に拠る）。デリダは、このようなメディアの管理と操作がいかにして強烈な情動の統治を生み出すのかについて慎重に述べている。

（前略）私たちが実際に知りうること、なしうること、知らせうることのなかに、最悪の潜在的な脅威を据えてしまうのです。いずれにせよ、それは、いかに恐れさせるのかを知ること、何かを知らせることでいかに恐怖させるのかを知ることです。しかもこうした恐怖は双方の側において、否定しがたいほどに実効的、現実的、具体的です。具体的な実効性が現在時の現前をはみ出し、けっして現前で満たされることのないトラウマの過去や未来のほうへ向かうとしても事態は変わりません（デリダ二〇〇九、三九頁。西山雄二の訳文に拠る）。

「可視化された不安や危機として災害の映像を利用する」といったメディアのやり方とは異なり、萩尾とゆうみの描いた異色の女性漫画は、3・11の「真実を表象すること」を意図しているわけではなく、過去を利用して未来を束縛しようとしているわけでもない。それらとはまったく異なる試みを採用しており、「アーカイヴ化の欲望」と「欲望する機械」とを結合させた「回折結晶」のようなものとなっている。ふたりは非現実的、非撮影的、非論証的なアクションメディアを選択しており、このことはただ芸術的な選択の意義を持つというだけの話ではない。不完全でぼろぼろな画面および事件の多層的な放射性が少女漫画の枠組みによって覆い隠された時、ドキュメントコミックは、ドゥルーズとガタリが述べるところの「戦争機械」と化した。中央の地方に対する、または父権の女性に対する感覚や記述の暴力を暴きだし、中間的で創造性のある構造体となって、災害の原動力と直感的な感覚を異質な方向と方法によって起動させたのである。

萩尾の『なのはな』をいびつなドキュメントコミックだと見なさないことは難しいだろう。それは、倫理的な政治の運動という意味において、その分裂の欲望と表現主義において、そしてその「いつも他者に変化《へんげ》する」という意味において、である。ドゥルーズ的に解読するならば、このような少女漫画―歴史―事実の重なりと移ろいは、擬象的なものでも模倣的なものでも決してない。萩尾がアーカイヴ化に傾ける複雑なエネルギーは、複数の、不純な、それでいて直接的な情動の反応を生み出しており、（理性的／雄性的な）「真実だと主張すること」への過剰な執着を克服するためのものである。萩尾望都の「欲望機械」は、少女漫画のコードを編み直し、政治化している一方で、真実の裂け目を生み出し、あるいは事件が「再領土化」する限界点を求めている。具体的に述べると、萩尾は核災害を直接的には描かず、感覚のかたまりへと翻案することによって、事件、漫画というメディア、叙事の三者をたがいに浸透させ、変質させている。漫画が災害経験の「本物」の感情へと変化し、現実と少女漫画が「物語」的に対位法の構造をなすとき、我々は次のことに気づく。「模倣行為がみずからを破壊する理由は、真似する者が変化へと足を踏み入れていることに気づかず、その変化と模倣される対象が意識せぬ間に移ろいひとつに融合するためだ」（ドゥルーズ・ガタリ一九九六、二〇四～三〇五頁）ということに。このような非人称的な意識の移ろいにはまり込むことによって、萩尾やそれ以外の漫画家による少女漫画やＳＦ漫画と現実世界とを対置させるやり方は、『なのはな』においては、災害に対して不断に応答する「ミリュー」となり、こだまのように続けて反響する、騒がしい「対話のポケット」となっているのである。

過激な芸術や思想、そして表現は、いずれも保守反動的な潜在能力を覆い隠す可能性がある。それとは逆に、保守的な少女漫画が「従来の方法」を用いて公的な言説を揺さぶることもある。表面だけをなぞるならば、萩尾の『なのはな』は3・11を伝統的な少女漫画の悲劇か、あるいはSF小説の核爆発後の世紀末を描くシナリオのように描いているかに見える。また、ゆうみが描いた、3・11後の多くの非公式の物語もまた、人間性に対するシニカルな否定に根差したものであるかに見える。しかし、記述することの倫理と告発という面から見ると、このふたりの女性が描いた漫画には破壊の種が隠されており、災害に対する規定どおりの見方を阻害し、「災害の陳腐な映像」を断ち切る能力を備えている。我々はこの中から、何度も広まった「3・11の真実」の悲惨な映像「以外」に、まだ語られていない物語と問題を見出すことによって、「写真の信憑性」から脱する自由を得る。このふたつの漫画は、大災害下における集団的な恐怖の「情動的な真実」を対位法的に扱い、日常と非日常の境界の動揺とその結末のイメージを見せた。そして、思考の道具箱としての漫画の役割と積極的に向き合うことを通して、読者にその他のドキュメントコミック(例えばジョー・サッコの「パレスチナ」やアート・スピーゲルマンの「マウス」)を連想させ、それらと同じように文字や図像、感情記号、そして矛盾した記憶を並べて置いたり入れ替えたりすることによって、文学とも映像ともルポルタージュとも異なる、災害の倫理と情動の力をあらためて検討したのである。

おわりに

結論に入ろう。我々は「放射能三部作」を、核エネルギーや人類の悪性に対する警告的な予言であると容易に誤読する傾向にあり、また「1年後の3・11」を社会の弊害を暴露したルポルタージュ文学であると誤読しがちである。我々はまた、萩尾における少女漫画的な感傷主義と西洋主義的な貴族の物語を批判するきらいがあり、ゆうみの漫画のかわいい語り手には共感することができない。しかし、ゆうみはグラフィック・ノベルのような記述を通して、緩急をつけながら、時に諧謔を交え、時に沈痛な面持ちで図像を使い分けており、解放的で曖昧さを許容する雑然とした方法によって、ドキュメンタリー映画における真実／信憑性の機械という虚妄を排除しているのである。それに対して、萩尾の放射能三部作のうちの第二作では、ウラノス伯爵は福音をもたらす存在であり、核エネルギーが、対内的には一流国家を創造することができ、対外的には世界の貧富の差によって引き起こされる戦争をやめさせることのできる、必要悪なのだと宣揚している。伯爵は、核エネルギーの被害は、数百万人の死亡を引き起こす戦争に比べれば軽いものであり、生き残るためには核エネルギーは必要なリスクなのだと強く主張する。この少女漫画における貴族という「概念的人物」は、日本がエネルギーと科学技術について考えを巡らせる際に、西洋化された理性によって啓蒙され洗脳されたエリート思考にいかに陥っているかを的確に反映している。そのほかに萩尾は、グローバル資本主義の体系の中で、西洋の技術や理性を服膺するという前提のもとに、日本の「貴族たち」が大量の利益を獲得していることを、忌避することなく告発している。萩尾の漫画は核エネルギー政策における精神分裂的な願望、すなわち「創造」と「毀滅」という二重の付託を白日の下にさらしているのである。それと同時に我々は、日本の群衆がいわゆる進歩や発展に対して無限の欲求を抱き、「災害」の必要性に同意しており、統治機械が犠牲を複製するシステムの正当性を支えているということを目の当たりにするだろう。

ベンヤミンは『歴史哲学テーゼ』において次のように述べている。「一回かぎり、さっとひらめくイメージとしてしか過去は捉えられない。認識を可能とする一瞬をのがしたら、もうおしまいなのだ(中略)なぜなら、過去の一回かぎりのイメージは、そのイメージの向けられた相手が現在であることを、現在が自覚しないかぎり、現在の一瞬一瞬に消失しかねないのだから」(ベンヤミン一九八八、二五五頁。野村修氏の訳文に拠る)。3・11の災害の後、伝統的な政治と社会運動のほかに、我々はすぐさま直接に、そして情動的に記録し省察することによって、過去のイメージが忘却の彼方へと去り、二度と取り返せないものになることを防ぐ必要があった。萩尾やゆうみの作品のような漫画が投射する思想的なイメージは、純粋な歴史的「事実」の映像とは異なっており、「概念/感知/情動」が折り重なった状況を記録するものである。事件は、漫画という静止的ながらも解放的な枠組みの中で叙述され、凍結されており、ベンヤミンが予言したように、言説が発話される瞬間に消失するようなことにはならない。それは繰り返し解き放たれ得るような、ドゥルーズの述べるところの「時間結晶」のようなものであり、事件と事件の間に潜む関係を探求するのに用いられ、異なる角度から改めて放り投げられることによって、「いまだ与えられざる未来」をそこに映し出すのである。

3・11以降の漫画の流行文化の中では、セカイ系叙事、オタク消費、BL漫画といった物語的かつ商業的な策略において、自らと東アジアの意識について、新たな方向性や意識が生み出された。宮台真司が述べるところの「終わりなき日常」や前島賢による「セカイ系」の流行といった物語の特徴(具体的な時空や現実を離れた、「世界の危機からの救済」を描く幻想的な物語)は、いかにして新たな変化を生み出したのか、このことは日本のポストモダン流行文化(とりわけアニメ・漫画界)における重要な論点である。(2) 3・11の震災以降、特に新型肺炎の混乱を経験したいま、文化領域はまったく新しく厳しい挑戦に直面している。経済振興と治療言説の覇権、「日本性」の新たなルーツ探しと定義、米中対立後の「ポスト安倍政治」、「ポストCovid-19」の新たな日常といった衝撃である。思想や芸術はこれらの現実的な議題といかにして向き合うのか、有力な回答と批判を示すことは可能なのか。感染拡大が続く中にあって、新たな社会参与や文化形態は介入するだけの力量を持ち得るのか、それともさらに虚無的で現実を無視したような、あるいは災害を忘れ去るような方向へと加速的に向かうのか。これらのことは、ここから数年間、人文界が関心を寄せ続けなければならない問題である。

注

（1） ここでいう登場人物とは、ドゥルーズにとっては、哲学的思考の実験に必要な仲介者である。ブライアン・マッスミが訳したcharacterという語句とは異なるものであり、ここでの登場人物とはフランス語のpersonnage conceptualに相当する。英訳版『哲学とは何か』「導論」の注釈を参照（ドゥルーズ一九九四、二頁）。

（2） 大衆文化学者のこの点に対する最も早い応答については、森川嘉一郎と斎藤環による対談「3・11後のオタク文化のゆくえ」（『現代思想』第三九巻第一二号、二〇一一年九月臨時増刊号）を参照。

参考文献

Benjamin, Walter. "Theses on the Philosophy of History." *Illuminations: Essays and Reflections*. Ed. Hannah Arendt. Trans. Harry Zohn. New York: Schocken Books, 1988. Print.

Blanchot, Maurice. *The Writing of the Disaster*. Lincoln and London: U of Nebraska Press, 1995. Print.

Cazdyn, Eric. *The Flash of Capital: Film and Geopolitics in Japan*. US: Duke UP, 2002. Print.

Deleuze, Gilles and Felix Guattari. *What is Philosophy?* Trans. Hugh Tomlinson and Graham Burchell, New York: Columbia University Press, 1994. Print.

———. *A Thousand Plateaus: Capitalism and Schizophrenia*. Minneapolis: U. of Minnesota Press, 1996. Print.

Derrida, Jacque. *The Beast and the Sovereignty, Vol.II*. trans. Geoffrey Bennington. Chicago: U of Chicago Press, 2009. Print.

Grierson, John. "The Documentary Producer". *Cinema Quarterly* 1933. Print.

Protevi, John. *Political Affect: Connecting the Social and the Somatic*, U. of Minnesota Press, 2009. Print

Sacco, Joe. *Palestine*. US: Fantagraphics Books, 2007. Print.

Sontag, Susan. *On Photography*. UK: Picador, 2001. Print.

――――. *Regarding the Pain of Others*. New York: Farrar, Straus and Giroux, 2002. Print.

――――. *Illness as Metaphor*. New York: Farrar, Straus, Giroux, 1988. Print.

Spiegelman, Art. *Maus : A Survivor's Tae. I. My Father Bleeds History*. US: Pantheon Books, 1993. Print.

――――. *Maus: A Survivor's Tale. II. And Here My Troubles Began*. US: Pantheon Books, 1993. Print.

萩尾望都『萩尾望都作品集　なのはな』小学館、二〇一二年

ゆうみ・えこ『1年後の3・11――被災地13のオフレコ話』二〇一三年、笠倉出版社

森川嘉一郎・齋藤環「3・11後のオタク文化のゆくえ」『現代思想』二〇一一年九月臨時増刊号、第三九巻第一二号、青土社

中沢新一・國分功一郎『哲学の自然』二〇一三年、太田出版

引用部の翻訳にあたり訳者が参照したもの

G・ドゥルーズ、F・ガタリ著、財津理訳『哲学とは何か』一九九七年、河出書房新社

W・ベンヤミン著、野村修訳「歴史哲学テーゼ（歴史の概念について）」（今村仁司『ベンヤミン「歴史哲学テーゼ」精読』二〇〇〇年、岩波現代文庫、岩波書店

J・デリダ著、西山雄二・郷原佳以・亀井大輔・佐藤朋子訳『ジャック・デリダ講演録　獣と主権者Ⅰ』二〇一四年、白水社

Ⅲ　ミステリの交差

モンスターの越境
――台湾ミステリにおける犯罪リビドーの科学的想像力と身体に潜む恐怖

陳國偉（李珮琪訳）

一　科学はミステリ世界の神か、それとも悪魔か？

一世紀前から、多様な科学観を取り込んだミステリの世界に、読者は導かれ、犯罪者と探偵との対決について想像してきた。現代において最も主流な大衆ジャンルの一つとして、ミステリはこれらの科学観に対する想像力を映像によって大量に複製する。科学観と想像力との間には、破られることのない弁証法的な関係ができている。ミステリというジャンルにおいて科学というものは、犯罪者と対決する探偵の推理を支える知識体系とロジックそのものであって、また犯罪者の知識体系よりも先に進んだものでなければならない。科学は絶対的優先性と合法性を持つようになり、推理の世界において唯一の神となっているといえよう。例えば、アメリカのドラマ『CSI：科学捜査班』が世界的に受け入れられていることや、『CSI：科学捜査班』やその他の鑑識科学に関するる犯罪ドラマを日本のドラマが模倣していることは、上記と同様の中心的な意識を共有している格好の証拠となる。

偶然にも、この一〇年あまりの台湾ミステリの発展においては、創作者の背景と本格ミステリの理念の追求を背景として、科学はミステリにとって欠かすことのできない存在となった。しかし、現代台湾の代表的なミステリと、西洋や日本との最も異なる点は、科学が犯罪トリックを見破る一番の武器でありながら、死をもたらす脅威でもあるということである。既晴《きせい》の『超能力殺人遺伝子』、藍霄《ランシャウ》の『錯誤配置』、寵物先生《ミスターペッツ》の『虚擬街頭漂流記』、林斯諺《りんしげん》の『無名之女』などがそうだが、これらの物語は期せずして同じような展開を見せており真相の手がかりを科学と結びつけているものの、科学が最後にもたらすのは、生み出された「モンスター」とそれによる犯罪である。

つまり、もともとミステリのロジックを支え、検証可能性を持つものである科学は、台湾のミステリにおいては物語世界の最大の脅威となる。科学の解釈と「翻訳」に真相が依拠する時、科学は牠者／他者化（訳者注：「牠」は人間以外の事物を指す三人称）されてしまい、主体の恐怖の根源となる。欧米と日本の犯罪／ミステリを見てみると、巨大な脅威の正体は、たいてい現代都市の群衆に紛れた個人であり、そして社会によって「異化」され、群衆に排除されて捨てられた他者である。あるいは科学が及ばない、神秘の力に支配された自然の荒野である。自然景観は台湾においては完全に推理の叙述から排除されており、現実の問題に関わることもない。しかも、さらに重要視しなければならないのは、作者によって召喚された科学知識は台湾現地との関連性が非常に薄いことである。

よって、本稿では以下のことを論じたい。すなわち、台湾の推理小説に見られる科学への想像力や恐怖心は、西洋や日本からどのように「翻訳」されたのか。それを通じて推理やSFのジャンルの本質や核心がいかにして置き換わったのか、またそれによって最終的に推理は崩壊するのか。科学と犯罪の「牠／他」者化とそこに呈される異質な身体は、SF小説の核心にある焦燥感、すなわち進歩史観的な科学への疑念を映し出したものなのか。また、それは大衆文学の惰性的なハイブリッドや越境が推理の叙事へと密かに浸透し、新たな文化翻訳のスタイルが生じたためであろうか。それとも台湾特有の現代的な問題を反映させたためであろうか。これらの問題について、ミステリのグローバル化という文脈のもとに考察することや、ミステリというジャンルと台湾の歴史や社会との対話的な関係を通して考察することは、いずれも重要な意味と研究価値を有するものである。

二　モンスターを作る

二〇〇四年から、台湾ミステリのニューウェイヴが到来した。まず「本格復興」を目指す若い作家たちの芽が出始め、九〇年代末に時報百万小説賞に入選した既晴はその先頭に立った。彼は「台湾推理倶楽部」、「人狼推理文学賞」などの組織や賞を起こし、本格ミステリを創作しようとする若い作家たちを育てた。科学の想像力と身体の恐怖を体現する台湾ミステリは、ほとんどこの新世代の作家たちの手によって創られている。この組織の運営に協力したのは中堅作家たちである。理系出身の作家たちが多いこともあって、科学知識を小説に運用するのはたやすいことであった。科学知識を利用し、恐怖の雰囲気や高度の想像力を持つ謎とトリックを創造し、脅威を与える犯罪を作り出している。

最も早く科学を小説に運用したのは藍霄の『錯誤配置』（玉田誠訳、二〇〇九年、講談社）である。藍霄は生殖補助医療学者として、遺伝子と染色体、「無精子症」という専門知識を重要な謎とトリックに用い、「解離性記憶障害」といった医学の知識を加えるなど、科学は小説内できわめて重要な存在となっている。小説中の犯罪者が科学によって定義され、モンスターのような「牠者」として異化されているところなどは実に秀逸である。

物語は精神科医藍霄に王明億と署名された手紙が届くところから始まる。手紙には王明億自身の出来事が綴られている。彼はある日喫茶店のトイレに入っただけで、友人も交際相手も彼のことが誰だかわからなくなり、勤務先の病院も彼の存在を認めなくなったことから、王明億は自分の存在を証明するため、七年前に起きたK大医学部の女子大生張時方のレイプ殺人事件の犯人として自首しようとする。また、手紙には「藍霄さん、当時あなたも関わっていましたよ！」（三八頁）と書かれていた。しかし、藍霄の記憶は曖昧で、覚えているのは確かにその時K大医学部の近くにいたということだけであった。そこで誰かに襲われ、前後の記憶を喪失したのである。張時方が殺された密室は女性しか入れない空間であったにもかかわらず、遺体からは犯人の精液とそれとは別の男性のDNAが検出された。藍霄は自分が事件とまったくの無関係だと断定できないでいる。手紙が届いてから間もなく、王明億の胴体と頭部がそれぞれ別の場所で発見された。警察の鑑定によると、胴体と頭部のDNAは一致しておらず、それぞれ別人のものだと判明した。

錯誤配置された密室と錯誤配置された死体から、科学によって錯誤配置されていた犯罪者の真の姿が割り出される。真犯人は、同じように「錯誤配置された身体」を持っており、科学的に「モンスター化」した「両性具有者」だと定義される。犯人の外見は女性であり、乳房の発育は良好で、女性の外性器までついているものの、男性の46XY染色体と睾丸も持っている。だが、その睾丸は雌性化しているためアンドロゲンは分泌しない。自分のアイデンティティを女性だと思って成長してきた「彼女」は、科学上では「彼」だと定義されるため、カテゴライズしようのない「牠者」となった。彼女／彼は「これでは、寄生虫や回虫といった下等生物と同じではありませんか？」と驚き、自分のことを「私は可愛く成長したアンソニー」(二八四頁)だと揶揄するしかなかった。彼女／彼は女性の感情を持ったまま、周国棟という男性を好きになったことに気づき、周国棟と恋愛関係にあった張時方が周を陥れようとしているのがわかると犯行を決意した。彼女／彼は自身の錯誤配置された身体を利用する犯罪計画を立て、正体不明の男性が犯人であるかのように警察を誤った方向へと誘導した。したがって、この犯罪は、科学の定義によって錯誤配置された身体を有する性別のモンスターを創り出したことに起因するといえよう。王明億の死体と自身の犯罪について犯人が最後にこう自白したように。


二人とも私の良い友達でした。私たちは同病相憐れむというべき同胞だったのです。

性別の置き間違えられた身体を持った私。

魂と肉体を置き間違えられてしまった彼ら。

私たち三人は、造物主である神の粗忽によって置き間違えられてしまった存在でした。

陳君は、自分の頭が自分の身体の一部ではないと考えていました。彼は、自分の頭部は魔王のものであるという妄想を抱いていたのです。

王明億はその逆に、自分の身体が自分の頭の一部ではないと考えていました。自分は人の頭を持った獅子の怪物だという妄想にとらわれていたのです。

ですから、私は彼らの望みを叶えてあげるべく、適材適所で彼らに仕事を与え、私を手伝ってもらうことにしたのです……私は彼らの心を支える導師であり、二人をひとつの存在にして、お互いの魂を慰め合えるよう導いてあげようとしたのです。（二九三〜二九四頁）

藍霄の小説に出てくる犯罪者は、実在する個人の悲劇であるがゆえに、科学上では普通の人間にカテゴライズされない。他の小説の場合は、科学はよりいっそう暴力的かつ直接的に殺人モンスターを作り出している。既晴の三冊目の長編ミステリ『超能力殺人遺伝子』（原文『超能殺人基因』二〇〇五年、皇冠文化出版）では、遺伝子工学で作られた恐ろしいモンスターを核心的な謎として据えている。世界中に知られている遺伝子工学者王閔晟教授は、一九九九年の九二一大震災の後に失踪し、殺害された疑いがある。二〇〇五年、私立探偵張鈞見は王教授の妻から真相の調査を依頼され、他の訪問者と一緒に埔里にある王教授記念会館「玄蛍館」を訪ねた。建物に入ってすぐに王教授の親友池知谷教授の変死体が発見され、玄蛍館を設計した建築家の陳通申も相次いで死亡する。張均見一行に紛れ込んだ刑事の呂益強は、ここでようやく自身の身分を明かし、二ヶ月前に「死神の予言」と署名された差出人不明の手紙が届いていたことを全員に説明する。手紙には、玄蛍館で近いうちに残酷で恐ろしい殺人事件が起きるという予告が記されていた。

二人の犠牲者の死に方には不可解な点があったため、大きな混乱が生じた。池知谷の頭部には鈍器で殴られた痕があり、玄蛍館の外の森でうつ伏せになって亡くなっていた。遺体の周辺の湿った土には人間の足跡は残されておらず、まるで開放的な準密室のような状況になっている。陳通申は玄蛍館で殺害されていたが、遺体の両手は高くあげられ、一〇メートルの高さにある窓のところに縛りつけられていた。館内には高所に届くような梯子はなかったため、犯人が飛翔能力でも持っていなければ、犯行は不可能だと推測された。

さらに重要なのは、王教授が超能力遺伝子の培養計画に没頭していたことを陳通申が生前に話していたことである。王教授は長年にわたって、一六世紀フランスの予言者ノストラダムスと一九世紀スコットランドの霊媒師ダニエル・ダングラス・ヒュームの子孫を探しており、彼らのＤＮＡを採集し、予言能力と空中浮遊能力の遺伝子を手に入れようとした。そして二〇年前にプロヴァンスで起きた連続殺人事件と関わっただけでなく、知能指数が高く、予言能力と浮遊能力を有する、人間の形をした血を好むモンスターベイビーの培養に成功し、周囲を脅かす恐怖の存在となった。

『超能力殺人遺伝子』で王閔晟が科学者の情熱によって超能力モンスターを作り出したのに対して、寵物先生『虚擬街頭漂流記』（玉田誠訳、二〇一〇年、文藝春秋）の科学者何大山は、父親としての愛によって思いがけず殺人モンスターを作り出す。『虚擬街頭漂流記』の舞台が二〇二〇年という近未来に設定されたのは、二〇一四年に桃園亀山で発生した強い地震で、震源に最も近い台北の万華周辺が壊滅的な被害を受け、その近辺にある西門町も影響を受けて住宅と商業の混在する地域へと没落してしまったからである。テクノロジー会社ミラージュシスは市政府の委託を受け、「ヴァーチャルリアリティにおけるショッピングモール再建計画」を実行し、二〇〇八年の西門町繁華街を手本に「ヴァーチャストリート」をデザインし、商業活動を行う予定であった。しかし、システムが始動する直前に、エンジニアの何大山と顔露華はログアウトしていない利用者の死体を発見する。仮想世界で死亡した利用者は、現実世界のＶＲ室でも死亡していた。

亡くなった朱銘練は、何大山の娘何艾玫の殺人事件の重要な容疑者であり、何艾玫の遺体が西門町で発見されていたことから、朱銘練の死と深く関係するとの嫌疑が何大山にかかる。彼のほうも自分が犯人だと認めるが、顔露華は疑わしく思い、調査を続けた結果、驚くべき真相を突き止める。ヴァーチャストリートで朱銘練は何大山の作ったＡ・Ｉの娘何艾莉を発見した。何艾莉は何大山の死んだ娘何艾玟と同じ蝶の痣を持っていたため、朱銘練は何艾玟に会ったものと勘違いする。朱銘練は何艾玟を殺害した真犯人ではないが、何艾莉に自分を殴ってほしいと要求し、罪悪感を軽減しようとする。だが、ヴァーチャストリートという仮想空間では、利用者がログインしたあとの力は、○・八倍に減少するのに対し、A・Iの力は倍になるため、A・Iに殴られた力がフォースフィードバック・スーツを着用した利用者にかかり、朱銘練は思いがけず死に至ったのであった。だが、何大山は朱銘練が死んだことでヴァーチャストリートの安全性が問題視された場合、最終的にシステムの開発が中止され、何艾莉が消滅することになると危惧を抱いた。そして二度も娘を失う衝撃には耐えられないことから、罪を被ることにしたのだった。

寵物先生は、身体は持っていないが身体能力は持っているという犯人を小説で作り上げた。現実世界で物理的な身体を持っていない彼女は、人を殺すという身体能力を通して自分の存在を証明する。彼女を創りあげた何大山はただ科学の力を借りて娘を蘇らせて、親子の擬似血縁関係を再構築しようとしただけであった。だが、彼の予測を超え、ほかならぬその科学の力によって、仮想世界の物理法則は書き直され、何艾莉に人を殺すほどの身体能力が付与された。人間社会に存在しながら人間にあらざる「他者」が人間の命に危害を及ぼす暴力を有する時、人間は必ずそれを脅威的な恐怖をもたらす客体だと見なし、駆除すべき対象だと判断する。「父なるもの」の何大山は何艾莉を造物主の姿にして創造したが、創造物をモンスターへと変貌させたのも彼自身である。したがって、何大山の罪を認める行為は罪を被ったかのように見えるが、彼の仮想世界の創造者および支配者としての「意図的な」デザインは、何艾莉の意図せざる犯行を助長することとなった。何大山は朱銘練を殺した犯人であるだけでなく、何艾莉を死亡（壊滅）の臨界点に推し進めた犯行者でもある。

『錯誤配置』や『超能力殺人遺伝子』の科学はまだ目下の現実に作用するものだったのに対し、『虚擬街頭漂流記』では、時空間が近未来に設定され、ミステリをSF小説と融合させている。物語は想像に基づくものだが、舞台を近未来世界に設定したことにより、小説内の科学の正当性が幾分か増した。『超能力殺人遺伝子』のように、当時の現実経験と直接にリンクしたものの場合、科学は奇想天外な幻想だと見られやすい。

寵物先生の成功が影響したのかもしれない。林斯諺もまた最新作『無名之女』（二〇一二年、皇冠文化出版）において、SF要素を盛り込んだ謎を作りあげた。二〇〇六年に太平洋大学の教授張逸承の恋人劉芷怡が突然行方不明となり、一年後に別人の顔になって現れた。彼女は「仮面」（犯人の自称）に拉致され、別の女性と脳の交換手術を受けたのだという。張逸承が彼女と付き合っていた頃の出来事を一つずつ確認したところ、答えは何一つ間違っていなかったが、見知らぬ顔と体を目の前にして、彼は認識が混乱し、困惑した。一ヵ月後、劉芷怡の体を持つ女性が、かつて二人で一緒に訪ねた、ストリートアーティストが集まる「鬼楼」に現れ、そこに泊まっていた。しかし、この女性は劉芷怡ではなく、李湘影であった。つまり「仮面」は、劉芷怡と李湘影の脳の交換手術を施し、二つの「錯誤配置体」を作ったのである。張逸承の目の前に現れた劉芷怡は「劉の脳と李の体」であり、鬼楼に宿泊している李湘影は、正しく言えば「李の脳と劉の体」だということになる。

小説の残り十分の一まで進んだところで、ようやく真相が明らかになる。登場人物は、二〇〇六年ではなく、百年後の二一〇六年に存在していたのである。張逸承が自分はいま二〇〇六年に生きていると思い込んだのは次のような理由からであった。すなわち、当時台湾の領土が拡張されていたため、新しい国土は「台湾本土」と言われるようになっており、過去の「台湾島」は「旧時代保存地域」となっていた。張逸承は「台湾本土」でバイク事故を起こし、「仮面」の妻の容姿をひどく傷つけた。その後、「心因性記憶障害」を患い、二〇〇六年の状態を保ったまま台湾島に移住したため、彼の時代認識は錯乱していたのである。「仮面」は張逸承に復讐するため、妻の介護士劉芊怡を張逸承に近づかせ、恋愛関係になってから、同じく張逸承に復讐しようとしていた張のかつての恋人の雲臻を説得し、劉と雲臻の脳交換手術を行った。張の認識はますます混乱し、精神的な苦痛に耐えられずふたたび事故を起こした。相手の車の女性ドライバーは死亡したが、その遺体の状態がよかったために、「仮面」は遺体を利用し、張逸承との脳交換手術を施した。「無名の女」になったことは「仮面」が張逸承に下した永遠の罰だったのである。

謎が解かれる前の、読者が二〇〇六年だと思い込んでいた時空間にしても、謎が解かれた後の二一〇六年の時空間にしても、林斯諺は小説の登場人物をすべて「モンスター化」する世界を創造している。張逸承に容姿を傷つけられた「仮面」の妻は、自分のことを人間らしからぬモンスターだと思い込む。復讐のために、脳交換手術に同意した二人の女性も「自己を牠者化」した、分類できない存在となった。さらに重要なのは、張逸承までもが脳交換手術を施され、自己認識のできない個体となったことである。復讐の手段として利用された科学は暴力を体現し、張逸承が最初に犯した罪よりも驚くべきものとなっている。個体の怨念によって関係者の相関関係を反転させ、置き換え、さらに「心―物」の階級と秩序、そして主体の自己認識の構造を書き換え、倫理の境界線を徹底的に超えた結果、読者には晴れない憂鬱だけが残るのであった。

三　日本を翻訳する歴史

呂応鐘は台湾におけるSF小説創作の困難について、その原因の一つは、台湾は西洋のように多くの科学者や科学関係者が創作に参加しているわけではないため、SF小説の中で信憑性のある科学知識の描写ができておらず、読者層を広げられないことにあると分析した（呂応鐘「科幻文学縦横談」、呂応鐘、呉岩『科幻文学概論』二〇〇一年、五南図書出版、四九頁）。戴維揚はSF小説の人気度はその国の科学の発展状況と直接に関係するため、台湾のSF小説は西洋のように成熟できないと推論した（丘彦明「徳先生・賽先生・幻小姐――一九八二年文藝節聯副科幻小説座談会会議記録」、張系国編集『現代SF小説選Ⅱ』、『当代科幻小説選Ⅱ』、一九八六年、知識系統、二一七頁）。確かに、もし科学と最も直接に関係するSFジャンルでも有機的な会話が成り立たないのだとすれば、ミステリジャンルにおいては言うまでもない。したがって、台湾の創作者が科学の概念をミステリと結びつけようとするならば、外国の「原典」を翻訳するルートを経由することは避けられないのである。

西洋の作家エドガー・アラン・ポーの『モルグ街の殺人』(一八四一年)以来、当時の最新科学を小説は導入するようになった。小説の最後に見える、毛髪鑑定によって真犯人を見つけるくだりがその例である。二〇世紀の初め頃、イギリス作家オースティン・フリーマンは、ジョン・イヴリン・ソーンダイク博士を主人公とした推理小説シリーズを書いた。例えば、『赤い拇指紋』(一九〇七年)、『ソーンダイク博士の事件簿』(一九〇九年)などは鑑識科学をミステリに用いる先例を開いた。今もなお、西洋の推理小説/犯罪小説における科学は事件の「謎解き」の重要な根拠となっている。もちろん、アメリカのテレビドラマ『クリミナル・マインド FBI行動分析課』のように、犯罪者たちをプロファイリングするといった統計学の手法を使うものや、同じくアメリカドラマ『ライ・トゥ・ミー 嘘の瞬間』のように、「顔面表情記号化システム」(Facial Action Coding System)を使って犯罪者の仕草を分析するほか、微小表情分析(microexpression)で真相を突き止めるものもあるが、文字化された推理/犯罪小説の世界においては、最も頼られている技術は鑑識科学である。パトリシア・コーンウェルの検屍官ケイ・スカーペッタシリーズや、キャシー・ライクスの法医学博士テンペランス・ブレナンシリーズ、人気の『CSI:科学捜査班』の小説シリーズなどはその傾向を証明している。

日本統治時代の植民政権によって、東アジア植民地の国境線を超えたネットワークのモダニティーが伝播する重要な媒体として、台湾のミステリは、帝国内で発展していく科学イデオロギーの受け皿になった。それはもちろん明治維新以降の新たな秩序に対する想像を受け継いだものだが、新興の東の帝国が西洋の文明と直面した際の、自らの位置に対する想像と構築に関わるものでもある。

したがって、当時の台湾古典文学の作者や在台日本人が書いたミステリは、思考性と技術性を通してさまざまな方法を用いて科学のイデオロギーを小説で表現している。例えば、魏清徳の古典漢文探偵小説「歯痕」(『台湾日日新報』一九一八年六月一九～二〇日、二二～二三日、二五～二六日、第六四六二～六四六三號(六)、第六四六五～六四六六號(六)、六四六八～六四六九號(六))では、犯行の手口を見破る鍵となったのは、探偵の鏤骨による緻密な分析の他に、毒物学と医学の知識であった。小説中、死体によく残される「歯型(歯痕)」は、死者の死因を曖昧化する場合もあれば、犯人の正体を明かす場合もある。多様な身体風貌は科学と結びつくことで、小説中の複雑な謎と真相を作りあげる。謝雪漁の『探偵案』シリーズの一作「新式科学捜査」(一九三五～一九三六年、呉福助編『日治時期台湾小説彙編四』二〇〇八年、文听閣、一七九～二一〇頁)では、刑事事件の捜査における指紋のメリットを極力宣伝し、指紋をテーマにした物語をいくつも作り、いかに指紋を生かして犯罪者を逮捕したかを説明している。台湾古典文学の作者が想像した科学は、群集の中に隠れる犯罪者の身体を見分けることができ、探偵の「解読者」の意義とほぼ置き換えられる、万全の力を持っている。

日本人作家野田牧泉の「捜査秘話　枯れた唐辛子の木」(一九三二年、中島利郎編『台湾探偵小説集』二〇〇二年、緑蔭書房、一九五～二一二頁)では、未亡人お岩の遺体が発見されたのは、庭の唐辛子の木の下に埋められた死体から放出された化学物質が土壌の性質を変えて、枯れないはずの唐辛子に異変が生じたためであり、そのことから犯罪が明るみに出る。また、山下景光の「基隆のバラバラ事件」(『台湾探偵小説集』一九四一年、三二五〜三三二頁)では、死体が捨てられた基隆の海を捜索したところ、頭部だけが見つかり、その入れ歯の鑑定によって、身元がお宮だと判明する。もちろん、その科学知識は台湾で生み出されたものではなく、当時日本で流行していた「犯罪科学」を翻訳・転用した結果である。したがって、科学は、犯罪者がみずからの知識を死者の身体に刻むためのものではなく、警察システムが罪状を証明するためのものである。山下景光のもう一つの短編小説「捜査実話　或る性欲変態者の犯罪」(『台湾探偵小説集』一九三八年、三〇三〜三一一頁)では、襲われた女性の服と手回り品がなくなっていたことから、捜査担当の刑事諸藤は、犯罪者に「フェティシズム」の性癖があると推理した。「フェティシズム」という言葉が一九三〇年代のミステリに現れるのは決して偶然ではない。当時の日本では「犯罪心理」およびフロイトの学説がブームになっていたため、江戸川乱歩の小説では、そのような題材が頻繁に登場する。それに、一九二九年に乱歩は死体愛好者の心理を描いた小説「虫」を発表している。

もちろん、ミステリが求める近代的な精神は、実は科学の発展に基づいた理性ロジックの土台のうえに構築されたものであるため、台湾のミステリで表現される科学は西洋の科学の発展状況と大きく呼応する。一方、「捜査実話　或る性欲変態者の犯罪」といった作品が世に出るということは、当時の台湾ミステリにおける科学の表現方法には、実用主義の鑑識科学というルートがあっただけでなく、SF小説に由来する「幻想」もまた含まれていたのである。

日本は一九二〇年代中頃から、科学的な奇想の要素を含んだ探偵小説が多く見られ、作家たちは特に犯罪者や犯罪手法などと関わる科学的想像力に夢中になっていた。例えば、江戸川乱歩は「虫」の他に、「屋根裏の散歩者」(一九二五年)、「白昼夢」(一九二五年)、「鏡地獄」(一九二六年)などの作品の中で、科学に基づいていながらも想像力に満ちた犯罪方法や犯罪者の心理を探求するシーンを描写した。医学博士でもある小酒井不木は「恋愛曲線」(一九二六年)において、犯罪者が新しい技術を使って自分の血液を恋人の心臓に送り込み、心電図上に恋愛曲線を作る過程と犯人の動機を描いた。厳密な本格探偵小説を提唱した甲賀三郎は「蜘蛛」(一九三〇年)において、謎とトリックを蜘蛛の研究と結びつけ、死者が蜘蛛に転生する幻覚を見る犯罪者を描いた。海野十三はミステリとＳＦを完璧に融合し、「電気風呂の怪死事件」(一九二八年)、「振動魔」(一九三一年)などの作品の中で、電流や音波といった最新かつ流行の科学を用い、奇想天外な犯罪方法を作り上げた。日本ミステリ史上四大奇書の一つである夢野久作の『ドグラ・マグラ』(一九三五年)では、脳髄の移植によって記憶の移植もできるのか、記憶は遺伝するのか、といった問題を提起し、先進的な科学技術に対する当時に特有の過度な楽観視と期待を表した。

しかし、サリ・カワナの指摘したとおり、日本のミステリは二〇世紀初期に既定のパターンに挑戦する段階を経て、小説と現実の境界線を曖昧にしたことによって、ヒーロー(探偵)と悪役(犯罪者)という二項対立は崩れた。明治時代以来、科学に対する無条件の信頼が構築されてきた。つまり、科学は犯罪方法や動機を構成するものにもなれば、犯罪に対抗する武器にもなるのである。だが、小説の中に出てくる、優秀だが狂気の科学を代表する科学者やエンジニア、そして医者などは、科学倫理の手本として登場することはなく、連続殺人者として登場する回数が次第に増え、当時の国家イデオロギーおよび大衆の科学に対する認識と創造を忠実に反映した。したがって、ミステリに描かれる科学は、探偵が追い求める真実と正義の盟友でありながら、邪悪な一面も持つ。小酒井不木の「闘争」(一九二九年)に見える科学者同士の対決や、夢野久作の『ドグラ・マグラ』のマッドサイエンティスト、海野十三の「俘囚」(一九三四年)や「蠅男」(一九三八年)に登場する改造人間といった内容からすると、当時の日本の探偵小説作家は、科学者に対する懸念と反発を表明しただけでなく、一九二〇年代から一九三〇年代にかけての科学が倫理において多義的な傾向にあったことをも示している(Kawana, Sari, *Murder Most Modern: Detective Fiction and Japanese Culture*, Minneapolis: Univ Of Minnesota Press, 2008, pp.111-146)。

科学に対する狂気的な想像は、西洋では始まりから今に至るまでSF小説ジャンルに括られ、書き続けられている。だが、日本ではSF小説とミステリがその命題を共有し、一九九〇年代に入っても、相変わらず本格ミステリに登場する。台湾でも知名度が高い作家である京極夏彦は、陰陽師探偵の京極堂を主人公とするミステリシリーズの第二作『魍魎の匣』(一九九五年)で、ミステリアスな美馬坂近代医学研究所を描いた。その研究所を管理する天才外科医の美馬坂幸四郎は、第二次世界大戦前に帝国大学を卒業後、免疫学の権威になり、不老不死の研究に専念する。美馬坂幸四郎のイメージはまさにサリ・カワナが指摘したように、一九二〇年代から一九三〇年代の日本のミステリに登場したマッドサイエンティストを引き継いで創造されたものである。また、同じく台湾で広く知られている東野圭吾は、ガリレオシリーズでさまざまな科学奇想とそれに関係するトリックを数多く生み出し、物理学者の探偵湯川学だけが犯罪トリックを見抜くことができるという設定である。近年、作品の映像化によって人気を博した貴志祐介の榎本径シリーズ『硝子のハンマー』(二〇〇四年)では、老人介護用のロボットが犯罪者に悪用されるトリックが登場する。以上のような例は、枚挙に暇がない(1)。

現代台湾のミステリは、上述したものとの関連性が見られる。例えば、既晴の『超能力殺人遺伝子』では、『魍魎の匣』の美馬坂近代医学研究所と似た謎の実験室が出てくる。ただし、『魍魎の匣』の同研究所で行われる人体実験は、人類の不老不死の方法を探すためのものであったのに対し、『超能力殺人遺伝子』において、埔里の山奥で地震がきっかけとなり発見された実験室は、王閔晟が密かに超能力遺伝子を開発するためのものであった。それは単なる偶然ではない。既晴は第一作『魔法妄想』の序で、島田荘司と京極夏彦から創作概念の影響を受けたと言及している。京極夏彦の作品は一九九八年に初めて台湾に紹介され、『魍魎の匣』は一九九九年に時報文化出版社から中国語訳が出版された。したがって既晴の場合は、謎の科学研究所でマッドサイエンティストが行う不思議で時代を先取りした研究という設定は、確かに小説を書く時のヒントとなったと考えられる。その他、林斯諺の『無名之女』における、脳の移植手術で記憶も認知も新しい身体に移るという題材は、夢野久作の『ドグラ・マグラ』の脳髄移植手術や記憶転移の想像力と同工異曲の感がある。

林斯諺のアイデアは島田荘司が台湾で提唱した「二一世紀本格ミステリ」と関係すると思われるが、二〇〇四年に小知堂文化が『ドグラ・マグラ』をすでに出版しているため、それによって台湾と日本の犯罪リビドーから生まれた「科学移植」についてのテクストに対話の可能性が開けた。

前述したように、台湾ミステリに現れる「科学回帰」は、島田荘司と深く関係している。第二次世界大戦後の台湾では、政治環境の変化により日本統治時代の文学遺産は禁じられ、中国ナショナリズム主導の国家的な文芸政策が施行された。そのため、台湾ミステリの発展は中断し、一九八〇年代に入ってようやく復活した。しかし、当時は社会派ミステリが主導する時代であったため、本格ミステリの創作の試みはあったが、推理の論理性を強調するものが多く、科学の要素を含むものが少なかった。二〇〇四年に台湾ミステリが「第三の黄金期」に入って、本格ミステリの実践に科学が必要不可欠なものとなり、ふたたび科学は本格ミステリへと戻ってきた。まさに筆者が『越境と翻訳ルート――現代台湾ミステリにおける身体の翻訳及びトランスナショナルジャンルの再生産』で述べたように、「台湾新世代のミステリ作家が本格ミステリ文体の構成を追い求めていたとき、歴史のキーポイントとなるタイミングで島田荘司と出会った。島田の小説は、極めて華麗なる不思議議で幻想的なトリックや、魅力的な天才探偵、殺人のために作られた閉鎖的な建物、そして手記／手紙／小説の中の小説といった多元的な叙述方法が用いられているため、台湾の創作者と読者にとって、「本格ミステリを眺める」重要な架け橋となっている」[(2)]のである。

島田荘司の小説が台湾に輸入されてから、台湾の読者は現代本格ミステリにおける科学の意義について改めて考えさせられることとなった。例えば、島田荘司は『眩暈』（一九九二年）では、DNAと脳科学について問題を提起し、『魔神の遊戯』（二〇〇二年）や『ネジ式ザゼツキー』（二〇〇三年）では、脳科学や精神病、そして未来記憶の謎などを描く。『エデンの問題』（二〇〇五年）と『リベルタスの寓話』（二〇〇七年）では、クローン人間とインターネットの問題を提起する。また、探偵は横浜馬車道からニューヨークへ進出し、占星術の占い師から「世界の御手洗潔」、つまりアメリカのコロンビア大学の脳科学教授に転身した経緯などは、創作者たちを大きく啓発した。二〇〇八年から台湾皇冠文化出版社は日本の文藝春秋出版社と「島田荘司ミステリ賞」を共催し、台湾ミステリはこの賞を通して開花した。

国境を越えた文学賞を通して、島田荘司は日本で提唱した「二一世紀本格」の概念を台湾へ輸出し、寵物先生の『虚擬街頭漂流記』と林斯諺の『無名之女』の誕生に繋がった。二〇〇九年九月に島田荘司は賞を授与するために台湾を訪問中に、三回のイベントに参加した際に、しきりにエドガー・アラン・ポーの『モルグ街の殺人』を例として挙げ、同作が画期的な作品となったのは、一九世紀の新興の科学鑑定知識を運用し、神秘的かつ幻想的なトリックを完璧に融合したからだ、ミステリはこの原点に立ち返り、二一世紀の本格ミステリを創るべきだと主張した。その影響で、第一回島田荘司賞の受賞作『虚擬街頭漂流記』についての評論は、科学をめぐるものが多く見られた。審査員の玉田誠は、この小説を「「機械的体質」と「生物的体質」とを兼ね備えたハイブリットな文学へと進化した」（玉田誠「二十一世紀本格推理的指標作品」、寵物先生『虚擬街頭漂流記』二〇〇九年、皇冠文化出版、五頁）と評した。また、審査員長の島田荘司は、「二十一世紀の最新科学情報を、電気の幽霊譚と出遭わせた作例と解することもでき、ポー型の原点回帰を志向する本格ルネサンスとして、「二十一世紀本格」という考え方を提唱してきた私個人の期待に、この作はよくこたえるものであった」（島田荘司「第一回島田荘司推理小説賞選評」『虚擬街頭漂流記』四〇三頁）と評した。

島田の創作理念に感化され、林斯諺は『無名之女』を創作し、第二回の島田荘司賞に応募した。受賞には至らなかったが、島田荘司から「日本のミステリではこんなに素晴らしいトリックを見たことがない。この作品は私が中国語ミステリ世界で探していたイノベーションだ」と評価された（『無名之女』のキャッチコピー、詳しくは「博客来網路書店」のホームページ：http://www.books.com.tw/exep/prod/booksfile.php?item=0010558579を参照）。本書の解説で玉田誠は、科学知識に対する理解と思考は二一世紀本格ミステリの真義を完全に摑んでおり、二一世紀本格ミステリの傑作だと称賛して、次のように述べる。

最先端の科学知識の導入は、〝驚きの装置〟である本格ミステリーのいかなる部分に寄与するのかに着目する必要があるのだ。現代の先を行く最先端科学を物語の構造に取り入れることで、最先端科学が導き出す〝未来（真相）〟と〝現代（現在）〟との間に〝差異〟が生じる。この〝差異〟によって〝驚きの装置〟を稼働させることが、「二十一世紀本格」の要諦といえるだろう。

この〝差異〟は、読者のいる〝現代〟の視点と、作中の真相が内包する視点にも〝ずれ〟を生じさせる。「二十一世紀本格」における創作は、まず事件に付与させるトリックを着想し、そこから物語をつくりだすという――古典ミステリから続く創作の定式とは大きく異なり、この〝差異〟と〝ずれ〟をどう仕掛けに活用していくのかが重要になってくる(3)。

寵物先生と林斯諺の例を見ると、トランスナショナルな文学賞に召喚されたことで、台湾現代のミステリでは、科学が重要な権力的な位置を占めるようになった。犯罪リビドーは科学と迅速に融合し、安定した叙述形態を形成する。そのことは、二〇〇四年以後に確立した台湾ミステリに創作モデルを提供しただけでなく、そのモデルの内部を直接書き換え、科学を本格ミステリの最も重要な創作条件へと押し上げた。しかし、注意しなければならないのは、小説で使われる「科学知識」は検証された科学ではなく、あくまでも「想像」の産物だということである。玉田誠も『虚擬街頭漂流記』に見えるパソコンの中の仮想世界という設定は、SFやホラーでは特に珍しいものではないが、SF小説でよく見られる叙述方法を顛覆させたところが優れていると述べた。つまり想像の世界と現実世界の間にある曖昧さは本格ミステリの新しい視野を広げ、母性と父性など人間性の要素が加わった(前掲、玉田誠「二十一世紀本格推理的指標作品」、四〜五頁)。もっとも、当然ながら疑問も生じる。玉田誠の指摘した顛覆性は世界中のSF小説に本当に存在するのか。しかし、その発言で重きを置くべきところは、彼が小説創作の前衛性が「ミステリ」の領域にあるのだと強調していることである。そのことは、日本と西洋の現代の推理／犯罪小説との一番の違いが、実証主義と想像の系譜という、科学に対する態度の絶対的な差異にあるということをも示している。

だが、このような日本／台湾ミステリの未来の青写真には、危険性が含まれている。『虚擬街頭漂流記』と『無名之女』との差異は、その問題を不意に露呈した。この二つの作品の一番の違いは次の点にある。『虚擬街頭漂流記』では、冒頭部から舞台が二〇二〇年の世界であることを言明し、仮想世界と現実世界との差異を明確に説明している。仮想世界で行われた犯罪であるがゆえに、仮想世界でのみ真相が求められる。つまり謎と真相は、同じ次元に設定され、同じ科学秩序のもとに生まれた世界観のうちに存在しているため、謎と真相との間には納得しやすい必然性がある。しかし、『無名之女』は謎解きの段階に入ってから、ようやく舞台が百年後の世界であることに読者が気づく。そのうえ、謎と真相は違う次元に設定され、謎と真相との間に科学上の「時間差」と「秩序差」が存在するため、謎と真相は同じロジックを保持しておらず、必然性は希薄である。舞台を未来に設定する小説には確かに幻想的な部分があるかもしれないが、読者は物語世界に入る時、科学と未来についての描写を本当のことだと信じて、「ＳＦ小説世界内の現実」を受け入れなければならない。それに対し、『無名之女』では、小説世界の基盤は真相の一部であり、謎が解かれた時にすべてが明かされる設定になっているため、小説世界内部に構築された秩序に対する読者の信頼は、作者の謎によって壊される。したがって、読者は小説中の科学について、極端な幻想性を疑う姿勢から極端な現実性を認める姿勢に変わっていく。簡単に説明すると、謎はミステリの文脈に含まれているのに、謎解きの合理性はＳＦ小説に任せてしまっているのである。そのような認知上の「次元差」というミステリの美学は、一九八七年以降の新本格ミステリの「叙述トリック」によく見られる。しかし、『無名之女』と島田荘司の新本格ミステリが科学を通して追い求める未来は、明らかにそのような伝統回帰ではない。

　異なる大衆文学ジャンルとして、ミステリとＳＦ小説は各自の文体秩序を持っており、それによってジャンルの境界線を引き、ジャンルの主体と伝統を築き上げている。創作上の「後から来たもの」は伝統と文脈を翻訳することによって、新しい時代に相応しい言葉を生み出す。『無名之女』を通して認められた「新本格」は、ミステリとＳＦとを融合させる必然性を見せてくれたが、主たる文体秩序としてどちらを優先すべきか、ミステリとＳＦとをどう翻訳しあうのか、どちらを中心に据えるべきかなどの問題も生じる。台湾の場合は、西洋あるいは日本のＳＦ小説の文体秩序と「最新科学」の翻訳を試みる際、玉田誠の言うとおりに、「未来(真相)」と「現代(現在)」の「差異」を構築し、本格ミステリの「びっくり箱」を完成させることができるのか。しかし、仮に創作者が本格ミステリの世界観や核心の謎とトリックをすべて「未来」という「ＳＦ舞台」に託すとしたら、ミステリは結局ＳＦ小説に歩み寄るしかなく、このジャンルを終息させてしまうのではないのか。それは島田荘司と彼に追随する台湾の創作者たちが考えなければならない課題だろう。

四　科学の他／牠者化と身体の恐怖

前節で述べたように、台湾の文学は各ジャンルが発展していく中で、科学はいつもそこに溶け込むことができず、欠如することさえあった。そのため、西洋のように最新科学をテーマにすることはなく、科学小説には幻想性がなく、ＳＦ小説に現れる科学性も貧弱なものである。それは台湾の国際社会上の立場が科学発展の可能性を間接的に圧迫していることや、科学が国家の総合戦略に組み込まれていないことと密接に関係する。台湾では科学の土台ができていない中で、ＳＦ小説とミステリは、科学に対する想像力を海外の作品を翻訳することで習得するしかなかった。台湾のミステリに現れる、科学を恐怖の他者とみなす視線も、日本の経験を翻訳したことに由来する。

大まかに述べると、アジア諸国と比べ、西洋は、科学に対して幾分余裕を持っている。西洋の推理／犯罪小説やテレビドラマで、科学を「自由に運用」していることからは、科学を支配することへの圧倒的な自信が窺える。科学の力を使って犯人を捜査し、社会の秩序を回復させる。ＳＦジャンルでは、科学は警戒される対象となる。しかしその焦燥感は、科学は何者にも邪魔されずに西洋人の手によって線条的に発展していくと本能的に信じることから生じるため、西洋人には自覚と反省が必要となり、自己を抑制しなければならない。推理／犯罪小説というジャンルにおいては、科学は神のような存在であり、法律や警察システムなどと手を組み支え合う、緊密で現代的な体系となった。しかし、そのリビドーはおもに科学によって触発された。

東アジアは科学に対して圧倒的な自信を持っておらず、焦燥と恐怖しか感じない。また、アメリカが科学発展の主導権を握っているため、間接的に東アジアの最先端科学技術の発展を支配している（興味深いことに、アメリカに協力しない中国と北朝鮮だけがこの方面で超越する可能性を残している）。日本は第二次世界大戦前から、ミステリの中にマッドサイエンティストが現れたことによって、モラルの多義性に対する思考が巡らされるようになった。戦後になると、原爆によって地獄のような悪夢がもたらされ、それは今もなお、拭いがたく影を落としている。台湾のSF小説評論家の鄭運鴻は、日本で平均身長以下の人間型ロボットを開発したのは、科学を無害化し、脅威のないものにとどまらせたいという精神構造が反映していると述べる。鄭はその他の例として、手塚治虫が創造した鉄腕アトムを挙げる。日本人は原爆に対する恐怖心から、幼くて可愛らしくもたくましい体を作り上げることによって、その恐怖心を収納する安全装置を構築したという（「日本科技与科幻的互動——従ATOM到ASIMO」『科学月刊』第三三巻第八期、二〇〇二年八月、六八六〜六九二頁）。

しかし、ミステリジャンルにおける科学に対する不信感はとどまることなく広がり続けている。それもまた翻訳を通して台湾の創作者に内在化され、科学から犯罪が生まれる物語が次々と生産された。その恐怖感は三つの方向に具現化される。——犯罪者のモンスター化、科学のモンスター化および他者化、犯罪舞台の異質空間化である。『錯誤配置』の居場所のないニューハーフ、『超能力殺人遺伝子』の血を好む超能力モンスターベイビー、『虚擬街頭漂流記』の人工知能、あるいは

『無名之女』の脳転移手術を施される身体などは、どの犯罪者も科学によって定義され、創造されたものである。しかし、科学は恐怖の他者であるがゆえに、その産物（モンスター／怪物／犯罪者）もまた他者化される。まさにジュリア・クリステヴァが述べる「アブジェクシオン」である。主体の表現を符牒化することと、恐怖の対象を駆除することは、主体の焦燥感を解消する手段となる（『恐怖の権力――「アブジェクシオン」試論』彭仁郁訳、二〇〇三年、桂冠図書、一～五九頁）。また、金儒農は、台湾のホラー小説の系譜を論じる中で、「異質空間」(heterotopias)がテクストの重要な役割を担い、人間が排除しようとする恐怖の他者を支えていると述べた（金儒農「恐怖主体与異質空間的再生産――台湾戦後恐怖小説系譜的生成」梅家玲編『台湾研究新視界――青年学者観点』二〇一二年、麦田出版、二六五～二九五頁）。そのため、科学的想像力を中心とした台湾ミステリのストーリーは日常空間の外で発生する。例えば、『超能力殺人遺伝子』の異境化された埔里の田舎、『虚擬街頭漂流記』の仮想空間や越境する超現実世界――架空の二〇〇六年の台湾島と二一〇六年の台湾大陸などがそうである。異質空間を通して、科学に対する恐怖はホラー小説のもたらす浄化作用のようにそこに据え置かれる。それは手塚治虫が鉄腕アトムを生み出したことや、台湾政府が放射性廃棄物を台湾島から九〇キロ離れた、原住民タオ族が古くから住む離島の蘭嶼に無造作に埋めたことと同じである。

　また、金儒農が指摘するように、恐怖小説の叙述が応えたのはやはり台湾のモダニティーの問題であり、学校や病院、軍営などはいずれもモダニティーの秩序を象徴するものである（前掲論文、二九二頁）。台湾ミステリの科学に対する想像力とそこに潜む身体への恐怖は、台湾におけるモダニティーの経験という文脈のもとに理解すべきである。特にミステリは、本来モダニティーを重視するジャンルであり、「無秩序の謎を縮小」し、「秩序へと回帰」することを目指す（Williams, Raymond., *The politics of modernism: against the new conformists.* London: Verso, 1989, pp. 45-47）。つまり、このジャンルの本質は「無秩序」を排除することであり、真相の暴露と物語の完結が形式上必要とされるだけでなく、「非秩序化」された、「無秩序」な存在を排除することもまた含まれる。またそれゆえに、ミステリに登場するモンスター化した犯罪者がそもそも「健全なる身体」の秩序化を求めるのは、秩序のない「規格外の身体」や「異質の身体」に対する恐怖心からである。また、最後に「異質な身体」を有するモンスターが「ねじ伏せられる」のも、高度に秩序化された探偵の身体によってである。ミステリは、秩序のない犯罪者の身体と秩序化された探偵の身体との対決にほかならない。ジャンルの文体秩序という視点から見れば、当然犯罪者に異質な身体をあてがうことは、秩序化された探偵の身体を登場させるのに有利なのである。しかし、突き詰めれば、小説の結末が、犯罪者の処罰（異質性の解消）と真相の解明へと向かうことで、ジャンルはさらなる秩序化を免れえない。

だが、さらに踏み込んで国家社会という視点で見ると、秩序化した身体に対する欲求は、台湾が現代化した国家になるまでの歴史的な発展と深く関わっている。従来の研究では、台湾のモダニティーを備えた身体への欲求は日本統治時代（一八九五年〜）に始まるとされるが、傅大為は医学史の角度から、一八七〇年代カナダの長老教会の牧師馬偕（George Leslie Mackay）の台湾での医療活動によって、「宗教・医学」のルートを通じて、台湾人の身体は近代的に訓練され始めたと主張する(『亜細亜的新身体：性別、医療、与近代台湾』二〇〇五年、群学出版、三七～八〇頁)。そして日本統治時代に入ってから、大清帝国の身体的特徴を排除するようになった。例えば辮髪を切ること、纏足を解くこと、洋服を着ることなどである(呉奇浩「喜新恋旧：従日記材料看日治前期台湾仕紳之服装文化」『台湾史研究』第一九巻第三期、二〇一二年九月、二〇一～二三六頁)。また、公学校における教育と体育の訓練や西洋化運動の提唱により、台湾人は西洋の基準に合わせた近代的な身体の獲得へと突き進んだ。太平洋戦争が勃発した後、皇民化運動の段階に入ると、日本名をつけることのほか、言語や家庭制度なども利用し、未曽有の「日本式」の近代的な身体が作り上げられた。一九四五年に国民党政府の統治時代に入ってからも、身体に対する規制と制約はとどまることがなく、幼少期から教育体制を通して、髪型や服装などを厳しく制限するだけでなく、高校に入ってからの軍事教育や満一八歳男性の徴兵制度などさまざまな制度が設けられた。国家機械は秩序化した身体を追い求め続ける。その過程においては、いかなる異質な身体であっても、例えば男性が髪の毛を伸ばすことや女性が中性的な服装を着ることなど、表面的なものから精神面のセクシュアル・アイデンティティーに至るまで厳しく制約され、排除される。標準化された身体の規制は常に存在している。異質な身体を棄却し、標準化された身体を提唱する目的は、秩序化された現代国家を構築することにある。台湾ミステリにおける科学への想像力と身体への恐怖は、確実に上述した歴史の脈絡に応えたものである。同時に、それは台湾人の現代化のプロセスで作られた精神構造と焦燥感を示してもいる。

注

（1）日本のミステリとテレビドラマにマッドサイエンティストが出てくることが多いのに対して、西洋のミステリドラマ、例えば『CSI』、『CSI：NY』、『NCIS』、『NCIS：LA』、『Criminal Minds』などの中では、パソコンとインターネットで捜査するエンジニアや性格が変わっている科学鑑識員が、魅力のある可愛らしいイメージへと変化する傾向が見られる。

（2）陳國偉『越境と翻訳ルート――現代台湾ミステリにおける身体の翻訳及びトランスナショナルなジャンルの生成』（原題『越境与訳径：当代台湾推理小説的身体翻訳与跨国生成』）（二〇一三年、聯合文学、一六一～二一一頁）。この二〇年ほどの、島田荘司が台湾の創作者たちに与えた影響については、同書で詳述したので割愛する。

（3）「解説」（『無名之女』、五頁）。引用は、中国語からの翻訳ではなく、玉田誠氏から日本語原文を提供していただいた。この場を借りてお礼申し上げる。

附記

本稿は、科技部計画一〇二～一〇四年度（二〇一三～二〇一五）科技部計画「従偵探到推理：八〇年代台湾推理文学場域的話語転換」（NSC 102-2410-H-005-058-MY2）及び一〇六年度（二〇一七）科技部計画「以身試法：戦後台湾大衆文学的身体方法学」（MOST106-2410-H-005-042-）の成果の一部である。

「言えない秘密」をいかに翻訳するか
——叙述トリックから見る台湾における日本ミステリの受容[1]

金儒農(李珮琪訳)

一　はじめに

台湾のミステリ史を俯瞰してみると、この百年の間で活発化した創作時期は、日本統治時代、八〇年代、および二〇〇四年から今日までの三回あった(陳國偉「本土推理・百年孤寂——台湾推理小説発展概論」『文訊』、第二六九期、二〇〇八年三月)。ミステリは台湾の作家にとっては外来のジャンルであったため、彼らは外来の作品を翻訳しながらミステリのあるべき形式や内容、文法を学び、自分のものに書き換えてきた。この百年の間、台湾のミステリが創作される際に、最も重要な参照の対象となったのは日本である。陳國偉が指摘したとおり、日本統治時代の台湾は植民地化されていたことから、「日本推理小説文壇の延長であり、日本と同時に発展した」ものと見なされた。また、八〇年代に林佛児の主導した林白出版社と雑誌『推理』の働きかけにより、日本ミステリの創作理論がようやく台湾に輸入され、当時の作家の創作基準となったのである（陳國偉「島田的孩子？東亜的万次郎？――台湾当代推理小説中的島田荘司系譜」、『台湾文学研究集刊』第一〇期、二〇一一年八月）。

さらに、二〇〇四年から台湾ミステリ創作の景色が大きく変わった。二一世紀以降、台湾のミステリは盛んになり、未曾有の光景が現れる（金儒農「喧囂以前――台湾推理小説出版概況」、『文訊』第二六九期、二〇〇八年三月）。数多くの出版社がミステリを出版し始め、ミステリジャンルのものが続々と出版され、驚くほどの販売部数が世の中に出回ることになった。二〇〇四年の出版物はようやく百冊を超えるくらいだったが、二〇〇六年には『ダ・ヴィンチ・コード』の影響で二四八冊にまでのぼり、倍以上に成長する好景気を見せた。二〇〇七年には二一一冊に減少したが、二〇〇八年にまた返り咲き、二三五冊まで達した。しかし、二〇〇九年になると二〇〇冊以下にまで下がり、二〇一〇年の出版数は前年と同様だった（黄羅「二〇〇一～二〇一〇：倍速成長的推理十年（中）」、「遠流部落格・推理館」http://blog.ylib.com/murdershop/Archives/2011/02/15/17601、cited：二〇一二年一〇月二二日）。

海外の作品を大量に輸入して出版したことによって、この時期の創作者は、今までの作家とは異なる、かつてない衝撃を受けた。ここで新たな疑問が生じる。すなわち、新しい世代の作家はいかに外来作品の影響を受けて創作を行ったのか、である。

かつて筆者は自身の論文でこう書いたことがある。「現代台湾の推理作家は推理作品の翻訳から多重の影響を受けているが、主に二つのルーツが台湾で合流した。一つは早期に日本経由で間接的に台湾に入ってきた欧米推理小説で、後に直接台湾に入ってきたものであり、もう一つは日本の推理小説である。台湾に直接に入ってきたものの、そのルーツの一部は欧米推理小説にあるため、欧米と日本の推理小説は台湾で混ざったり重なったりし、時差が生まれたりする」（金儒農「輸入文類的混雜訳域：以推理小説中的「本格」一詞為例」、「犯芸翻訳犯意：台日推理小説国際学術工作坊」台湾：中興大学台湾文学及びトランスナショナル文化研究所アジア大衆文化と新興メディア研究室主催、二〇一一年三月一二日）。だが、同論文では上述の現象と台湾の読者が受け入れたルーツの混合性に触れただけで、海外の推理小説の脈絡を台湾の読者がどのように受け入れ、消化し、思考し、台湾独自のミステリの内容や形式を生み出したかについては言及していない。したがって、本稿ではさらに一歩を踏み出し、ミステリにしかない要素である「トリック」を出発点として、台湾ミステリ作家における日本受容という視座について究明したい。討論の便宜上、本論文では研究範囲を絞って、日本のミステリに特によく見られる「叙述トリック」を中心に取り上げる。二〇〇〇年以後にデビューした台湾の推理小説家である、冷言、ミスターペッツ（寵物先生）、林斯諺の三人を対象とし、彼らがいかにして海外の叙述トリックを吸収し、台湾独自の叙述トリックを作り出したのかについて論じたい。

二　「言えない秘密」——世界に対する不信任投票

日本のミステリ作家我孫子武丸は、叙述トリックを「小説における、作者と読者の間に暗黙の了解のうちの一つあるいは複数を破ることによって読者を騙すトリック」（我孫子武丸「叙述トリック試論」『小説たけまる増刊号』一九九七年、集英社）と定義した。それに対し、台湾のミステリ作家ミスターペッツは、「叙述トリックは作品の作者が、読者（あるいは観客）に使うトリックであるが、作中の登場人物にとっては存在しないものだ」（「関於叙述性詭計這回事② 従定義開始：詭計的主体与受体」、「娜斯塔爾吉艾比琳絲・郷愁的迷宮」http://nostalgiabyrinth2.blog124.fc2.com/blog-entry-16.html、cited：二〇一八年一一月六日）と述べている。また、台湾の推理作家凌徹は「いわゆる叙述トリックは文章の曖昧性と不透明性を利用し、読者の読みを誤った方向に誘導し、作者に対する信頼を破壊し、意外性に富んだ結末を獲得するトリックだ」（凌徹「叙述性詭計」、「虚無工作室」http://adolmyst.blogspot.tw/2011/05/blog-post_08.html、cited：二〇一六年一一月六日）とさらに分析した。言い換えれば、過去の「トリック」は大半が犯人の探偵への挑戦であったのに対し、「叙述トリック」は作者の読者への挑戦であり、作者と読者との暗黙のルールから生まれたものであるため、「言えない秘密」とも言われる。先に説明してしまうと、読者は警戒し、叙述トリックをまったく楽しめなくなるためである。

江戸川乱歩は一九五三年に書いた「類別トリック集成」という一文で、ミステリに出てくる各種のトリックを網羅的に列挙したが、いわゆる叙述トリックはそのリストには載っていない。詳しく見ていくと、叙述トリックにあたるものは、「一人二役トリックの他に意外性を持つ犯人トリック」の中の「記述者＝犯人」（江戸川乱歩「類別トリック集成」『続・幻影城』二〇〇四年、光文社）に分類されている。また、この類型は一般に「叙述トリック」の始まりだと目されている。「記述者＝犯人」という類型から「叙述トリック」への発展は、ちょうどミステリが台湾に輸入された初期の過程と一致する。日本では欧米から「記述者＝犯人」という類型を輸入して「叙述トリック」が生まれた。それに対し、台湾は改造された「叙述トリック」を日本から輸入し、同時に欧米から初期の「記述者＝犯人」という類型を導入した。「叙述トリック」は翻訳の近代性を多重に背負っていることもまた、本稿でトリックの類型を絞って論じる理由の一つである。

一般的には、「記述者＝犯人」のトリックで有名になったミステリは、アガサ・クリスティーの『アクロイド殺し』[2]（『The Murder of Roger Ackroyd』、一九二六年）が最初だとされる。作者は前作のキャラクターである探偵エルキュール・ポアロをこの作品でも引き続き登場させたが、前作までの助手兼語り手のアーサー・ヘイスティングズを村の医者ジェイムズ・シェパードに変更し、彼を全編の語り手として一人称でストーリーを記述した。物語は村で殺人事件が起きたところから始まる。死者のロジャー・アクロイドは未婚の大富豪だった（ロジャーが殺される前に、キングズ・アボット村のフェラーズ夫人が急死する）。ロジャーの親友で医者のジェイムズ・シェパード――つまり「わたし」――は事件が起きた時に謎の電話を受けてすぐ現場に駆けつけ、事件の発見者となる。

常識や証拠から判断すれば、この事件で一番疑わしいのはロジャーの義理の息子ラルフ・ペイトンだが、ラルフが義父を殺したとは誰も信じなかった。探偵ポアロはこのタイミングで事件調査に介入し、「わたし」はアクロイド家と村の事情に詳しかったことから、成り行きでポアロの助手になる。また、「わたし」はポアロに対して、今回は人生の中で唯一殺人事件の調査に関与するかもしれないから、アーサー・ヘイスティングズのように記録したいと伝えた。ポアロも「わたし」の提案に大きく賛成し、その記録が読者が手にしている『アクロイド殺し』だというわけである。この小説の意外性は、医者のシェパードが犯人であったという真相にあり、この小説は、「語り手／助手は犯人であってはならない」という読者と作者の暗黙のルールを壊した。そのため出版後は大騒ぎになり、沢山の読者から抗議の手紙が出版社に寄せられ、そのことがアガサ・クリスティーをベストセラー作家たらしめた。笠井潔によると、「第一次大戦後、とりわけ一九二〇年代は、探偵小説の形式化がラディカルに押し進められた時代である。形式化運動を理論的に主導し、二八年には「二十則」を発表しているヴァン・ダイン(3)が、『アクロイド殺し』をアンフェアと批判したことに不思議はない」という。笠井潔の考えでは、「世界の真実」と「わたし(作者)の真実」が自己完結の小説の中で区別され、アーカイブされることは近代小説の特徴の一つであり、この「形式上の完全性」は保存されなければならない。それができてこそ、小説の世界は安定して信頼されるものになる。アガサ・クリスティーのこの小説は、ミステリの形式を壊す可能性を持っているからこそ、同時代の作者の危機感を煽り、この作品を否定する動きに繋がった。結局、この形式のミステリは、日本で本格ミステリの第三の波がきてからようやく花開いたのである(笠井潔「アクロイド殺し――解説」、『アクロイド殺し』二〇〇三年、ハヤカワ文庫)。

笠井潔の分類によると、日本の本格ミステリは三回の変革を経験した。本格ミステリの第一波は江戸川乱歩と雑誌『新青年』によって生じた。欧米ミステリの基準に近づけることを強調し、理性的なロジックをミステリの基本ルールとしたものである。本格ミステリの第二波は戦後の横溝正史、高木彬光、鮎川哲也、坂口安吾らによってもたらされた長編ミステリブームである。この時期の本格ミステリは謎の最大化を強調し、まるで戦後の秩序回復を期待するかのように、作家たちは探偵に霧の中を歩かせ、本来の秩序を回復させた。一九八七年に綾辻行人の『十角館の殺人』が出版され、「新本格派」が出現すると、本格ミステリの第三波が到来し、形式の変化が今までで一番激しいブームとなった(笠井潔『探偵小説論I　氾濫の形式』一九九八年、東京創元社)。

ここからは『十角館の殺人』を紹介し、この小説がいかに先行者の創作の流れを継承しつつ、日本ミステリの新しい境地を切り開いたのかを整理する。綾辻行人は、『十角館の殺人』において、アガサ・クリスティーの『そして誰もいなくなった』に見える、すべての関係者を島に招いてから彼らを殺すというパターンを真似て、ある大学の推理小説研究会の一行が、奇妙な殺人事件がかつて起きた島を訪れ、連続殺人事件に巻き込まれるというストーリーにした。「クローズド・サークル」式のミステリはミステリ史上よく見られるが、綾辻行人はこの小説内で「第一章　一日目・島」や「第二章　一日目・本土」といった、二つのストーリーを交差させる叙述を使った。島にいる者は日に日に生存者が減っていく緊張感に耐えながら、犯人をなんとか見つけなければならない。それに対し、本土にいる者は推理小説研究会のメンバーに手紙を送ったのが誰なのか、島の殺人事件と関わりがあるのかを探ろうとする。二重の叙述によって、現在進行中の連続殺人事件とその背景が示され、かつ犯人が同じ島にいる推理小説研究会のメンバーではなく、本土にいる何者かであるかのように読者に思わせる。このトリックの巧妙なところは、島にいる者はあだ名で呼び合い、本土にいる者は本名で呼び合うように設定され、名前の異なる呼び方によって、別人だと思っていた二人が実は同一人物であったという事実を作者が上手く隠しているところにある。

この作品は間違いなくアガサ・クリスティーの影響を受けている。しかし二つの作品の違いを細かく見ると、『アクロイド殺し』の医師ジェイムズ・シェパードはポアロに疑われたことに気付き、疑惑から逃れようと探偵を誤った方向へ誘導するため、その計算され尽くした記録をポアロに見せる。つまり、「語り手は犯人」という設定は「犯人対探偵」のトリックに内包され、読者は探偵と一緒に騙されるに過ぎない。だが『十角館の殺人』においては、犯人が実践したトリックは一般人の想像を超えている。犯人は本土と島を行き来する手段として、漁船ではなくゴムボートを使った。そうすることで、島で人を殺しても、犯人が本土にいるものと本土の人間に思わせられる。結末が読者を驚かせたのは、あだ名と本名の情報が不対応であったことから混乱が生じたためである。このトリックは小説内の人物を狙って仕掛けたものではなく、「神の視点」を持つ者——つまり読者——だけが同時に二つの場所で起きたことを目にして騙されうるのである。一方、これは文字の世界でこそ成立するトリックであり、映像化すれば、同一人物であることは一目瞭然であるため、読者の驚きはなくなる。しかし、注目すべきは、作者が『十角館の殺人』の第一章において登場人物の口を借りて、ミステリ創作の宣言を発表し、松本清張のような社会派はもう時代遅れで、今後のミステリは知的な遊びの伝統へと立ち戻るべきだと主張していることである。

「僕にとって推理小説は、あくまでも知的な遊びの一つなんだ。小説という形式を使った、読者対名探偵、読者対作者の刺激的な論理の遊び。それ以上でも以下でもない。

だから、一時日本でもてはやされた〝社会派〟式のリアリズム云々は、もうまっぴらなわけさ。1DKのマンションでOLが殺されて、靴底を擦り減らした刑事が苦心の末、愛人だった上司を捕まえる。——やめてほしいね。汚職だの政界の内幕だの、現代社会の歪みが生んだ悲劇だの、その辺も願い下げだ。ミステリにふさわしいのは、時代遅れと云われようが何だろうが、やっぱりね、名探偵、大邸宅、怪しげな住人たち、血みどろの惨劇、不可能犯罪、破天荒な大トリック……。絵空事で大いに結構。要はその世界の中で楽しめばいいのさ。但し、あくまで知的に、ね」

だが、この宣言は主張した形式と矛盾する。謎解きの伝統を復興すべきだと主張しつつも、謎解きが依拠するところの「リアリティ」を崩しており、謎の中に言語の曖昧さを取り入れ、ストーリーの弁証法を手放している。笠井潔はそれを矛盾する「ポストモダン的性格」だと指摘する。七〇年代後半から日本にはポストモダンの思想が流入し、十年間にわたり蓄積された——つまり法月綸太郎がいう「反リアリズムの揺籃期」である。ポストモダンの風潮はこの時期のミステリに入り込み、言葉遊戯を通して表現された。しかし、この遊戯性は、一九八九年の宮崎勤事件や天皇崩御、ベルリンの壁の崩壊などの出来事によって取り壊され、「神話の凋落」が浮き彫りとなった。「神話

＝大きな物語」が崩壊した後、「言語＝小さな物語」の重要性が認められた（これも『十角館の殺人』が『アクロイド殺し』と異なるものだと主張する主な理由である）。したがって、叙述トリックを重要視する「新本格」がミステリの牛耳を執ることとなったのである（笠井潔『探偵小説と二十世紀精神』二〇〇五年、東京創元社）。叙述トリックとは、ミステリ作家たちがミステリを通してこの世界に不信任投票を入れる試みだと言えよう。後にバブル崩壊や湾岸戦争の勃発がきっかけとなり、新本格は笠井潔の主張する「一九九二年の転換」（笠井潔『ミネルヴァの梟は黄昏に飛びたつか――探偵小説の再定義』二〇〇一年、東京創元社）を迎えた。つまるところ、新本格の本質は進化し続けるサブ文芸ジャンルだということになるが、台湾のミステリ作家たちが上述の情勢をどう受け止めたのかは、また別の問題である。

三　台湾における「言えない秘密」

『アクロイド殺し』と『十角館の殺人』がそれぞれの時代と国で生み出された「叙述トリック」の「手本のような作品」だとするならば、台湾におけるこの二つの小説の翻訳出版は、台湾の読者にとっては「叙述トリック」との初めての出会いを意味する。そして、台湾の叙述トリック受容史のジレンマに我々は気づくはずである。アガサ・クリスティーの『アクロイド殺し』の原作は一九二六年に出版されているのに対し、台湾では一九八二年に輸入されたため、なんと五六年間のタイムラグがあるのである。また、綾辻行人の『十角館の殺人』の原作は一九八七年に出版されているが、皇冠文化出版社は一年もかからずに、一九八八年にこの作品を台湾市場へと送り出した。つまり、二つの原作の出版時間には六〇年以上の差があるのに、台湾では七年の差しかない。この時間差は台湾のミステリ作家にどのような影響をもたらしたのか。また、八〇年代に台湾で刊行された雑誌『推理』は、残念ながら同時代の日本のミステリ理論やミステリ・シーンの紹介には力を入れなかった。前述のとおり、一九八七年以降、綾辻行人らの「新本格」派が登場し、日本のミステリは新しい時代の幕開けを告げた。にもかかわらず、『推理』は「新本格」について紹介しなかったばかりか、綾辻行人の小説さえもほとんど刊行しなかった。しかも、当時はまだ西村京太郎の長編小説を連載していた（金儒農「大衆文芸雑誌如何創造時代、与封存時代——以『推理』雑誌為例」、『台湾文学研究学報』第二九期、二〇一九年一〇月）。つまり、台湾での出版状況は、「二重のタイムラグ」を作ったのである。一つは古典作品と現代作品が同じ時間に到着したというタイムラグ、そしてもう一つはミステリとミステリ論とのタイムラグである。この二つの要素が交差した影響によって、台湾のミステリ作家による叙述トリックの受容と創作がいかなるものとなったのか、実に興味深い。

一九九〇年以後、島田荘司と綾辻行人は「新興ミステリ作家世代の重要な参考の対象」となっている。しかし、島田荘司の持っている「高度ロマン主義的特徴」に対し、綾辻行人が代表するのは「叙述トリック」だと陳國偉は指摘している（「島田的孩子？東亜的万次郎？——台湾当代推理小説中的島田荘司系譜」）。面白いことに、二〇〇〇年を分水嶺とすると、それ以前に『推理』からデビューした藍霄、既晴、凌徹などの作家たちは、作品に叙述トリックを使っていない。(4) 二〇〇〇年以後にデビューした冷言、林斯諺、ミスターペッツらは叙述トリックが重要な位置を占める長編または短編ミステリに大胆にチャレンジした。道が分かれたのは、前の世代の作家にとっては、八〇年代に提唱された松本清張のリアリズム路線を主とした雑誌『推理』が主要な発表の場所であり、あらためて本格派の語り方とスタイルの様々な可能性を試みなければならなかったからである。彼らの初期作品のほとんどが、リアリズムに偏った本格ミステリであったということが、その証拠である(「島田的孩子?・東亜的万次郎?——台湾当代推理小説中的島田荘司系譜」)。その後のミステリ作家世代は、先輩たちが築き上げた本格ミステリの常道に対して、好きな題材を選んで自由に創作することができた。かくして叙述トリックは新たな世代に見られる創作上の特徴の一つとなったのである。別の面から述べると、二〇〇〇年以前に台湾で翻訳された叙述トリック作品は、アガサ・クリスティーが数冊あるほかは綾辻行人の作品だけであったため、その時代のミステリの特徴を的確に把握する方法がなかった。二〇〇〇年を境に大量の出版物が輸入されたことで、台湾の作者たちは日本で進化し続けてきたミステリ関係のテキストを積極的に吸収できた。それと同時に、作家たちはいい刺激を受けながら創作を行うことができたのである。

一方、時代背景の影響もまた見逃せない。前述した笠井潔の観点を借りて言えば、ポストセダンの思想が台湾に入ったのは八〇年代初頭であり、当時はまだ理論の「紹介」にとどまっていた。八〇年代中期に至ると、モダン主義／ポストモダンの過渡期を迎えることとなった。都市小説が出現し、一九八九年にポストモダン関係の著作が一度に四冊も台湾で出版され、台湾はようやく約十年間にわたって続く「ポストモダン」の時期に入った(5)。

新しい世代のミステリ作家は中学校の頃にはポストモダンの文脈の中で暮らしていたため、その言語環境に馴染んでいる。台湾は一九九九年に「九二一大震災」が発生し、二〇〇〇年に初の政権交代を迎えたが、希望のあるビジョンは見えず、二〇〇二年にはSARSの泥沼に陥った。この一連の天災と人災は、新しい世代の環境に対する不満や失望を生み出し、それがかえって叙述トリックが育つための温室となって、台湾の作者を静かに育んだのである。

台湾で初めて叙述トリックにチャレンジしたミステリ作家は冷言である。二〇〇一年にインターネット上に発表した「你不乖」(訳注:「いうことを聞かない」)は、綾辻行人の『フリークス』を真似たものである(6)。どちらの作品にも病室内の密閉空間や自己認識の錯覚についての描写があり、両者とも人物像を混乱させることで読者に意外性をもたらした。叙述トリックを台湾に持ち込もうとした作者の努力の痕跡がその作品からは読み取れる。また、第一回人狼城推理文学賞(7)に応募した作品「空屋」(訳注:「空き家」)は、「語り手が犯人」の伝統を引き継いだ。そして「信頼できない語り手」(unreliable narrator)の特徴を発揮しながら、犯人像に精神的異常性を加えた。そのため、読者は前半は語り手の言葉を信頼していたのに、後半に入るとすべてがひっくり返り、驚かされることとなった。叙述トリックの実践面から見ると、この二つの短編小説は実験的作品に近い。前者の発表媒体はインターネットだったため、冷言は自分の実力を試すのが目的だったのだろう。後者は当時台湾ミステリではまだ獲得が難しかった文学賞にチャレンジしたことから、台湾ミステリの境界線を探ろうとする彼の思惑が見て取れる。実際、冷言がその後に出版した三冊の長編小説を見ると、「叙述トリック」に対して強い関心を抱いていたことがわかる。

冷言は第六回の皇冠大衆小説賞に応募したが、賞を獲得できなかったため、自費で長編小説『上帝禁区』を出版し、裏表紙で物語のあらすじを次のように紹介した。

四〇年前のこと、雲林県林内郷の住民が、損壊した身元不明の五体の遺体を山中で発見し、当時の社会を震撼させた。ほとんどの人はこの昔の出来事を忘れていたが、この「双子村の惨劇」はいま私が直面している幻聴や幻視といった精神状態と関係しているのかもしれない。そして、私が一〇年間記憶喪失であったということも大きくかかわっているのだろう……

退職した刑事の施田は警察の世界から十数年の間離れていたが、双子村の未解決事件をなかなか忘れられずにいた。あるとき、若くて優しそうな姚世傑という男から事件について新たな手掛かりを握っていると言われる。若干抜けたところのある女性刑事の梁羽氷は上司の命令に従い、休みを犠牲にして施田の事件の調査を手伝う。三人は車で南方にある双子村に向かい、詳細を調べようとしたが、彼らを待っていたのは水浸しの畑に横たわる、バラバラの人形を抱えた遺体だった……（冷言『上帝禁区』二〇〇八年一月、白象文化）

紹介のとおり、このストーリーは多くの事件と謎が絡んでいる。それは大まかに三つの段階に分けられる。まずは「過去」の事件であり、四〇年前の双子村の惨劇である。次いで、「現在」の事件、つまり双子村でふたたび起きた連続殺人事件(密室と見立て殺人も含む)であり、ここには小説中の「私」が本当に精神障害者なのかという問題がある。最後は本論文で一番の焦点となる「テキストの外」にある「叙述トリック」の謎である。この小説は一見すると複雑そうだが、トリックと謎はさほど大がかりなものではない。小説全編を貫く唯一の謎は、四〇年前に双子村で起こったバラバラ殺人事件と叙述トリックである。特にここで使われている叙述トリックは、複数の語り手を交替させて物語を述べるというものであり、三人称と一人称の視点から手記と事件が記述される。その目的は読者に一人称の「私」が三人称の姚世傑と同一人物であるという錯覚を起こさせるためである。さらに、作者はメタフィクションの設定を用いて、小説内に作者と同名の「冷言」という役を登場させた。また(小説内の)冷言と(現実の)冷言はほとんどの人生を共有しているため、虚実がわかりにくくなる効果をもたらしている。その叙述方法は、「姚世傑＝私＝(小説内の)冷言≠(作家の)冷言」となる。よって読者は、「(小説内の)冷言」はシリーズのキャラクターであり犯人のはずがないと思い込む。作者がこうした方法を利用することで、犯人が姚世傑だと明らかになった時、作者と読者の間の暗黙のルールが破られ、意外性が生み出される。この方程式は成り立たないことがすぐさま証明され、「冷言≠姚世傑」であることから、彼らは一卵性の三つ子の兄弟でしかあり得なくなり、そっくりの三人は、読者を混乱させることとなった。

冷言は本書の自序でこう書いている。「私が最も影響を受けた作家が二人いる。一人は横溝正史で、もう一人は綾辻行人だ。私は綾辻行人の叙述方法を使って、横溝正史の小説の設定と雰囲気を描きたいとずっと思っている」（『上帝禁区』）。陳國偉はそれについて次のように指摘した。冷言は各段階の日本の本格ミステリ（冷言が言及していない島田荘司を含めて）を書き換えたが、それぞれの歴史の観点への深い理解に欠けているため、形式と中身との間に断裂が生じている（「被翻訳的身体――台湾新世代推理小説中的身身体錯位与文体秩序」『中外文学』第四二八期、二〇一〇年三月）。その叙述方法の詳細を見ていくと、作者は三人称と手記を交互に出現させ、文字表記の曖昧性を利用し、同一人物ではないのに同一人物であるかのように思わせる効果を作り出した。しかし、この曖昧性のトリックは、もう一つの「偽物の手記」――つまり（小説内の）冷言が梁羽氷に書いた手紙――によって暴かれる。ただ問題は、このような構造によって小説の叙述（特に一人称の場合）にきわめて「信頼できない」基準を持たせてしまうことである。また、「四〇年前の双子村バラバラ殺人事件」の謎は、当時の担当者が書いた手記によって解かれる。しかも「（小説内の）冷言」を通して読者にこの事件の「最新版」の答えが告知される。だが、前述したように、小説前半の主な語り手が曖昧なことが原因で、最後にもたらされた答えが本当だという確信を読者は持てない。法月綸太郎が「初期クイーン論」で言及した探偵の危機――新しい証拠がこれ以上出てこないと確信し、探偵が教えてくれたことが唯一の真実であることをどう確認できるのか（『法月綸太郎ミステリー塾　海外編　複雑な殺人芸術』二〇〇七年、講談社）に直面する。探偵ですら信頼できないのに、「（小説内の）冷言」という語り手まで登場させると、ただメインの謎を作るためだけの存在となってしまう。ここにきて、叙述トリックがかえって小説を潰してしまうことを、作者も想定できなかったのだろう。

冷言はそうした叙述倫理の危機を察したのか、それ以来、長編小説では大胆な叙述トリックを用いるのを止め、別の叙述方法でストーリーを進めるようにした。『鎧甲館事件』は名前からして綾辻行人の「館シリーズ」の影響が窺える。小説の中の鎧甲館は九份の山に繋がっている二棟の正方形の建物である。二〇年の間(一九八七年秋と二〇〇六年秋)に密室殺人が二件起き、世代の異なる男女四人が、それぞれ事件について語る。小説中には相変わらず多くの謎が用意されている。例えば密室殺人の他に、人体が現れてまた消える謎や、しゃべる人形の謎、鎧甲館の命名の謎、二つの遺言の作成と目的の謎などである。これらのトリックがあるにもかかわらず、冷言は相変わらず「叙述トリック」を駆使している。だが、『上帝禁区』の全編を貫く叙述トリックとは異なり、この作品の叙述トリックは、ただ小説の複数ある伏線の一つに過ぎない。作中の物理学の教授「呉瑞祥」は二つの事件を両方とも経験した重要人物である。呉は一九年前の大きな事故に遭遇してから、「相貌失認」に罹り、誰の「顔」でも同じように見えるようになり、人の顔が識別できないせいで、愛する彼女を失う。そして叙述トリックが小説中の助手梁羽氷の手記に用いられ、読者は手記の一人称が梁羽氷だと信じてしまう。呉瑞祥が亡くなったと思い込んだ恋人は、実は研究助手として彼のそばに一五年近くいたのである。その彼女は、自分が書いた手記を梁羽氷が書いたと思わせる方法で小さないたずらを行ったということが、最後にようやく明かされる。冷言は第二回島田荘司推理小説賞の入選作『反向演化』で、舞台背景を日本の南にある鬼雪島に設定しており、前作の登場人物である冷言や呉瑞祥などがふたたび登場し、島で地底人について調査する。何かの手違いで、呉瑞祥と調査隊のメンバーは地下洞窟で遭難し、そこで連続殺人事件が起きる。彼は「相貌失認」が原因で数名を取り違え、そのため携帯情報端末に残した手記によって、その他の登場人物ひいては読者は人物誤認の方向に導かれ、物語が終わるところでようやく真相が明らかになる。この二つの作品の「叙述トリック」はいずれも呉瑞祥の「相貌失認」に依拠することで成立する。叙述倫理の問題をうまく避けているようにも見えるが、叙述トリックの存在意義は薄くなり、ただ読者を退屈させないためだけに作られたとも見える。

類似の事象は、もう一人のミステリ作家ミスターペッツにも見られる。彼のデビュー作「殺意という名の観察報告」(二〇〇六年)は、第四回人狼城推理文学賞に入選した。小説の前半は、とあるサラリーマンが諸々の原因で一方的に同僚を強く憎んでおり、その同僚を殺してうまく罪を逃れようと企む。しかし、ストーリーの後半に入ると、私たちはこれが憎しみ合いの物語だということによう やく気づく。殺意は双方にあり、一方的なものではない。そのため殺すほうだと思っていた人間が最後は逆に殺されてしまう。それは作者が巧妙に多くの偶然と緻密な文章を編み込んだ結果であり、読者の認識をうまく誘導している。これは台湾ミステリ史上において、かなり秀逸な叙述トリック作品である。その後、彼は第五回人狼城推理文学賞を獲得した作品「犯罪レッドライン」(二〇〇七年)でも同じく叙述トリックを使って、読者の「性別的な盲点」を狙い、読者に小説の登場人物の性格を「誤解」させる。前作に比べて方法はやや普通だが、叙述トリックをうまく現地化しているところは評価すべきである。ミスターペッツは小説の創作だけでなく、ブログでも四回にわたって叙述トリックを論じており、そのことからも叙述トリックに詳しいことがわかる(二〇〇七年に書き上げて、個人ブログ「娜斯塔爾吉艾比琳絲、郷愁的迷宮」に掲載した。http://nostalgiabyrinth2.blog124.fc2.com/blog-category-8.html)。

ミスターペッツは、第一回島田荘司推理文学賞を獲得した作品『虚擬街頭漂流記』の中で、近未来のSF世界を描いた。二〇一四年に亀山大震災が起きたため、西門町はほぼ全壊し、二〇二〇年に、当時の繁華街であった西門町の街並みを再現するためにバーチャストリート計画が作られる。計画内容は二〇〇八年の西門町を仮想都市として再現し、人々は仮想現実室でインターフェースゴーグルとフォース・フィードバック・スーツを装着すると、西門町の仮想現実に入ったかのような実感が得られるというものである。実験の最終段階で、デザイナーの大山と部下の小露は、誰もいないはずのバーチャストリートに「死者」がいることに気づく。死者の本体は現実世界の密室にあった。ミスターペッツは初めてSFミステリを試みたのではない。二〇〇八年の『吾乃雑種』では、彼はアイザック・アシモフの「ロボットシリーズ」を参考にしてロボットのいる未来世界を描いた。ミステリのあるべき基本の形(密室、アリバイなど)に、SFの背景を配することによって新たな可能性が生まれた。特に家族愛や人工知能についての議論は、台湾ミステリの先駆的作品と言えるであろう。叙述トリックに長けているミスターペッツは、もちろんそれをストーリーに使うことを忘れてはいない。叙述トリックに関する描写は二か所ある。一つは小説中盤の「娘・産声」、「娘・突然の出会い」、「娘・永劫」などの章に現れる。デザイナー大山と夭折した娘の艾莉との数々の思い出であるかのようだが、その艾莉は実は大山が娘を思うあまり創りあげた人工知能のロボットであることが、終盤になって明らかとなる。二つ目は小露の視点から記述しているように見える第三部の「漂流」で、実はその内容は、一二年前に大山の元妻が西門町で娘を探していた記録であった。前者の仕掛けは、人工知能が誤って人を殺す可能性について読者を納得させるだけでなく、本作の「親子の絆」というテーマを深化させるものとなっている。しかし、後者の仕掛けは余分なものに見える。また、小露と大山の元妻の行動は都合が良すぎるだろう。作者はそれを隠すため、登場人物の口を借りて、「同じように見えても、実際の意味合いはかなり違うということかしら？　だから偶然か必然かという議論はあまり意味がないって」と言い逃れようとする（ミスターペッツ『虚擬街頭漂流記』玉田誠訳、二〇一〇年、文藝春秋）。このような状況はミスターペッツの小説では稀である。この点について、香港のミステリ作家陳浩基（「科幻与推理包装下的倫理和哲学――『虚擬街頭漂流記』」、ブログ「推理成癮」http://mysterophilia.blogspot.tw/2009/09/blog-post_03.html、cited：2012.11.10）は、他のトリックで別のトリックを援護するためだと解釈しているが、前者に比べて後者は示されている手掛かりが明らかに不足しているため、「援護」という言葉では精確には解釈し難い。

しかし、こうした長編推理小説に見られる「叙述トリック使用の非必然性」は別の現象の副産物であり、台湾の新生代推理小説家が「叙述トリック」に力を注いだ結果なのである。第一回と第二回の島田荘司推理小説賞の入選作は、計六作のうち五作[8]に叙述トリックが使われており、それぞれの作品で叙述トリックの占める重要性はバラバラである。まず、この角度から考えると、「叙述トリック」は新世代作家と前世代作家との決定的な分岐点となる。しかし、少し角度を変えてみると、台湾推理作家の叙述トリックに対する態度は、日本の作家とは異なっていることも分かる。台湾の作家は日本の作家のように叙述トリックを作品のコアだと思わず、ただ推理の要素の組み合わせの一つだと受け止めている。

それについては、東浩紀の『動物化するポストモダン――オタクから見た日本社会』（二〇〇一年、講談社）が参考になる論点を提供してくれる。東浩紀は大塚英志の「物語消費論」の論点、すなわち人びとが物語を消費するのは単なる「小さな物語」を読みたいというだけではなく、物語の背後にある深層構造、つまり「大きな物語」が気になるからであるとする説を引き継いでいる。大塚の論述はモダン社会の「ツリー・モデル」であり、人間は表層を通さずには深層を理解できないと捉えるものである。しかし、ポストモダンの社会はそうではない。東浩紀はポストモダンの二重構造をデータベース的な表意システムと見なし、深層には物語などは存在しておらず、諸々の要素に散在していると指摘する。読者は自由に各種の要素を選び表層で組み合わせて、深層の虚像を消費する。さらに、彼は清涼院流水のミステリを、新本格ミステリ中の各種の要素を抽出して自由に組み合わせる例として挙げる。「新本格以前」に登場した日本のミステリ作家島田荘司は、次のように指摘した。「作家の側に、自分が書こうとする推理小説がどちらの流れに属するものであるかの明確な区別意識と計算がないと、往々にして作品が失敗する」。そして密室を例に挙げて、「リアリズムの系譜にある推理小説において、つまり現職の、非天才型の警察官が地道でリアルな捜査を展開する種類の推理小説において、「密室殺人」などが起こるということは、それ自体、本来的には非常に奇妙なことなので」、「本来馴染まない取り合わせをあえて行うなら、ちぐはぐさを乗り越えるだけの情熱が作者の側にあり、またそれなりの趣向がこらされていなくてはならない」（「本格ミステリー論」『本格ミステリー宣言』一九八九年、講談社）と述べる。

しかし、清涼院流水の小説の中には、「推理小説の構成要素三十項」を全部ミステリに応用することにチャレンジする登場人物が現れる。

1◎不可解な謎（奇想）2◎連続殺人3◎遠隔殺人4◎密室5◎暗号6◎手記（遺言、日記など）7◎見立て8◎首斬り9◎作中作10◎不在証明（アリバイ工作）11◎屍体装飾12◎屍体交換（顔のない屍体、入れ替り）13◎アナグラム（欧文・和文）14◎殺人予告15◎意外な犯人16◎意外な動機17◎意外な人間関係18◎ミッシング・リンク19◎ミスディレクション20◎ダイイング・メッセージ21◎特殊トリック（氷、鏡など）22◎物理トリック23◎叙述トリック24◎人物トリック（性別、多重）25◎動物トリック26◎名探偵27◎呼称のある犯人28◎双子29◎色覚障害者30◎結末の逆転劇（ダミーの犯人）（清涼院流水『ジョーカー　清』二〇〇〇年、講談社）

この両者の観点の違いは、確実に「物語消費」と「データベース消費」の好例である。というのも、島田が気に留めているのは推理小説の要素の背後にある深層構造であり、異なる系譜の要素が交差し混合してはならないと強調しているが、清涼院流水の創作概念においては、おそらくどんなものでもすべて自由に組み合わせられる要素に過ぎないためである。

要約すれば、台湾の新興ミステリ作家と清涼院流水は同じ精神構造を共有しているのかもしれない。一六〇年もの長い日本のミステリ史の中から、好きな要素だけを選び、好きなように組み合わせて自分だけのミステリを作り上げる。各種の要素の中でも、「叙述トリック」は特殊な立ち位置にある。推理小説の歴史上で第一声を上げたのは遅いほうであるが、強い魅力と話題性に富んでいる。こうして「叙述トリック」は「部首」のような存在となり、小説にそれを用いることは、「新しい時代」を意味する符号を附与するのと同じことになった。新世代の台湾ミステリ作家が、前世代のミステリ作家と異なる標識を求めた結果、「叙述トリック」が溢れる状況になったのだろう。

四　おわりに――叙述の壁は存在するか

本論文は、台湾での叙述トリックの使用例を振り返り、台湾の推理作家がなぜ叙述トリックを多用してきたのかについて論じた。それは作家たちの「本格」に対する欲求と関係しており、「時と共に進歩する」ことへの切望の表れでもある。多くの台湾推理作家の中で、最も積極的に作中で

「叙述トリック」を実験的に試みたのは、おそらく林斯諺だろう。前述の冷言やミスターペッツの日本路線とは異なり、林斯諺はエラリー・クイーンを書き換えの模範と見做して、ロジックミステリのスタイルを継承していると主張する（林斯諺「林斯諺訪談」、ブログ「織夢行雲」neoellery.pixnet.net/blog/post/20783644、cited：二〇一一年一一月一一日）。したがって、林斯諺は叙述トリックと微妙な距離感を保ちつつ、冷言やミスターペッツのように、初めから叙述トリックを創作のコアにするのではなく、迂回した方法をとりながら、その時期の状況に応じて台湾現地の叙述トリックの可能性を模索しているのかもしれない。

二〇〇二年にすでに『推理』誌上に「判決」という作品を発表している林だが、叙述トリックの推理小説を初めて創作したのは、二〇〇四年になってからのことである。「残冬」という作品は横溝正史の「車井戸はなぜ軋る」を模倣しており、物語は、妹の小晴が兄に出した数々の手紙から始まる。もっともアメリカにいる兄に送るのは電子メールである。小晴には、詠婕という親友ができたが、詠婕は殺されてしまう。そこで妹はミステリ作家の兄に真犯人を見つけてほしいと願い出るが、兄が推理によって見つけた犯人はまさかの小晴だった。しかし、小晴から最後に届いたメールは、自分は詠婕であり、殺されたのは小晴だという内容であった。作者はこの小説で本格ミステリの「安楽椅子探偵」を基調としながら、現代のインターネットの半透明性を生かして、実行可能な叙述トリック（替え玉）を用い、同時にストーリーを反転させて意外性に富んだ効果を生み出している。また、この小説は、かつての叙述トリックが形式や内容に手を加えることで盲点を突いたのに対して、「媒体」の特性に着眼している。この叙述トリックは、電子メールという大前提がなければ成功しない。林斯諺は後に録音という音声メディアを用いた叙述トリックで、より複雑な形式の「氷之刃」を書き上げた。同作の探偵林若平は、ある大学で講演をする時に音声で小説の内容を流す（もちろん文字で書かれた小説であるが、小説中では録音によって表現される）。このトリックの核心は、中国語の同音異義語にある。同じ発音だが文字が違うため名前が二通りになるのである。だが、それを「叙述トリック」と言っていいものかは疑わしい。というのも、小説の基本は文字言語であるため、「氷之刃」のような表現方法は、作者と読者との暗黙のルールを壊しているだけでなく、文字の価値をも覆しているものと思われるためである。二〇〇四年に発表したときに読者からの評価が賛否両論であったことを作者は意識したのかもしれない。二〇一一年に刊行された中国の雑誌『歳月・推理』第五号に掲載の新バージョンでは、作者はこの作品を複層的な作中作に改編している。また序文において同作が同音異義語を利用した叙述トリックの小説だと説明を加えるなどしており、不断の向上心が窺われる。

しかし、この作品をわざわざ本論文の最後に持ってきたのは、彼の進歩を強調したいからではない。林斯諺が二〇一二年の新作『無名之女』でふたたび叙述トリックにチャレンジし、叙述トリックとミステリの極限の可能性を提示してくれたためである。林はこの小説でとても奇妙なオープニングを設定した。「私」の彼女が失踪してから一年後、顔がまったく違う女性から自分は「私」の彼女だと名乗られる。誘拐されて科学者によって別の女性と脳を交換されたという。このようなオープニングはSF小説ではよく見られるパターンではあるが、推理小説ではめったに見られない。(9)特筆すべきは、「私」はあらゆる手段を用いてこの女性の記憶の矛盾点を探そうとするが、まったく見つからず、その時点で問題は、人を愛すると言う場合、我々が愛しているのはその人の体なのかそれとも脳なのかというものに取って代わられることである。それに基づいて哲学的論証が展開していく。注目すべきは、この小説の末尾における反転である。小説内の時空は実はとっくに「未来」の二一〇六年に進んでおり、台湾はさらに巨大な国となっている。過去を忘れないために、元の台湾島は文化遺産に指定され、すべての島の住人は百年前のものを使わなければならないが、脳交換手術ができる医療水準には達している。したがって、彼女が脳を交換したことは本当だが、「私」はまだ自分が二〇〇六年の台湾で暮らしているという想像にとどまっている。時代の飛躍は、この小説の一番の衝撃であり、また最も議論を呼んだ部分でもあった。

綾辻行人は、『十角館の殺人』（一九八七年、講談社ノベルス）の「著者のことば」に次のように書いた。「ミステリを書く人間というのは、悪戯好きの子供です。少なくとも、僕の場合は間違いなくそうです。フェア、アンフェアすれすれのところで、いかにして読み手を「騙す」か、そんなことばかり考えて悦に入っています」と。叙述トリックの発展について、推理小説の「フェアネス」を侵犯することが前提だと彼が意識していることがはっきりとわかる。我孫子武丸は「叙述トリックには、ただ読者をだますというだけでなく、ときおり世界が崩壊するかのような感覚をもたらす効果がある」（我孫子武丸「叙述トリック試論」）と述べるが、それは叙述トリックが文字というメディアに依拠していることに由来する。小説は文字で書かれているため、文字との暗黙のルールができた。私たちは表意文字からの想像を通して構築された実像を信頼し、そうした過程によってストーリーは作り上げられる。書かれていない部分は、私たち自身の経験と世界に対する認識で補足するため、もし作者が一方的に文字に関わる暗黙のルールを破壊すれば、小説の世界ももちろん崩れていく。女性が男性だと勘違いされたり、老人が若者だと誤解されたり、異なる日が同じ日だと錯覚されたり、サルが人間だと誤認されたりする。そのようなことが起こるのは、すべて読者と作者の暗黙のルールを壊す叙述トリックによる。この角度から『無名之女』を読むと、作者が推理小説の口調で物語を語る時、読者は当然のように現実が出発点となる小説の外枠を構築する。だが、結末における時間軸の転換によって、小説の外枠は粉々に砕かれ、推理小説と読者の暗黙のルールもまた破壊される。「これは推理小説だと言えるのか」と再び我々の疑問は喚起される。当然、推理小説の世界では、サイエンスフィクションあるいは幻想文学を背景としたものはよく見られるが、ほとんどの作家は推理小説の謎を「現実のルール」に収めている。つまり、科学技術または魔法や超能力を使う際、必ずその条件やルールを事前に説明しなければならない。最後に至るまで、その設定と条件に反することはできないのである。『無名之女』は明らかにこのようなルールを守っていない。また推理小説の謎解きをサイエンスフィクションによって解決している。これが結局のところ推理小説のボーダーラインを広げているのか、それともサイエンスフィクションの形でミステリを否定しているのかについては、改めて論じる必要があるだろう。

叙述トリックとは、確かに法月が指摘したように、探偵を通してすべての手がかりから謎解きしていく推理小説の過程そのものであり、手がかりが一つでも欠如すると、謎解きが破綻する可能性が出てくる。しかしながら、作者がメタフィクションの方法で無限に手掛りを出し続けられるようになってしまったら、読者には、真実だと認定することのできる世界の限度がわからなくなる（法月綸太郎「初期クイーン論」）。それと同じように、作者がメタ言語を用いて謎解きをどんどん遅延させ、小説の世界観を反転させ、読者の認識のルールを変化させていくことが許されるならば、ストーリーの信憑性も疑わしいものとなる。叙述トリックはかつての作品と区別する境界線となり、新世代と前の世代の台湾作家との区画となる印でもあり、台湾推理小説の創作基準ともなった。今後どのように突破しあるいは乗り越えるかは、現代台湾推理小説家の今後の課題である。

注

（1）　ミステリファンとして、「ネタバレ禁止」はミステリの読者が倫理的に最も重視することであるとは重々承知している。だが、議論の展開上、本論文では以下の小説のネタバラシをするので、ご了承願いたい。アガサ・クリスティー『アクロイド殺し』、綾辻行人『十角館の殺人』、冷言「空屋」、『上帝禁区』、『鎧甲館事件』、『反向演化』、ミスターペッツ「名為殺意的観察報告」、「犯罪紅線」、『虚擬街頭漂流記』、林斯諺「残冬」、「氷之刃」、『無名之女』。

（2）　乱歩の分類によれば、S・A・ドゥーゼは一九一七年にすでに語り手が犯人の小説『スミルノ博士の日記』を書き、「アガサ・クリスティーのものより大分早い」と補足している。しかしこの作者はアガサ・クリスティーと比べてまったくの無名であるため、本論文では『アクロイド殺し』を中心に議論した。

（3）その他、カトリックの司教でもあるイギリスの推理作家ロナルド・ノックスが一九二八年に「十戒」を真似て「探偵小説十戒」を発表していることから、二〇年代に探偵小説の形式化に対する強い欲求があったことが分かる。
（4）既晴はデビュー前に叙述トリック小説かどうか判定しにくい作品をいくつか書いたが、創作の中心にはならなかった。藍霄は語り手を換えていく実験をしたが、それをトリックにした試みは見られない。
（5）台湾ポストモダン文学発展史に関する論述は、孟樊の『台湾後現代詩的理論与実際』（揚智文化出版社、二〇〇二年一一月）、王国安『台湾後現代小説的発展：以黄凡、平路、張大春与林燿徳的創作為観察文本』（秀威資訊、二〇一二年七月）を参照。
（6）『フリークス』の中国語版は、二〇〇四年に皇冠出版社から翻訳され発売された。その前に『推理』の第一一〇号（一九九三年一二月）に、中編「四〇九号室の患者」が翻訳されて掲載された。
（7）台湾のミステリ作家既晴は、軍隊にいる間に個人サイト「恐怖的人狼城」を開設し、二〇〇二年に個人で「台湾推理倶楽部」という組織を立ち上げ、さらに短篇推理小説を対象とした「人狼城推理文学賞」を設けた。二〇〇八年に、同組織は「台湾推理作家協会」と改称し、賞の名も「台湾推理作家協会賞」と改められた。
（8）前述した『虚擬街頭漂流記』と『反向演化』のほか、林斯諺『氷鏡荘殺人事件』、陳嘉振『設計殺人』、陳浩基『遺忘・刑警』も同じ系統である。
（9）田中芳樹の「白い顔」（『戦場の夜想曲』収録）もその一つである。

参考文献

王国安『台湾後現代小説的発展：以黄凡、平路、張大春与林燿徳的創作為観察文本』二〇一二年七月、台北：秀威資訊
江戸川乱歩「類別トリック集成」『続・幻影城』二〇〇四年、光文社
冷言『上帝禁区』二〇〇八年一月、台中：白象文化

我孫子武丸「叙述トリック試論」『小説たけまる増刊号』一九九七年、集英社
孟樊『台湾後現代詩的理論与実際』二〇〇二年一一月、台北：揚智文化
東浩紀『動物化的後現代――御宅族如何影響日本社会』褚炫初訳、二〇一二年七月、台北：大藝出版
林斯諺「林斯諺訪談」、ブログ「織夢行雲」、neoellery.pixnet.net/blog/post/20783644、cited：2012.11.11
法月綸太郎「初期クイーン論」『法月綸太郎ミステリー塾　海外編　複雑な殺人芸術』二〇〇七年、講談社
金儒農「大衆文芸雑誌如何創造時代、與封存時代――以『推理』雑誌為例」、『台湾文学研究学報』第二九期、二〇一九年一〇月
金儒農「喧囂以前――台湾推理小説出版概況」『文訊』第二六九期、二〇〇八三月
金儒農「輸入文類的混雑訳域：以推理小説中的「本格」一詞為例」、「犯芸翻訳犯意：台日推理小説国際学術工作坊」台湾：中興大学台湾文学及びトランスナショナル文化研究所アジア大衆文化と新興メディア研究室主催、二〇一一年三月一二日
凌徹「叙述性詭計」、「虛無工作室」、http://adolmyst.blogspot.tw/2011/05/blog-post_08.html、cited：2016.11.06
島田荘司、「本格ミステリー論」『本格ミステリー宣言』一九八九年、講談社
清涼院流水『JOKER 舊約偵探神話――清』陳恵莉訳、二〇〇六年一月、台北：尖端出版
笠井潔「アクロイド殺し――解説」（アガサ・クリスティ『アクロイド殺し』二〇〇三年、ハヤカワ文庫
笠井潔『ミネルヴァの梟は黄昏に飛びたつか？――探偵小説の再定義』二〇〇一年、東京創元社
笠井潔『探偵小説と二十世紀精神』二〇〇五年、東京創元社
笠井潔『探偵小説と叙述トリック』二〇一一年、東京創元社
笠井潔『探偵小説論Ⅰ　氾濫の形式』一九九八年、東京創元社
陳浩基「科幻与推理包装下的倫理和哲学――『虛擬街頭漂流記』」、ブログ「推理成癮」http://mysterophilia.blogspot.tw/2009/09/blog-post_03.html、cited：二〇一二年一一月一〇日

陳國偉「本土推理・百年孤寂——台湾推理小説発展概論」、『文訊』第二六九期、二〇〇八年三月
陳國偉「島田的孩子？東亜的万次郎？——台湾当代推理小説中的島田荘司系譜」、『台湾文学研究集刊』第一〇期、二〇一一年八月
陳國偉「被翻訳的身体——台湾新世代推理小説中的身体錯位与文体秩序」、『中外文学』第四二八期、二〇一〇年三月。
黄羅「2001～2010：倍速成長的推理十年（中）」、「遠流部落格：推理館」、http://blog.ylib.com/murdershop/Archives/2011/02/15/17601、cited：2012.10.22
綾辻行人『奪命十角館』一九九八年八月、台北：皇冠文化出版
寵物先生「関於叙述性詭計這回事② 従定義開始：詭計的主体与受体」、ブログ「娜斯塔爾吉艾比琳絲、郷愁的迷宮」、http://nostalgiabyrinth2.blog124.fc2.com/blog-entry-16.html、cited：二〇一八年十一月六日
寵物先生『虚擬街頭漂流記』二〇〇九年九月、台北：皇冠文化出版

妖怪から見る台湾現代ミステリの社会的位置づけ

瀟湘神（張可馨訳）

一　台湾における妖怪ブームの文脈

台湾にはかつて、長い間「魔神仔《モシナ》」や「水鬼」といった妖怪伝承が言い伝えられていたが、研究者にまじめに取り上げられることはなかった。言い換えると、いわゆる「妖怪学」という、妖怪をまともな研究対象とする学問が現れなかった。

近代化が急速に進んでいくのとともに、これらの受け続がれてきた怪異譚も次第に時代遅れの俗信と見られるようになった。おまけに戦後になって国民政府が厳しく台湾の土着文化を取り締まり、学校で台湾語での会話を禁止し、台湾語を使う機会を大幅に減少させたために、台湾語で伝わってきたこの類いの伝説にもかなりの制限がかけられた。戒厳令時代に台湾文学が政府の支配下に置かれて自由を失い、何回も挫折した後、やがてモダニズムとリアリズムをその本流として定着させたが、その中には当然ながら民間伝承に残される空間は少ない。民俗が時代に忘れ去られる日が来ることを憂え、民間伝承を作品に取り入れようとする作家もいたが、それらの作品はなかなか世の中に知れ渡らず、話題作になるには程遠かった。

台湾における怪異は、忘却され見限られたものであり、完全に跡を絶ったわけでもないが、常に立ち後れたものや愚かなものとしてこき下ろされ、学界でもなかなか重要視されなかった。皮肉なことに、もし一〇年前であったら、「妖怪」の話題を切り出すと、台湾人が思いつくのは本土の伝承ではなく日本の妖怪であっただろう。これは日本のアニメーションやマンガが世界中でブームを巻き起こしたことに負うところが大きい。日本の娯楽やビジネスの海外進出が頻繁になるにつれて、日本伝統の妖怪のメディア露出も増加し、世界中に広く知られるようになった。

しかしここ数年は、上述の状況に変化が生じている。「台湾妖怪」の存在が台湾においても意識されるようになり、掘り起こされ始め、一般人の視野にも入るようになってきた。

二〇一四年に人類学者の林美容と李家愷が共同で執筆した『魔神仔的人類学想像』は、学界による妖怪発掘の先駆けである。林美容は台湾で名高い人類学者であり、台湾の神信仰を対象とする研究で知られる。林は妖怪の研究価値に気づき、すでに「魔神仔」研究を進めていた李家愷と手を組んで本書に取り組み始めた。学界で名の知られた学者が妖怪研究に取り掛かるのは、本書が初めてであった。

しかしこの時期は妖怪への注目はまだ学界に限られており、一般人の視線まで集めることはなかった。二〇一五年に行人文化から出版された『台湾妖怪研究室報告』三冊は、丹念な学術的考察というよりも、一般読者を楽しませる娯楽作品であり、共著者たちは妖怪を生き物と見なし、その生態について憶測したり、あるいは野外で妖怪を追跡するための装備を提案したりする。本書は民俗学的方法で妖怪にアプローチしたものというよりも幻想作品の類いに属しており、妖怪を実在する怪奇な存在として読者に提示しようとするものである。

幻想文学的書物であるがゆえに、実際に言い伝えられている民間伝承と一致するかどうかは、本書にとってはまったく度外視される。学術的な考証に不備があったのは惜しいことであるが、行人文化が本シリーズの出版に熱心に取り組んだのも恐らく、台湾妖怪という主題の先見性を鋭く感じ取っていたからに違いない。ここで注目すべきは、なぜこの時期になって人々が突如として台湾妖怪に関心を覚えるようになったのか、という問題である。

二〇一六年に台北地方異聞工作室から出版された『唯妖論』は、「妖怪図鑑」に似た形で文献考証をつけ加え、妖怪起源の系譜を推測している。特筆に価するのは、『唯妖論』が単なる妖怪図鑑にとどまらず、妖怪の姿が現代において消えた原因についても提示している点である。妖怪は常に非日常的なものとして扱われるものだが、実際に人々の日常生活と密接している。子供の失踪は妖怪の仕業だという言い伝えは、恐らくどこの村にもあっておかしくないものであろう。しかしながら、近代化がもたらした生活様式の変化は、かつて妖怪伝承が根ざした生活情景を消失させ、それに応じて妖怪も身の置きどころが無くなってきた。妖怪が消失したのは、科学教育が普及した結果というよりも、単に人々の生活様式が変わったというのに過ぎない。近代的生活と相容れる「都市伝説」がやがて妖怪伝承に取って代わったのもそれが原因である。生活様式は変わったが、人々の思考様式はまだ近代的、科学的にはなりきっていないということである。

二〇一七年に何敬堯が上梓した『妖怪台湾：三百年島嶼奇幻誌』も同じく妖怪図鑑であるが、『唯妖論』よりも文献一覧が充実している。本書は内容の的確さに疑義が呈され、一時議論を引き起こしたが、出版社の熱心な宣伝によって、多くの台湾人に妖怪というテーマに目を向けさせる重要な一冊となった。本書の出版以来、学術研究のほか、妖怪はマスコミからの注目も集め、台湾妖怪を取り上げた作品もますます発展していった。

例を挙げれば、同じく二〇一七年に台北地方異聞工作室が台湾の土着の妖怪をテーマとするボードゲーム「説妖」を発売した。そして引き続き数年にわたり、同工作室は、「説妖」の関連シリーズとして小説『説妖巻一：無明長夜』、『説妖巻二：修羅妄執』の出版を進めた。

二〇一八年に何敬堯は、モバイルゲームとのコラボレーション作品として小説『妖怪鳴歌録』を出版した。同年に瀟湘神は妖怪ミステリ『金魅殺人魔術』を出版しており、日本統治時代の台湾を背景とした楊双子の短編レズビアン小説集にも「魔神仔」を取り上げた短編が収録されている。

出版物のほか、台湾文学館も台湾土着の妖怪をテーマに「魔幻鯤島、妖鬼奇譚――台湾鬼怪文學特展」、さらに二〇一九年に空総実験基地と手を組んで「妖気都市：鬼怪文学与当代藝術特展」を開催した。そして二〇二〇年初めになると、公視はドラマシリーズ『妖怪人間』をプロデュースし、この妖怪ブームが現在に至っても弱まりそうにないことを示してくれた。

以上の例は、台湾妖怪をめぐる創作活動や展覧会の一部に過ぎず、これだけをもって全貌を窺おうとしても無理であろう。だが、前述のことから我々が思い知るのは、現代台湾において妖怪を論ずることがすでにさほど珍しいことではなくなっていることである。妖怪は古びた俗信のイメージから脱してブームになっている。この転換はどのように果たされたのか。また、台湾の現代ミステリはこのブームに便乗することで、どのように現代における位置づけを見出したのか。

筆者はミステリ作家で台北地方異聞工作室のメンバーの一人であり、ここ数年間、妖怪に関する研究と創作活動を展開してきた。本稿は筆者のこれまでの研究成果を踏まえ、妖怪という新たな題材の持つ、現代台湾のミステリジャンルを変貌させる可能性について論じてみたい。

二　台湾妖怪のブームがなぜ生まれたのか

なぜ妖怪を題材にした作品が突如として人気を博したのであろうか。それはここ数年間における「台湾アイデンティティ」のありようと結びづいていると筆者は考える。

二〇一四年は、台湾アイデンティティが目立ち始めた一年だと言ってよかろう。当時与党であった国民党がいまだ議論のさなかにあった「海峡両岸サービス貿易協定」の審議と送付を強行したため、協定締結に不満を覚えた学生と抗議者が立法院を占拠し、「ヒマワリ運動」の口火を切った。そのデモ活動は社会に大きな波紋を投げかけ、広い範囲で議論を引き起こした。台湾の若者たちからも大いに共感を集め、もともと政治に無関心であった若者でさえ運動をきっかけに中国に対する対抗意識を覚えるようになった。

しかしそれと同時に、台湾における親中派の勢いは依然として強い。台湾は中国に統合されるべきだと主張するために、親中派たちは「台湾文化はいわゆる中国文化である」「台湾には土着文化がない」などと言い立てている。この種の主張が、台湾原住民文化を無視するのと同然であることはさておき、漢文化圏に生まれ育った若者でさえ、みずからの文化がたやすく中国勢力に乗っ取られることをやすやすと許すわけではない。ゆえに中国との差異性を見出せるナラティブ、あるいは文化的記号の創出が台湾には強く望まれ、「台湾妖怪」はまさしくその熱望にふさわしい応答となったのであった。

ではなぜ妖怪なのであろうか。民間に生まれた妖怪はもともと強い地域性を帯びている。メドゥーサといえばギリシア神話、蚩尤《しゆう》（中国神話の登場人物。漢民族の先祖である黄帝に倒された、少数民族（ミャオ族）の始祖とされる。—訳者注）といえば中国神話を想起するように、妖怪は文化的記号としての性質を有しており、ひとたびその記号を思い浮かべれば、それに伴うカルチャーイメージもまた浮かび上がる。したがって、もし台湾妖怪が中国妖怪とは異なる固有性を持つのだとしたら、台湾には疑いなく中国とは異なる土着文化が存在するということになる。言い換えれば、我々は妖怪を通して文化上の他者と自己に区別をつけるのである。

そのほか、妖怪は前近代社会の集合的記憶でもあるため、現代台湾にとってはさらに特別な意味を持っている。前述のとおり、台湾はかつて痛ましい戒厳令時代を経験した。その間、台湾人は表現の自由を失ったほか、言語、歴史、伝統文化でさえ受け継ぐことができなくなり、知らぬ間に台湾は多くの過去を忘れてしまった。これら失われたものの一部はいま、妖怪研究を通じて取り戻すことができるのである。

台湾に広く伝えられている「鄭成功伏魔伝説」を例として挙げよう。言い伝えによれば、亀山島、鶯歌石などの地景はもともと悪事を働いた妖怪であったが、兵士を率いる鄭成功が通りかかった際に妖怪を退治し、これらの妖怪はやがて巨石や山や島に化けた。この類いの伝説は台湾各地に言い伝えられており、鄭氏政権に統治されていなかった地域にさえ流布している。鄭氏政権に支配されていた地域は限られているにもかかわらず、なぜ「鄭成功伏魔伝説」はここまで広く台湾全域に伝わったのであろうか。その合理的解釈の一つは、鄭成功伝説は彼を信仰した移住民たちの移動に伴い各地に伝わったとするもので、鄭成功伝説を通じて我々はある程度、地方史を再整理することができるのである。

あるいは一九八〇年代に知れ渡った妖怪「嬰霊」は、中絶によって死亡し、成仏できずに母親に復讐する胎児の霊のことを指し、当時まだ中絶が合法的ではなかった社会状況を反映したものとも見える。中絶に対する社会の抵抗は怪異伝説へと転換され、中絶を選ぶ女性たちに威圧をかける手段となった。現在に至っても、「嬰霊」がその時代の記憶として残されており、我々の生きてきた社会がかつて中絶に対して厳しい態度を取っていたことを我々に喚起し続けている。

前述のとおり、妖怪ブームが現代にもたらした妖怪の再興は間違いなく文化の再興でもあり、人々が過去の記憶を取り戻す手段のひとつでもある。台湾妖怪ブームが持つ歴史的意義を思い知った以上、我々はこれから妖怪ブームを単なる流行として軽視することはできない。

三　妖怪は近代と共存できるか

我々は妖怪を単なる猟奇的な対象として見るべきではない。妖怪は実生活の一部であり、社会的な機能を維持する力さえ持っている。しかし、近代化が生活様式を大きく変化させたことによって、妖怪もおのずから姿を消さなければならなくなった。もしこれが妖怪の消失した真の原因だとしたら、妖怪の復帰は期待できないものとなる。なぜかというと、近代化のプロセスが逆戻りできない以上、我々はかつての伝統的生活に戻れるわけがないからである。

かつて台湾にあった「娶神主牌」という慣習を例として挙げておこう。「紅包」と呼ばれる目上の親族からもらったお年玉が入った赤い封筒を、もしある男性が地面から拾い上げた際、そのお年玉の代わりに死去した女性の遺髪と生年月日が中に入っていた場合、この男性はその死去した女性と結婚しなければならない、という慣習のことである。

この種の慣習は、かつての漢人社会において嫁に行けなかった女性は、死後も供養してもらえずに彷徨う魂、いわゆる「孤魂野鬼」になるといううわさから生まれた。むろんこれも、伝統社会が女性に結婚を強要し、妊娠出産の道具にするための手段のひとつである。しかし病死または突然死した少女は、みずからの意思で結婚を拒否したわけでもないが、同様に「孤魂野鬼」になる羽目に陥る。この場合、少女の親族は「娶神主牌」の形でほかの男性にこの少女との結婚を強要し、男性の親族に少女の供養をしてもらう。

近代化によって改善された経済生活が意識の転換を促し、女性もある程度は解放され、単に出産の道具として扱われる状況が変わった。自由恋愛も風潮となり、供養や祭祀でさえ重要視されなくなった。かつて、先祖祭祀は家族内の互酬的関係を維持するための主要な活動であったが、近代になると、清明節（お盆のような中華圏の年中行事―訳者注）の時でさえ、霊園から遠く離れているなどの理由で祭儀に欠席したとしてもさほどおかしいことではなくなった。近代以後の社会には、「娶神主牌」のような慣習を支える社会環境はもはや存在しない。近代的価値観からしても、我々はこのような慣習を望んだりはしない。この慣習の背後には、鬼《き》（幽霊）になっても結婚せざるを得ないという、結婚を女性の最終的な最高価値とする認識が潜んでいるからである。

「娶神主牌」のような例から、我々は文化復興が直面する板挟みの現状を多少なりとも理解できるであろう。この類いの慣習は、かつての伝統社会の思考様式を如実に反映する記録でありながらも、確実に近代社会には必要とされないもの、あるいは望まれないものである。我々はかつての生活に戻れない以上、遠ざかり消え逝く過去を手放すことしかできない。妖怪もこれと似たような立場にある。ならば、我々にとって文化復興を唱える必要は本当にあるのだろうか。もし必要ならば、我々は妖怪を単なる流行のイメージとだけ見なすのではなく、いかにして妖怪に現代社会における価値を付与するのか。

上述の諸問題を解決すべく、まずは文化復興の必要性から論じることにしよう。現代台湾に求められる文化復興は、事実上、台湾アイデンティティの再構築を意味する。長いあいだ台湾は植民地の立場から脱することなく、オランダ、清国、日本、あるいは中華民国にさえ支配され続けた。植民地であった時の台湾は、土着文化の主体性を主張できなかった。文化は生活の累積だが、政権の主張はしばしば実生活の存在を否定し、抑制しようとするものであった。前述のとおり、台湾と中国の統合を支持する団体は、台湾文化と中国文化の同質化を主張している。

アイデンティティの再構築にとって重要なのは、台湾文化の脈略を再整理することである。しかしそれは、台湾人の生活がすでに近代化によって分断され、変わり果てた現在においては、なおさら困難なことになっている。

台湾の近代化は日本植民地時代から始まったために、近代へと突き進む過程は自発的に民間から押し進められるのではなく、政策の働きかけで強行されてしまった。それがある種の欠落やトラウマを残した。例えば、かつて台湾の祠の前には「廟埕」と呼ばれる広場があり、村人の社交場としての中心的な役割を担っていたのだが、街道の改修工事のために多くの祠が他所に移され、当然ながら村人の社交様式も大きな打撃を受けることとなった。言うまでもなく、伝統宗教もまた様々な制約を受けざるを得なかった。同じ地域にある複数の祠で開催される予定の祭典を、同日に押し込めるような理不尽なことが起こり、村人の伝統的な生活様式、およびその想像力を無理矢理に変えてしまった。

近代化を強行する中、妖怪の存在もやがて瓦解の運命に向かわざるを得なかった。実際、神明と妖怪は自律的な存在というよりも実生活の参与者であり、人々が神明を信奉し、妖怪を畏怖することでこそ、社会は機能を維持し存続することができたのである。例を挙げれば、もし信仰がなければ、祭典や葬儀などの慣習が持つ社会的動員力も正常には機能しないと言えるであろう。社会形態が変わった以上、神明と妖怪に残された選択肢は、抹殺されるか、あるいは近代社会の様式に適応し、新世界の神や都市伝説になるかのどちらかである。

筆者は近代化の良し悪しを評価する気はない。ただここで提示したいのは、国家が公的な力を動員して上から下へと一般国民の日常生活を変えようとする行動には、常に結果として伝統との分断を伴うということである。しかもその中から生まれた喪失感は、アイデンティティを再構築する際に避けては通れぬ障害となる。出身地の歴史を忘れた人々は、母国のことを自慢する際にすら躊躇ってしまう。ゆえに現代の台湾精神を立て直すために、我々は歴史によって遺棄された思考様式でさえ再び思い出さなければならない。しかしそれは、かつての生活に戻ることや、かつての価値観によって世の中の事に判断を下すことを意味するわけではない。それはただ、素直に歴史に立ち向かうこと、すなわち記憶を取り戻すことを通して、近代化によって生じた分断とトラウマを回復させることを意味するのである。

トラウマの克服において、台湾妖怪の果たす役割の重要性は言うまでもない。前述のとおり、妖怪は文化的記号であり、文化上の自己を定義し、他者と区切りをつける機能を有する。だが、多数の妖怪はすでに近代によって疎外され、忘れ去られており、自らの居場所を確保することができないのである。一時的に話題になったとしても、現代に自らの意義を見出せない限り、いつか世の中から消え去る日がくるであろう。では我々は、妖怪が再び消失する事態をいかにして防ぐことができるのであろうか。

その方法の一つは、意識的に妖怪をモチーフとする創作活動に取り組むことである。妖怪が実在すると見なされた過去の時代においては、妖怪を題材とする創作は実質的に「記録」する行為であった。それに対し、妖怪の存在がすでに否定された現代において実生活には存在しない妖怪を題材とする創作活動は、「解釈」する行為となるのである。妖怪に解釈を加えることを通じて、我々は前近代に属する妖怪と現代を橋渡しすることができるのである。

とはいえ、妖怪と関わるすべての創作活動が妖怪を前近代から現代に引っ張り出せるわけではない。妖怪は常に人々に恐怖をもたらす存在であるため、もし現代の作者が妖怪を単にホラー映画の素材のように扱えば、それはただ前近代における恐怖を現代に再現させるというだけである。単純な再現から妖怪の近代性を作り出す方法はない。そのほか、妖怪の話をただの懐旧談として位置づける作品もまた、同じく妖怪が現代に存在しているという実感が欠如している。

妖怪を現代まで延命させるための創作活動においては、作品に時代精神や今日的課題とある程度の繋がりを持たせる必要がある。妖怪ミステリが現代台湾にとって特別な価値を持つ理由は、まさにここにあるのである。

ではなぜミステリでなければならないのか。その理由はさほど説明し難いものではない。推理はもともと読者を前近代から現代へと導き出す役割を担っている。神明と妖怪を討伐し、過去の時代の俗信、いわゆる世界観を一気に転覆させることは、その手段のひとつなのである。

四　ミステリの近代性

推理はもともと、前近代に属する俗信や物の怪を悉く解体させる働きを持つ。言い換えるならば、推理を通じて前近代社会の論理を解消し、それを近代化させ、近代化の枠内に嵌め込ませるということである。ここでは、横溝正史『八つ墓村』を例として説明しておこう。

八つ墓村と呼ばれた寒村には大昔から語り継がれてきた伝説があった。かつての村人たちは、落武者の携えた財宝に目がくらみ、八人の武者を殺害する。それ以来、村には異変が次々と発生し、武者を殺害した首謀者も気が触れて死んでしまった。残った村人たちはそれを武者の怨霊の仕業だと考え、首謀者の家族が怨霊に呪われたものと思い込む。そこで村人たちはあべこべに八人の武者に供物を供え、祟りが起こらないようにした。

しかし大正年間になると、八つ墓村にまたもや惨事が起きる。今回の事件もまた、怨霊に呪われたとされる家族に降りかかり、事件の最後に村人の三二人が惨たらしく死んでしまう。村人たちはそれからいっそうこの家族のことを忌み嫌うようになった。時代が下って昭和年間、落ちぶれて村を離れていたこの家族の血縁者が村に戻ると、村人たちに疎まれるのと同時に、村にふたたび奇妙な連続殺人事件が発生する。村人は、これら一連の事件が起こったのはすべてその家族が武士の怨霊に呪われたためだと決めつけ、怨霊の怒りを鎮めるにはこの家族の血脈を断ち切らなければならないとして、その血縁者を殺そうとする。

八つ墓村の村人たちの思考様式は、まさしく前近代的な論理を代表するものだと言えよう。かつての地方社会は、それぞれ自律した秩序のもとに機能し、村と村の間にまったく異なる伝統や慣習があるというのもおかしなことではなかった。地方もある程度は中央に支配されていたが、事実上、中央に規定された秩序があまねくすべての村に行き届くわけでもない。実際に村の秩序を支配していたのは、地元の有力者たちである。しかし、地方を支配する論理が、完全に有力者たちの手に握られていたのかというと、そうでもない。宗教、民間伝承、禁忌なども、有力者たちの意思に影響を与える力を持っていた。どの地方にも「見えざる手」があり、それぞれ固有の論理のもとに支配されていたと言えよう。地方の排他的性格はその中で自然に作り上げられ、地方社会は、時に中央政府に抵抗の意を示すことさえあるのである。

八つ墓村の村人たちの武士の怨霊に対する恐怖は、他所に生活する者には理解し難いものであろうが、村人たちの恐怖とそれに抵抗する手段は、よその人間に認めてもらう必要はない。前近代の地方は閉鎖的であり、村人たちは警察に村の問題を解決してもらうことを期待するどころか、そもそも国家の代表たる警察機構を信頼してなどいない。村人たちが呪われた家族に排他的な行動をとると決めたら、警察には村人たちを止める力はないのである。

しかし、謎が解けて真犯人が浮かび上がるとともに、我々読者は事件の動機が呪いとは無関係であったことを知る。呪いは理性によって否定され、地方が依存する論理、いわゆる信仰、恐怖、禁忌も悉く瓦解した。物語の結末はどうであろうか。村では建設工事が始まり、外来者の介入も次第に頻繁なものとなり、かつての閉鎖的な論理も無理やり打ち砕かれる。村の独特な恐怖も、価値のない俗信と見られるようになり、地方は国家に併合され、普遍的な法律が通用する地域になった。

近代は秩序として存在し、前近代を継承するかたわら前近代を否定する。近代社会においては、家族内の紛争であっても裁判所で公的に調停し、普遍的な法律の枠内で解決されるのである。紛争中の双方は法の下では平等であり、同様の権利が与えられている。それに対し、前近代における家族内の紛争は、家族内での解決しか期待できない。「家の恥は外に出さぬ」と言われるように、紛争の解決は必ず家族内の論理に従うのである。近代が前近代を瓦解させるプロセスは、前近代家族の古びた宅邸の入り口や窓を外からこじ開けて、中で起きていることを全て晒け出すようなものであり、共通の法則を全ての人間に平等に押し付けることである。

もう贅言する必要はないだろうが、ここでふたたび強調しておきたい。妖怪というのは、前近代の環境にしか存在できないものである。

前近代の社会機能を維持するには、必ずしも理性、いわゆる世界に対する正しい認識が必要なわけではない。それは時に、信仰と禁忌のみを通じてできることである。想像してみよう。水難を防ぐための「川の深みにご注意を」といった公的な警告や命令の効果は、「水の中にバケモノがいる」ことの恐怖に勝てるのか。実例で説明すると、台湾に言い伝えられている水鬼伝説は、今でも農村に広く知れ渡っており、危険水域には近寄らないよう人々に警告を発している。すべてのことを白日のもとに晒さずにはいられないのは、近代に固有の偏執である。もし我々がこうした近代的な思考様式を日常的な判断基準に取り入れたとしたら、世の中に妖怪なんぞが身を置ける場所はなくなるだろう。しかしこのような近代的な基準は、あいにくミステリにはありふれたものである。

長い時間をかけて推理と妖怪の間で行われてきた戦いは、実質的に、近代と前近代との戦いである。もし近代が完勝すれば、普遍的な理性は必ずすべての差異を消滅させる。その光景について極論すれば、かつての社会階級は消滅し、すべての人間は平等な権利を獲得し、完全な自由と解放が実現され、人類の生育繁栄は国家という装置に機械的に取り扱われる。もっと極端な予想をすれば、世界語が共通言語として世界中の人々に用いられ、多様性が解消される。自己と他者の区別がなくなったその世界において、一体どのような文化が存続できるのかという問題も出てくるだろう。文化は、結局のところセルフ・アイデンティティと関係するものだからである。神明や妖怪もむろんそうである。ミステリは当然ながら、このようなSFの境地にまでは至っておらず、ここで筆者はただ極端な例によって、なぜミステリが妖怪を瓦解させる力を持っているのかを説明しているに過ぎない。妖怪は古びた俗信だからだという単純な理由などではなく、妖怪がミステリの世界に生きられないのは、そこでは理性が最高基準とされているからである。その結果、差異は解消され、さらには文化の貧弱が生まれる。

ならばミステリは、妖怪を殺す犯人とまではいかなくとも、共犯役を演じていることにはなるだろう。にもかかわらずなぜ筆者は、妖怪の現代における復興は、ミステリの手を借りて実現できると主張するのか。

その理由はきわめて簡単である。前近代と近代はまったく共存できないわけではない。そもそも共存できるかどうかは、結局のところ、世界に対する思考様式、世界に対する想像力のありようによって決まるものである。近代主義を絶対的真理と信奉する場合にのみ、我々は前近代を排除しようとする。しかし妖怪を近代化に組み入れる可能性は本当にないのであろうか。もし可能であれば、もともと近代化の前衛役を担うものであるミステリは、当然ながら妖怪を近代世界に連れこむ力を持ち得るはずである。

では具体的にはそれをいかに実行すれば良いのか。作者によってアプローチも異なるだろうが、ここで筆者はひとまず、拙作をもって妖怪を近代に関与させる手段を説明したい。

五　妖怪の近代化

筆者が執筆した「言語道断之死」シリーズは、パラレルワールドの日本植民地時代が舞台であり、怪奇世界を現実社会の政治のメタファーに用いた幻想小説である。物語世界においては、日本は第二次世界大戦に参戦しなかったという設定であり、そのため台湾は一九五〇年に至ってもまだ日本の支配下に置かれている。このような世界観を背景として、日本は台湾に対する支配を強めるべく、強い力を持った「言語道断」という名の妖狐を捕まえて台湾に解き放ち、妖狐の瘴気を借りて台湾人の思想を変えようとする。それと同時に、数多くの日本妖怪が妖狐とともに台湾へと入り、その一部は人間社会に紛れ込み、政府関係メディアの記者や警察になったり、海外貿易事業に取り組む商会で大活躍したりする。これらの日本妖怪に触発され、台湾土着の神明も力を強めて民間に根をおろし、中には裏で共産党に寄付して日本妖怪の侵略に対抗しようとする者まで現れる。

本題からは逸れるが、ここで読者諸氏が関心を持たれるであろうことについて説明するのをお許しいただきたい。実のところ本作には、日本統治時代の台湾の歴史を整理しようという意図がある。台湾はかつて長きにわたる戒厳令時代を経験したが、この間に国民政府は日本統治時代の歴史を無視あるいは否定し、存在しなかったかのように振る舞い、まさしく記憶喪失の状態であった。筆者は日本統治時代の功罪を評価するつもりはないのだが、小説のパターンを借りて過去の記憶を現代と繋ぎ合わせたいと考えているのである。

本題に戻ると、「言語道断之死」シリーズ作品の『金魅殺人魔術』は、まさにそのような物語であり、神明がまだこの世に存在しており、魑魅魍魎が跋扈する世界で展開する推理小説である。舞台は一九〇〇年、台湾北部にある「滬尾」と呼ばれる港である。「滬尾」は清朝統治時代に貿易を前提に開港された港であり、外国商社が林立して賑わっていた。事件は、ある外国商人の住むイギリス式の豪邸で起きる。

「金魅」というのは怪異の一種であり、人間は妖術を操って金魅を飼うことができ、金魅は人間のために仕事をして金を稼ぐ。しかしその代償として、毎年かならず人間を喰らい、喰われた人間は服と髪しか残らない。この外国商人の宅邸で、密室失踪事件が続けて三回も発生する。三人とも鍵のかかった部屋から失踪し、髪と服だけが残されていたため、巷にはその外国商人が金魅を飼っているとの噂が飛び交い始める。商人は噂を苦に自殺するが、彼の葬式の最中にまたもや「金魅の人喰い」事件が発生する。

人間が密室で行方不明になるのは、人間の仕業なのか、それとも妖怪の仕業なのか。普通のミステリのパターンならば、妖怪の犯行であるという可能性は間違いなく除外されるであろう。しかし妖怪や魔物がのさばる本シリーズの世界観は、むろんこのような展開とは相性が悪い。『金魅殺人魔術』の世界では、推理は人間の専売特許でさえなくなり、神明や妖怪も推理を働かせることができる。しかも彼らの推理には、真実の解明ではなく他の目的がある可能性が高い。本作においては、推理は政治の道具であり、真実に奉仕するものではなくなっているのである。

推理の主体は、もはや人間だけに限られることはない。前近代の妖怪たちに近代の道具を与えることによって、妖怪は推理によって簡単に殺されることを恐れる必要はなくなった。これがまさに「言語道断之死」シリーズの大きな特徴なのである。金魅という恐怖の人喰い妖怪には、去り逝く時代とともに消えゆく運命が待っている。『金魅殺人魔術』では、金魅が殺人を犯す動機を真犯人がまねしているのだが、それは金魅をその運命から救うためであり、物語の最後には探偵までもが犯人の「推理」に手を貸す。推理はここに至って、妖怪を絶滅へと導くことはなくなり、妖怪の更生を最後まで後押しするのである。

これは妖怪を近代化させる一つの方法だが、無論それが唯一の方法というわけではない。筆者のもう一つの作品である『魔神仔』（二〇二一年、聯経出版）は、妖怪を通して今日の社会問題を取り上げている。

『魔神仔』の物語は、ある民用機のパイロットが運航中に操縦室で神隠しに遭うところから始まる。彼は失踪する前に他人には見えない謎の幻影と言葉を交わしたようであった。この事件に関わることになった記者は、パイロットの過去を調査していく中で、彼の祖母も数年前に神隠しに遭い行方不明となっていたことを突き止める。祖母の失踪について、人々は、「魔神仔に連れ去られた」と口を揃えて述べるのであった。

魔神仔と呼ばれる怪異については台湾に多くの言い伝えがあり、この妖怪は人間の姿に化けて人を道に迷わせたり、魔法で人を遠く離れた場所に連れ去ったりする。記者は、パイロットが神隠しに遭う前に見た謎の幻影に思い至り、彼もまた飛行機の中で魔神仔に遭ったのではないかと推測する。後に記者は、パイロットの交際相手と会って彼の過去を知る。パイロットの祖母は日本統治時代に生まれ、沖縄の血を引いていた。祖母の母親もまた同じく神隠しに遭っていたのだが、祖母はそれを魔神仔の仕業だとは思わずに、沖縄妖怪の「シッキー」に連れ去られたものと思い込んでいた。母は沖縄人なのだから、当然沖縄の妖怪に連れ去られたのだ、それは台湾で神隠しにあったとしても同様だ、というように。

「シッキー」も魔神仔と同じように、人を道に迷わせ、遠く離れた場所に連れ去る妖怪である。実際に台湾原住民族の間にも、人を道に迷わせ、神隠しに遭わせる妖怪に関する言い伝えがあるが、これは、異なった民族集団が同じ現象をそれぞれ別の名で呼んだものだと言えよう。

母親が「シッキー」に連れ去られたと思い込んでいた祖母は、息子夫婦を思わぬ形で失った後、パイロットを一人で育てあげ、彼に「お前は沖縄人だ、私の母親は沖縄の妖怪に連れ去られたのだ」と吹きこみ続けた。ゆえにパイロットは幼い頃から、みずからのナショナル・アイデンティティについて周囲とは全く異なる認識を持つようになった。まったくの台湾育ちで沖縄での生活経験もなかった彼は、自分を沖縄人だと信じ込んでいたのである。まさに中国で生活した経験もないのに、自分を中国人だと思う台湾人のようである。

物語の続きはさておき、『魔神仔』は実のところ、現代台湾に確実に存在しているアイデンティティの問題を主題として取り上げている。飛行機の中で失踪したパイロットは、魔神仔に遭ったのか、それともシッキーに遭ったのか。あるいは、そもそも別にどちらでも構わないことなのか。本作は異なった民族集団の間で言い伝えられていた類似の妖怪伝承を通じて、妖怪の民族アイデンティティについての意義を検討しようとしたものである。

いわゆる「ディスエンチャントメント」というのは、理性の力で不思議な幻を瓦解させることだと言ってよかろう。けれども『魔神仔』において、過去に起きた不思議な神隠しはまだ推理で説明できるものであるが、現代におけるパイロットの失踪と、記者が身をもって妖怪と真正面から向き合うという二つの事柄だけは、推理によっては説明しきれない。推理の要素を取り込んではいるが、『魔神仔』は「アンチ・ディスエンチャントメント」作品なのである。本作においては、理性による抵抗には限界があり、抵抗は最終的にむしろ妖怪を招喚することとなる。

六　結び

ミステリの発展は近代化のプロセスを物語っているが、それはミステリが近代性しか表現できないということを意味しない。かつて「ディスエンチャントメント」の脇役を演じたミステリは、現代においてかえってアンチ・ディスエンチャントメントの役割をも担うようになった。その中で、消え去った文化と記憶が現代にふさわしい形へと転換されることによって、かつての欠落した精神がようやく補完される。妖怪ミステリは、「台湾アイデンティティ」を探し続ける現代の台湾人にとって、一つの良い道案内であろう。

そのほか、台湾ミステリは海外のミステリから深い影響を受けており、台湾におけるミステリの土着化についていては、まだ真剣に展開されていないと言ってよかろう。その現状を見れば、台湾ミステリはただ一途に海外のミステリが残したイメージを書き写し、台湾自体の持つ問題を意識せずに、ひたすら海外のミステリにおいて提示された問題に解答を出そうとさえしている。もし今後、妖怪ミステリが台湾のアイデンティティ探しに協力できるものなら、現代台湾におけるミステリの位置づけもより明らかに見えてくるであろう。これは、ミステリの土着化の第一歩になるかもしれない。

参考文献

李家愷、林美容『魔神仔的人類学想像』二〇一四年、五南出版
行人文化実験室附属妖怪研究室『台湾妖怪研究室報告』二〇一五年、行人文化出版
台北地方異聞工作室『唯妖論：台湾神怪本事』二〇一六年、奇異果文創出版
何敬堯『妖怪台湾：三百年島嶼奇幻誌・妖鬼神遊巻』二〇一七年、聯経出版
台北地方異聞工作室『尋妖誌：島嶼妖怪文化之旅』二〇一八年、晨星出版
台北地方異聞工作室『台湾妖怪学就醬』二〇一九年、奇異果文創出版
龔卓軍等『妖気都市：鬼怪文学与当代藝術特展』二〇一九年、国立台湾文学館

あとがき

日本と台湾の研究者・作家、総勢一三名による書き下ろし論文集として、本書が刊行されるまでの経緯について説明したい。私の勤務校の北海道大学と陳國偉さんの勤務校の台湾の国立中興大学とは、だいぶ前から研究交流を進めてきた。二〇一〇年五月二八日に、北海道大学で「越境する探偵小説――日本と台湾の異文化接触」と題するシンポジウムを企画したり、二〇一一年三月一二日に、中興大学で「台日推理小説国際ワークショップ」を開催したりした(ただし、このワークショップには、司会者として参加する予定であったが、前日に発生した東日本大震災によって、仙台の家族の安否確認のために、急遽帰国を余儀なくされた)。さらに、二〇一二年に両大学は、大学間交流協定を締結した。

そうした研究交流を重ねたうえで、本書の企画の基になったのは、二〇一五年七月一七日・一八日に中興大学で開催されたワークショップ「歴史と記憶――交差する台日戦後サブカルチャー史」(主催:同大学人文科学と社会科学研究センター/共催:同大学台湾文学・トランスナショナル文化研究科・アジア大衆文化と新興メディア研究センター)である。私をはじめ、共編著者の吉田司雄さん、陳國偉さん、涂銘宏さん、共著者の今井秀和さん、楊乃女さんらが参加して行われた。主催大学の陳國偉さんと朱惠足さんには、お世話になった。

このシンポジウムの研究成果をさらに発展させるべく、同テーマの第二弾として、二〇二〇年八月二九日に北海道大学で国際シンポジウムの開催を予定していたのであるが、コロナ禍の影響で中止になってしまった。しかしながら、研究成果を一般に公開したいという思いは強く、陳國偉さんのご尽力によって、この幻のシンポジウムに台湾から参加する予定であった、李明璁さん、林穎孟さん、金儒農さん、瀟湘神さん、さらには、私が、横路啓子さん、張文菁さん、趙陽さんにも声をかけ、執筆を依頼した。張文菁さんを紹介してくれたのは、北海道大学大学院専門研究員の藤井得弘さんであった。翻訳は、台湾在住の大塚麻子さんを除けば、私のゼミ生・元ゼミ生と藤井さんにお願いした。藤井さんは、『中国初期探偵小説論』で博士号を取得した中国文学研究者で、監訳もお願いした。翻訳者としては名を連ねなかったが、博士課程のゼミ生、郭如梅さんにも監訳を願いした。郭さんは、中興大学の卒業生で、陳さんをはじめとする台湾側のスタッフとのやり取りの翻訳・仲介役としても協力してもらった。

北海道大学出版会の今中智佳子さんには、押野武志・諸岡卓真編著『日本探偵小説を読む――偏光と挑発のミステリ史』（二〇一三年）、押野武志編著『日本サブカルチャーを読む――銀河鉄道の夜からAKB48まで』（二〇一五年）、押野武志・谷口基・横濱雄二・諸岡卓真編著『日本探偵小説を知る――一五〇年の愉楽』（二〇一八年）に引き続き、お世話になった。今中さんのおかげで第四弾の刊行にこぎつけたことに、感謝の気持ちを表したい。

なお、本書は、令和三年度北海道大学大学院文学研究院の出版助成を得て、公刊したものである。

二〇二二年三月一日

押野武志

執筆者紹介（執筆順）

押野武志（おしの　たけし）

一九六五年、山形県生まれ。北海道大学教員。専攻は日本近代文学。著書に『童貞としての宮沢賢治』（二〇〇三年、筑摩書房）、『文学の権能』（二〇〇九年、翰林書房）、編著に『日本サブカルチャーを読む』（二〇一五年、北海道大学出版会）、共編著に『日本探偵小説を知る』（二〇一八年、北海道大学出版会）など。

張　文菁（ちょう　ぶんせい）

一九七〇年、台湾台南市生まれ。愛知県立大学教員。専攻は台湾文学、中国語圏通俗小説。著書に『通俗小説からみる文学史——一九五〇年代台湾の反共と恋愛』（二〇二一年刊行予定、法政大学出版局）。論文に「一九五〇年代台湾の通俗出版をめぐる文芸政策と専業化」（『日本台湾学会報』二〇一六年八月）、「一九五〇年代台湾の通俗小説研究——『聯合報』副刊の連載小説を中心として」（『野草』二〇一八年一二月）など。

趙　陽（ちょう　よう）

一九八六年、中国咸陽市生まれ。西安建築科技大学教員。専攻は映画論、芸術論。論文に「『牯嶺街少年殺人事件』における画面外」（『層』一一号、二〇一九年）、「電影影像的運動与知覚的「現代性」」（『北京電影学院学報』二〇一九年二月）など。

吉田司雄（よしだ　もりお）

一九五七年、東京都生まれ。工学院大学教員。専攻は日本近代文学。編著に『探偵小説と日本近代』（二〇〇四年、青弓社）、論文に「代替歴史と情報ネットワークの時代」（『昭和文学研究』二〇一八年三月）など。

李　明璁（りー　みんつぉん）

一九七一年、台湾台北市生まれ。ケンブリッジ大学キングスカレッジ社会人類学研究科博士課程修了。国立台北芸術大学非常勤講師。サーチライト・カールチャー・ラボを創立、文化研究及び各種応用創作を推進。著書に『物理学』（二〇二一年、大塊文化）、『読みながら歩く』（二〇一八年、麥田）など。

林　穎孟（りん　いんもん）

一九八三年、台湾台中市生まれ。国立台湾大学社会学研究科修士課程修了。現在、台北市市会議員として教育文化、観光経済、ジェンダー平等、移行期正義等の政策を推進。共著に『アニメ漫画社会学』（二〇一五年、奇異果文創）、『人間社会学』（二〇一四年、群學）など。

横路啓子（よこじ　けいこ）

一九六七年、栃木県生まれ。翻訳家。専攻は台湾文学、日中比較文化。著書に『抵抗のメタファー』（二〇一三年、東洋思想研究所）、『日台間における翻訳の諸相―文学／文化／社会から―』（二〇一五年、致良出版社）、共著に『異郷としての日本』（二〇一七年、勉誠出版）など。

楊　乃女（よう　ないじょ）

一九七三年、台湾彰化生まれ。国立高雄師範大学教員。専攻は英米ＳＦ文学、ユートピア文学、ポストヒューマン理論。論文に「Normality, Death and Posthuman Bodies in Ghost in the Shell and Great North Road」（二〇二〇年、『英美文學評論』）、「Time, Mathematization and Hyperobjects in Interstellar」（二〇二〇年、『淡江評論』）、編著に『後人文轉向』（二〇一八年、国立中興大學出版中心）など。

今井秀和（いまい　ひでかず）

一九七九年、東京都生まれ。大東文化大学非常勤講師、蓮花寺佛教研究所研究員。専攻は日本近世文学、民俗学、比較文化論。著書に『異世界と転生の江戸』（二〇一九年、白澤社）、訳・解説に『天狗にさらわれた少年』（二〇一八年、KADOKAWA）、『世にもふしぎな化け猫騒動』（二〇二〇年、KADOKAWA）など。

涂　銘宏（と　めいこう）

一九六九年、台湾台南市生まれ。台湾淡江大学教員。専攻は西洋近代哲学、東アジア思想、テクノロジーとサブカルチャー論。共著に『アニメーション文化 55のキーワード』（二〇一九年、ミネルヴァ書房）、『後人文轉向』（二〇一八年、国立中興大學出版中心）、『圖像敘事研究文集』（二〇一六年、書林）など。

陳　國偉（ちん　こくい）

一九七五年、台湾基隆市生まれ。台湾の文化研究学会代表理事、国立中興大学台湾文学・トランスナショナル文化研究科教員・ディレクター、同大学台湾人文創造学部学位プログラム主任。専攻は台湾現代文学、大衆文学、ミステリー、ポップカルチャー、映像論、日台比較文学研究。著書に『越境と翻訳ルート』（二〇一三年、聯合文學出版）、『ジャンルの風景』（二〇一三年、國立台灣文學館）、編著に『韓国の台湾文学研究』（二〇一八年、中興大學人文與社會科學研究中心&書林出版）、『대만문학: 식민의 기행부터 문화의 지평까지』（二〇一七年、한국외국어대학교출판부 지식출판원（HUINE））など。

金　儒農（きん　じゅのう）

一九八一年、台湾高雄生まれ。中興大学中国文学研究科博士後期課程修了。中山大学「社會實踐與發展」研究センター博士研究員。専攻は台湾現代文学、大衆文学、ポップカルチャー、カルチャースタディーズ、文学とテクノロジー、ニューメディアと新物質主義。論文に「大衆文芸雑誌は如何に時代を創出し、さらに保存するのか」（二〇一九年、『台灣文學研究學報』第二九期）、『現代科学技術環境における台湾小説の新しい美学の構成』（二〇一八年、博士論文）など。

瀟湘神（しゃおしゃんしぇん）

本名は羅傳樵。一九八二年、台湾屏東生まれ。作家・妖怪研究者。台湾大学哲学研究科東洋哲学講座修士課程修了。サークル「臺北地方異聞工作室」主催メンバー。台湾史、台湾民俗の研究を行いながら、エンタテインメント小説を創作。著書に『臺北城裡妖魔跋扈』（二〇一五年、奇異果文創）、『帝國大學赤雨騷亂』（二〇一六年、奇異果文創）、『金魅殺人魔術』（二〇一八年、奇異果文創）、『都市傳說冒險團：謎樣的作家』（二〇二〇年、東立）、『魔神仔』（二〇二一年、聯經出版）、エッセイ『植民地の旅』（二〇二〇年、衛城出版）、共著に『唯妖論』（二〇一六年、奇異果文創）、『尋妖誌』（二〇一八年、晨星）、アンソロジー『おはしさま』（二〇二一年、光文社）など。

翻訳者紹介（翻訳順）

大塚 麻子（おおつか あさこ）

神奈川県川崎市生まれ。台北在住アート系翻訳者。女子美術大学卒業後、一九九七年より台湾に居住。アーチストとして嘉義市立美術館やＭＯＣＡ台北当代芸術館、水戸芸術館等に出展。国立故宮博物院、台北花博等で日本語翻訳を手掛ける。

熊 雨青（ゆう うせい）

一九九七年、中国貴陽市生まれ。北海道大学大学院文学院修士課程在学。

藤井得弘（ふじい　とくひろ）
一九八二年、北海道旭川市生まれ。北海道大学大学院文学院専門研究員。専攻は中国近現代文学。共著に『中華文化生活誌（ドラゴン解剖学 竜の生態の巻）』（二〇一八年、関西大学出版会）、論文に「清末小説『鴉片案』論」（『中華文藝の饗宴『野草』第百号』二〇一八年、研文出版）など。

李　珮琪（り　はいき）
一九七六年、台湾新北市生まれ。北海道大学大学院文学研究科博士課程単位取得退学。名寄市役所経済部交流推進課主査。翻訳に『世界屠畜紀行』（二〇一四年、麦田）など。

張　可馨（ちょう　かけい）
一九九七年、中国信陽市生まれ。北海道大学大学院文学院修士課程在学。

交差する日台戦後サブカルチャー史

2022年3月31日　第1刷発行

編著者　押 野 武 志
　　　　吉 田 司 雄
　　　　陳 　 國 偉
　　　　涂 　 銘 宏

発行者　櫻 井 義 秀

発行所　北海道大学出版会
札幌市北区北9条西8丁目 北海道大学構内（〒060-0809）
tel. 011(747)2308・fax. 011(736)8605 http://www.hup.gr.jp/

㈱アイワード

ISBN 978-4-8329-3414-6

日本探偵小説を読む
―偏光と挑発のミステリ史―
押野武志 諸岡卓真 編著
四六・三二〇頁 定価二四〇〇円

日本探偵小説を知る
―一五〇年の愉楽―
押野武志 谷口 基 横濱雄二 諸岡卓真 編著
四六・三五四頁 定価二八〇〇円

現代本格ミステリの研究
―「後期クイーン的問題」をめぐって―
諸岡卓真 著
A5・二五四頁 定価三二〇〇円

誤解の世界
―楽しみ、学び、防ぐために―
松江 崇 編著
四六・三二六頁 定価二四〇〇円

主題と方法
―イギリスとアメリカの文学を読む―
平 善介 編
A5・三六二頁 定価七〇〇〇円

文学研究は何のため
―英米文学試論集―
長尾輝彦 編著
A5・四三〇頁 定価六〇〇〇円

フランソワ・モーリヤック論
―犠牲とコミュニオン―
竹中のぞみ 著
A5・五一〇頁 定価八〇〇〇円

〈定価は消費税含まず〉

北海道大学出版会